2차전지
인사이트

배터리 지식의 총집편

2차전지 인사이트

흔들리는 전기차 패권,
누가 새로운 기회를 선점할 것인가?

정용진 지음

프롤로그

당신이 새로운 기회와
가능성을 찾기 바라며

코로나19 사태 이후 주식 시장에서는 2차전지와 전기차 돌풍이 불었습니다. 테슬라의 CEO 일론 머스크는 시대를 앞선 혁신의 상징이 되었고, 테슬라를 통해 그가 주장한 전기차 중심의 에너지 시스템 구축이 코앞에 다가온 것처럼 보였습니다. 한국 2차전지 업체도 중국과 경쟁하며 전기차 시장을 선도하는 분위기였습니다. 향후 전기 중심의 사회로 변화하는 과정에서 국내 2차전지 산업은 크게 도약할 것처럼 보였습니다. 정말 많은 분이 희망을 품고 2차전지를 공부했습니다. 그러나 현재 전기차·2차전지 수요는 예상보다 깊은 수렁에 빠졌습니다. 한때 전기차를 미래의 혁신 동력이라고 생각했던 투자자들은 이제는 AI로 눈길을 돌린 모습입니다. 일론 머스크는 스톡옵션에 집착하는 탐욕적인 CEO이자, 오픈AI 샘 알트만에게 뒤처진 경영자처럼 보이고 있습니다.

2022년 테슬라는 '시가'라고 불릴 정도로 공격적으로 차량 가격이 치솟습니다. 당시 제 주변의 많은 분이 전기차 구매를 고려했습니다. 지금이 가장 싸다는 말이 가장 큰 동기였죠. 마치 주식이나 집을 구매할 때와 같습니다. 그런데 오늘날 전기차 가격은 나날이 하락하고 있습니다. 높은 가격을 소비자가 수용하지 못했고, 수요 둔화로 원재료의 가격도 큰 폭으로 꺾였습니다. 완성차와 2차전지 업체들은 고객에게 호소하기 위해 가격 인하에 몰두하고 있습니다. 지금 제 주변에 전기차를 사겠다는 분은 많이 줄었습니다. 전기차에 대해 호의적이었던 지인도 다음 세대의 전기차가 출시되기를 기다리며 유보적인 태도를 보이고 있습니다. 이제는 다들 전기차가 '지금'이 가장 비싸다고 생각합니다.

그때는 당연히 맞다고 생각했던 것이 왜 지금은 명백하게 틀린 것처럼 보일까요? 주식 시장에서도 비관론자가 득세하고 있습니다. 전기차에 대해 가격이 비싸고, 충전하기 불편하고, 화재 위험이 해결되지 않았다고 말합니다. 맞는 이야기입니다. 전기차의 본질적인 단점은 아직 해결되지 않았습니다. 다만 전기차가 호황이던 시기에도 존재했던 이슈입니다. 그때는 사소하게 보였던 이슈가 이제는 중요한 이슈가 되었습니다. 상황이 현실을 예단하게 합니다.

롤러코스터처럼 변하는 주변 분위기와 달리 저의 판단은 크게 바뀌지 않았습니다. 전기차는 전기사회로 전환되는 과정에서 필수적인 제품입니다. 중국의 선제적 대응에 휩쓸린 선진국들은 전기차 주도권을 되찾기 위한 노력을 지속적으로 확대할 것으로 보입니다. 크게 보면 전기차 산업은 필연적으로 성장할 수밖에 없습니다. 물론 그 과정에서 어려움을 겪는 시기는 분명 존재합니다. 어려움에 더욱 크게 노출되는 기업도 생겨날 수 있습니다. 그러한 어려움의 폭보다 주식 시장과 우리의 마음은 더욱 출렁이고 있습니다. 제가 이 시점에 2차전지 투자의 기본서를 작성한 이유입니다. 분위기에 휩쓸리거나 유행에 치우치지 않고 한 걸음 떨어져서 산업을 바라보는 시선을 갖도록 다양한 자료를 엮었습니다.

애널리스트는 글로 말하는 직종입니다. 최근 매체가 다양해지면서 유튜브, 팟캐스트와 같은 채널에서 소통하는 일이 늘었지만 가장 기본이 되는 업무는 역시 보고서를 작성하는 일입니다. 과거 제가 작성했던 보고서를 보면 다양한 정보와 의견이 담겨 있습니다. 어떤 내용은 지금 생각해도 참신하고 재기 발랄한 통찰이 담겨 있는 반면, 어떤 내용은 터무니없이 잘못된 전망을 담고 있습니다. 틀린 내용을 되짚으며, 기업을 평가하고 주가를 예측하는 일이 얼마나 어려운지 새삼 깨닫습니다.

직업적인 특성상 많은 글을 썼지만 이번에는 조금 다른 결에 집중했습니다. 어떠한 의견이나 해석을 제시하기 앞서 사실과 정보를 되짚었습니다. 내용에 충실하기 위해 제 개인적인 시각보다는 객관성 확보가 중요하다고 판단했습니다. 다만 쉬운 이해를 위해 예시나 비유를 많이 활용했습니다. 비유는 사실을 전달하는 데 있어 좋은 도구는 아닙니다. 제 의도와 다르게 곡해되거나 오류가 있을 수 있습니다. 이러한 부분이 거슬리더라도 양해 부탁드립니다. 글을 쉽게 쓰려는 게으른 마음가짐은 아니었습니다. 글이 너무 딱딱하게만 흘러가는 것을 막는 윤활유로 봐주셨으면 합니다.

격변하는 전기차·2차전지 시장에서 부디 이 책이 새로운 기회와 가능성을 찾는 탐침이 되길 바랍니다. 더불어 건강한 투자관을 견지하고, 2차전지에 대한 몰이해를 해소하는 데 조금이나마 도움이 되길 바랍니다.

정용진

최근 2차전지에 대해 궁금해하고 알려달라는 사람들을 자주 만난다. 최선을 다해 배터리의 개념과 전기차의 미래에 대해 설명하지만 워낙 방대한 산업이라 쉽게 이해하지 못하는 분이 많았다. 자료를 추천하고 싶어도 시중에 아직 2차전지 산업을 쉽게 설명할 자료가 없어 어려움이 있었다. 이러한 점을 고민해 배터리 백과사전인 '엔솔피디아'를 제작해 공개했지만 보다 많은 자료가 대중에게 제공되어 산업에 대한 이해를 높일 수 있다면 좋겠다는 바람이 항상 있었다.

크고 작은 부침에도 불구하고 이 산업은 우상향의 거대한 물결을 그릴 것임에 틀림없다. 그 지각 변동을 마주하는 첫걸음이 어려운 투자자에게 기술에 대한 친절한 설명부터 투자 활용까지 폭넓게 담은 이 책이 지침서가 될 것이라고 생각한다. 저자는 자동차·2차전지·유틸리티 산업을 모두 다뤄본 애널리스트로 복잡한 개념을 명확하고 이해하기 쉬운 언어로 설명하는 데 탁월한 능력을 갖췄다. 산업을 한 가지 측면으로만 보지 않고, 다양한 시각으로 접근하는 방식에서 많은 인사이트를 얻었다. 2차전지 산업에 대한 포괄적인 이해를 얻고자 하는 모든 이에게 일독을 권한다.

_이창실(LG에너지솔루션 CFO, 부사장)

전기차로의 전환은 시대의 흐름이고, 그 흐름 속에서 2차전지 산업이 가지는 중요성은 누구도 부인하지 않을 것이다. 투자 대상으로 2차전지 산업과 관련 기업은 큰 기회의 대상이 되고 있다. 이런 기회 속에서 2차전지 산업과 그 전방 고객이라고 할 수 있는 자동차 산업에 이르기까지 쉽게 잘 설명해줄 수 있는 사람이 있다면, 신한투자증권의 정용진 애널리스트뿐이라고 생각한다. 저자는 자동차와 2차전지 산업을 동시에 분석하는 유일한 여의도 애널리스트다. 그는 산업의 전방과 후방을 모두 아우르고, 각국의 정책 변화 및 글로벌 정세 속 산업의 흐름을 잘 이해하고 있으며, 관련 부품 및 기업까지 세세히 알고 있는 10년차 애널리스트다. 또한 산업에 익숙하지 않은 초보자까지 이해할 수 있는 쉬운 글을 쓰기로 유명하다. 이 책은 2차전지·자동차 애널리스트의 10년치 지식과 경험이 녹아 있는 정보의 보고이자 2차전지 투자의 교과서라 할 수 있다.

_와이민(『스스로 좋은 투자에 이르는 주식 공부』 저자)

며칠 전 미식축구장 34개 이상의 크기를 자랑하는 북미대륙 최대 크기의 2차전지 공장 건설 현장을 방문했다. 2022년 말만 하더라도 푸르른 콩밭이었던 그곳이 이제는 지역경제는 물론 세계경제의 역사를 새롭게 쓰고 있는 대표적인 사례로 변모 중이다. 이러한 가운데 정용진 위원의 신간은 여러모로 시의적절하다.

현재 2차전지 산업은 화학 산업과 에너지 산업이 교차하는 세기적인 대변화를 주도하고 있다. 일례로 2차전지는 산유국의 향후 경제 향방을 좌지우지할 만한 석유의 무서운 대체재이기도 하다. 또한 전통적인 완성차 업체에게 있어 테슬라, 비야디(BYD)와 같은 새로운 경쟁자의 부상을 가능하게 한 변화의 촉매제 역할을 하고 있다. 이러한 숨가쁜 대변화를 앞두고 2차전지 산업을 기초에서부터 차근차근 이해할 수 있게 도와주는 이 책을 관련 업계 종사자는 물론 투자자에게도 적극 추천한다.

_박 베네딕트 상원(오하이오주 경제개발공사 아시아 총괄 수석매니저)

차례

1장

전기사회의 서막, 2차전지의 미래

2장

정치와 정책으로 맥락 읽기

3장

2차전지 투자자를 위한 최소한의 지식

4장

2차전지 투자 매트릭스

1장

전기사회의 서막,
2차전지의 미래

2차전지 산업은 대한민국을 이끌 차세대 산업이자 미래 먹거리로 불리며 폭발적인 성장을 하고 있습니다. 국내 4대 그룹으로 불리는 삼성, 현대차, LG, SK가 전기차용 2차전지에 대규모로 투자하고 있다는 점만 봐도 명확합니다. 그 배경에 전 세계가 고민하고 있는 친환경 정책이 있다는 사실을 모르는 분은 없겠죠. 다만 지나치게 정치적이거나 피상적인 이야기로 산업을 바라본다면 디테일한 측면에서 취약해지기 쉽습니다. 1장에서는 친환경 정책의 배경을 최대한 담백하게 정리하고 관련 예시와 동향 중심으로 2차전지 시장을 살펴보겠습니다.

최근 경제 환경이 불안해지면서 친환경 정책의 불합리성에 대한 토로도 늘고 있습니다. 불편함과 경제적 손실을 감내해야 하는 친환경 정책의 지속가능성에 대한 고민도 깊어집니다. 특히 코로나19 사태 이후 가장 큰 관심을 받았던 전기차 시장의 반동이 큰 모습입니다. 일부 국가에서는 원가 상승과 높아진 제품의 가격으로 소비자로부터 철퇴를 맞고 있습니다. 전기차 산업이 정책적인 동력을 잃으면서 다시 내연기관이나 하이브리드와 같은 차종의 시대가 올 것이라는 반론도 힘을 얻고 있습니다.

정책 기반의 산업은 항상 반론에 시달릴 수밖에 없습니다. 새로운 정책이 쏟아지고 그 힘으로 성장하는 구간에선 모두의 관심을 받지만, 정책 동력이 약해지거나 민간 수요가 따라오지 못하면 세금 낭비라는 프레임에 사로잡힙니다. 전기차·2차전지 산업도 2010년대 초반 이후 이러한 흐름을 지속하고 있습니다. AI, 바이오와 같은 능동적인 산업은 혁신으로 새로운 수요를 창출하는 데 반해 정책 산업은 정치에 수동적으로 반응하기 마련입니다. 다만 이러한 '떠밀리는 변화' 중에서도 전기차 산업의 입지는 독특한 부분이 존재합니다. 전기차는 단순히 환경을 지키기 위해 불편함을 감수해야 할 대상이 아닙니다. 소비자에게 세련된 이미지를 주고, 새로운 기능도 제공할 수 있기 때문입니다.

자동차 시대에 뒤처질 수 없는 기업들의 고민도 큽니다. 많은 분이 저에게 종종 이렇게 반론합니다. "나는 전기차를 타고 싶지 않다.""옆에서 보니 너무 불편해 보인다.""아직은 시기상조다." 전기차를 단순한 소비재라고 생각하면 이러한 저항감이 존재한다는 사실은 매우 중요한 장애 요인입니다. 하지만 산업의 전체적인 맥락과 정책의 흐름을 함께 본다면 투자자로서 어떻게 대응해야 할지 감을 잡을 수 있을 것입니다.

세계는 전기사회로

2차전지를 설명하려면 이야기는 전기에서부터 시작해야 합니다. 2차전지는 전기를 잘 활용하기 위한 제품이기 때문입니다. 전기에 대한 이야기에는 몇 가지 클리셰가 존재합니다. '전기(電氣)'의 어원이나 유래, 과학적인 발전사, 관련된 역사적 에피소드 등을 언급하는 경우가 많습니다. 정전기의 발견, 교류와 직류의 대결, 에디슨과 제네럴 일렉트릭사의 발전 등의 이야기가 대표적입니다. 다만 이 책의 목표는 전기나 전자기학을 이해하는 데 있지 않습니다. 이러한 이야기는 2차전지를 알고 싶은 여러분에게 그다지 흥미롭지 않겠죠. 전기의 응용처인 2차전지에 대한 이해력을 키우는 데 꼭 필요한 부분만 간략히 짚고 넘어가겠습니다.

일본의 영화감독 야구치 시노부가 2016년에 발표한 〈서바이벌 패밀리〉라는 영화가 있습니다. 〈워터보이즈〉 〈스윙걸즈〉 등을 통해 국내에도 꽤 알려진 영화감독입니다. 청춘물, 휴먼드라마의 색채가 진하고 무명 배우를 발굴해 스타로 발돋움시키는 것으로 유명합니다. 〈서바이벌 패밀리〉도 감독의 그러한 스타일이 묻어난 코믹하고 따뜻한 가족물입니다. 일본 영화 특유의 과장된 장면이 있지만 지나친 정도는 아닙니다.

시놉시스는 아주 단순합니다. 어느 날 갑자기 일본 전역에서 전기가 끊깁니다. 그냥 정전이 아닌 전기를 사용하는 모든 제품이 멈추는 사상 초유의 사태입니다. 영화에서는 '세계동시정전'이라는 표현을 사용합니다. 외계인이 전자기충격파(EMP)를 쏜 것처럼 모든 전자장비가 일체 작동하지 않습니다. 물론 SF영화가 아니니 과학적인 근거는 없습니다. 일종의 맥거핀인 것이죠.

정전 이후의 모습은 상당히 사실적입니다. 당연히 모든 교통편은 정지됩니다. 기차나 지하철은 전기로 움직이는 교통편이니까요. 전기차는 물론이고 기존의 내연기관 차량도 모두 멈춥니다. 내연기관 차량도 시동은 납축전지의 전기를 필요로 하기 때문입니다. 배터리 안에 전기가 남아 있지 않느냐고 물을 수도 있지만 그냥 모든 전자장비는 일체 사용이 안 된다는 설정입니다. 결국 주인공 가족은 도보와 자전거를 활용해 여행을 시작합니다. 교통편만이 문제는 아니겠죠. 인터넷, TV, 라디오도 사용할 수 없어 정보를 얻을 수 없습니다. 은행 거래도 중단되었고, 치솟던 인플레이션 끝에 물물교환의 시대가 열립니다. 금융인으로서 가장 무서운 장면이었습니다.

가족이 새로운 세상에 적응한 가운데 영화는 세계동시정전 사태가 갑자기 해결되면서 끝을 맺습니다. 해피엔딩입니다. 하지만 만약 영화가 아닌 실제 상황에서 이런 사태가 발생한다면 어떨까요? 영화처럼 잔잔한 엔딩으로 끝나기란 쉽지 않겠죠. 현실에서도 작은 규모의 정전은 종종 발생합니다. 한국의 전력 인프라가 촘촘해지면서 정전을 겪는 일은 많이 줄었지만 1시간, 반나절 또는 하루 이상 정전이 지속되면 많은 인프라 시설이 무용지물이 될 것입니다.

전기 없는 삶은 상상하기 어렵습니다. 휴대폰을 시작으로 무선 이어폰, 전자책 리더기, 태블릿PC 등은 필수품이 되었죠. 사회초년생 때만 해도 식당에 가면 선배들의 메뉴를 하나씩 적어서 사장님께 전달했던 기억이 납니다. 요즘은 키오스크나 태블릿PC로 주문을 대신합니다. 최근에는 시내버스도 대부분 전동화 파워트레인으로 교체되었습니다. 우리는 말 그대로 '전기사회'에서 살고 있습니다.

전기의 중요성은 향후에도 줄어들지 않고 더 커질 것으로 보입니다. 국내 최종에너지 소비량 자료를 보면 전기의 비중은 1990년 11.2%에서 2000년 14.4%, 2010년 19.8%를 기록했습니다. 2022년에는 21.5%까지 상승했습니다. 전기의 사용 비중 증가는 산업의 발전과 전기 사용처의 다각화 등이 그 원인이었습니다. 그동안 이 변화는 완만하고 점진적으로 진행되었지만 향후에는 훨씬 급진적이고

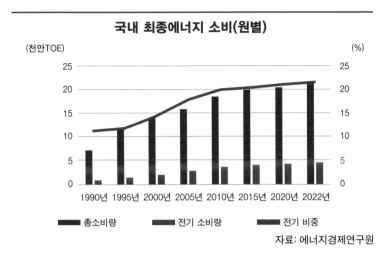

국내 최종에너지 소비(원별)

(천만TOE) (%)

범례: 총소비량 · 전기 소비량 · 전기 비중

자료: 에너지경제연구원

가속화된 방식으로 커질 것으로 보입니다. 그 중심에 전기차 등 모빌리티의 전동화와 AI가 있습니다.

　기존에도 많은 이동·운송 수단이 전기를 사용했습니다. 엘리베이터, 지하철, 기차 등이 대표적입니다. 하지만 무거운 것을 움직이는 데 효율적인 기관은 아직까지 내연기관입니다. 자동차는 물론 선박, 비행기, 우주선 등 에너지 효율이 중요한 수단은 내연기관을 주로 사용하고 있습니다. 내연기관이란 가솔린, 디젤, LNG 등 탄화수소체를 연료로 삼는 장치를 말합니다. 탱크에 탄화수소체를 잔뜩 담고 필요한 만큼 태우면서 폭발 에너지를 발생시킴으로써 물건을 옮기거나 이동합니다. 문제는 연료로 사용하는 탄화수소 물질입니다. 탄화수소는 탄소 원자와 수소 원자가 결합되어서 만들어집니다. 열을 만나서 폭발하는 과정에서 산소와 결합해 온실가스를 발생시킴니다.

내연기관이 지구온난화의 주범으로 꼽히면서 점점 자동차, 선박, 비행기와 같은 이동 수단을 전기 동력으로 바꾸는 전동화 과정이 이뤄지고 있습니다. 무거운 선박보다는 상대적으로 작고 가벼운 자동차가 전기로 움직이기 수월합니다.

문제는 전기의 수급입니다. 기존 이동 수단 중 전기로 움직이는 엘리베이터, 기차 등은 고정된 장소에서만 사용되거나 전선을 연결해 항시 전력을 수급받을 수 있었습니다. 자동차와 같은 자유로운 동선이 중요한 이동 수단은 전기를 공급받을 방법이 제한적입니다. 결국 내연기관 자동차가 연료탱크에 가솔린을 잔뜩 채우고 움직였던 것처럼 2차전지를 가득 싣고 움직여야 합니다.

OECD에 따르면 글로벌 최종에너지 소비량(101억TOE) 중 수송 비중은 26.7%로 아직까지는 내연기관에 대한 의존도가 절대적입니다. 국내의 경우 최종에너지 소비량 중 수송 비중은 16.9%로 글로벌 평균보다 낮은 상황입니다. 국토가 넓지 않아서 수송에 필요한 에너지가 많지 않고, 제조업 기반이 풍부해 산업 현장에서 사용되는 에너지 비중이 절대적이기 때문입니다. 전기는 대부분 산업이나 상업, 공공장소에서 사용되고 있으며 수송에서 사용되는 전기는 극히 미미합니다.

여기서 잠시 개념의 혼동을 피하기 위해 용어에 대한 설명이 필요할 것 같습니다. 학창시절 과학시간에 배운 운동에너지, 역학에 관

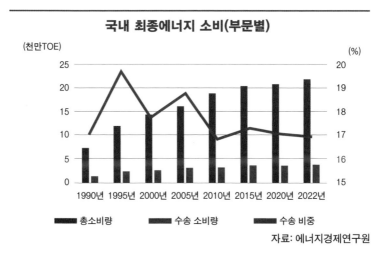

국내 최종에너지 소비(부문별)

(천만TOE)   (%)

범례: 총소비량   수송 소비량   수송 비중

자료: 에너지경제연구원

한 내용입니다. 우리는 에너지라는 단어를 흔히 사용합니다. 공장에서 여러 에너지를 사용해 기계를 가동하죠. 운동을 하고 난 후에는 에너지를 보충하기 위해 에너지 드링크를 마시고요. 유명 만화 '드래곤볼'에서는 주인공이 에너지파로 적을 무찌릅니다. 에너지의 사전상 정의는 '일을 하는 능력의 총칭'입니다. 사전적인 정의가 늘 그렇듯이 엄밀하게 와 닿지는 않습니다. 다만 느낌적으로 무엇인가를 움직이거나 동작할 때 필요한 힘이라는 생각은 듭니다. 일반적으로 연료나 열 또는 전기가 에너지로 사용되니 대체적으로는 맞는 표현입니다.

그럼 앞서 언급한 최종에너지란 무엇일까요? 한국에너지공단에서는 최종에너지에 대해 '1차에너지를 산업 공정 및 에너지 사용기기, 수송 수단 등 에너지 소비 부문에서 사용하기 편리하도록 변환·

가공한 에너지'라고 설명하고 있습니다. 사용하기 편하게 바뀐 에너지라는 해석입니다. 앞서 우리는 최종에너지 중 전기의 비중이 늘어나고 있는 것을 확인했습니다. 그 말은 다양한 1차에너지를 전기로 전환해 사용하는 인프라가 확대되고 있다는 의미입니다.

한국에너지공단은 1차에너지에 대해 '변환이나 가공의 과정을 거치지 않고 자연으로부터 직접 얻을 수 있는 에너지'라고 설명합니다. 우리가 자연 상태에서 얻을 수 있는 원료는 생각보다 많습니다. 대표적으로 석유나 석탄이 포함됩니다. 천연가스, 원자력, 신재생에너지원도 1차에너지에 포함됩니다. 인위적으로 변환했는지 여부에 따라서 에너지의 종류가 나뉨을 알 수 있습니다.

요지는 우리가 이야기할 전기사회가 최종에너지의 변화만을 의미하지 않는다는 점입니다. 전기가 많아지기 위해서는 1차에너지를 활용해서 전기를 생산하는 과정이 필요합니다. 바로 '발전'이죠. 최종에너지를 친환경적으로 바꾸더라도 1차에너지가 환경을 파괴한다면 의미는 없습니다. 결국 전기사회는 사용의 영역(최종에너지의 전기화)과 발전의 영역(1차에너지의 청정화)을 동시에 살펴봐야 합니다.

한 가지 알아두면 좋은 토막상식이 있습니다. 서로 다른 에너지원인 석유, 천연가스, 열원, 전기 등은 서로 다른 형태로 제공되고 기준이 되는 단위도 다릅니다. 그럼 어떻게 비교할 수 있을까요? '향후에도 전기가 석유보다 많이 쓰일 것 같다.' '겨울이 다가와 가스 구입이 늘었다.' 하는 표현을 위해서는 비교 가능한 표준 단위가 필요합니다.

가장 많이 사용되는 국제적인 에너지 표준 단위는 국제에너지기구(IEA)가 제시한 TOE(석유환산톤)입니다. 석유 1톤을 기준으로 연소할 때 발생하는 열량을 1TOE로 규정한 가상의 단위입니다. 다양한 에너지원을 발열량 기준으로 TOE로 환산해 표현할 수 있습니다.

예를 들어 전기는 보통 전력량 단위(Wh)를 사용하는데요. 1Wh는 2,290cal의 발열량을 만들 수 있습니다. 이를 환산하면 전기 1MWh(100만Wh)는 석유 299kg(0.229TOE)와 동등한 에너지원임을 알 수 있습니다. 휘발유의 경우 1천L가 약 0.775TOE로 환산됩니다. 1년간 1만 5천km를 운행하는 차량의 연비가 15km/L라면 휘발유 1천 리터를 사용한다고 볼 수 있습니다. 자동차 보유와 운행을 위해 사용하는 에너지량을 전기로 환산해보면 전기 3.4MWh를 사용한 것과 같습니다. 가정용 전기를 1년간 이 정도 사용하면 전기요금만 100만 원 이상 나오는 규모입니다. 우리가 운전하는 과정에서 필요한 에너지량이 어느 정도인지 가늠이 되시나요?

참고로 한국에너지공단에서 관리하는 'EG-TIPS 에너지온실가스 종합정보 플랫폼(tips.energy.or.kr)'에서 제공하는 온실가스 계산기 서비스를 이용하면 에너지 사용량에 따른 배출량을 계산할 수 있습니다. 이를 통해 다양한 연료가 어느 정도 에너지를 만드는지 확인할 수 있으니 활용해보기 바랍니다.

전기사회가 필요로 하는 배터리

전기를 중요하게 사용하는 전기사회에서 2차전지의 중요성이 커지는 이유는 단순합니다. 2차전지를 통해 전기를 저장하고 사용할 수 있기 때문입니다. 2차전지라는 단어의 뜻을 해석해보겠습니다. 먼저 '전지(電池)'란 전기를 화학적으로 저장하는 제품입니다. 그중에서도 '2차'라는 말이 앞에 붙는 2차전지는 충전과 방전이 연속해서 가능해 여러 차례 사용이 가능한 전지를 의미합니다. 재충전이 가능한 배터리라고 생각하면 이해가 쉽습니다.

전기의 특성을 생각해보면 전지의 중요성을 알 수 있습니다. 전기는 자연 상태에서 바로 얻을 수 있는 1차에너지원이 아닙니다. 물론 자연 상태에서도 정전기나 번개와 같은 전기 현상이 존재하지만 인류의 에너지원으로 쓸 만큼 충분하지는 않습니다. 결국 인공적인 형태로 전기를 만들어야 합니다. 우리 주변에는 다양한 발전소가 존재합니다. 과거부터 흔히 사용된 석탄·석유 발전소, 최근 확대되고 있는 LNG 복합 발전소, 북유럽에서 흔히 볼 수 있는 수력 발전소, 해안가에서 포토존으로 쓰이는 풍력 발전소 등이 그것입니다.

문제는 전기의 성질입니다. 전기는 항상 흐릅니다. 멈출 수 없습니다. 발전을 통해 전기가 생성되면 즉시 필요한 곳에서 쓰여야 합니다. 2차전지 산업이 커질 수밖에 없는 핵심적인 이유가 이러한 전기의 즉시성에 있습니다. 전기의 성질을 설명할 때 가장 많이 사용되는 비유가 물의 흐름입니다. 문제는 물은 저장할 수 있지만 전기는 물처럼 저장할 수 없다는 점입니다. 이 부분은 직관적으로 이해하기 힘들 수 있습니다. 간단하게 설명하면 전기는 전자의 흐름을 의미합니다. 전기를 물에 비유하는 이유는 물의 흐름과 전기의 특성이 비슷하기 때문입니다. 물 자체에 집착해서는 안 됩니다. 전기의 저장은 물의 저장이 아닌 흐름의 저장입니다. 평상시에는 멈춰 있고 필요할 때 흐름이 지속되어야 합니다. 따라서 전지는 저수지(멈춘 물)가 아닌 댐(물의 흐름을 조정하는 장치)에 가깝습니다.

폭염 위기경보 수준이 가장 높은 '심각' 단계를 유지 중인 가운데 내일이 올여름 전력 수요가 가장 많은 날이 될 것으로 전망됩니다. 산업통상자원부는 내일과 모레 이틀에 걸쳐 우리나라 전력 수요가 각각 92.9GW(기가와트)로 올여름 최고 수준에 달할 것으로 예상했습니다. 내일과 모레 전력 공급능력은 103.5~103.6GW에 달해, 공급예비율은 11.5%로 예비력이 10GW 이상을 유지해 전력 수급 상황은 안정적일 것으로 산업부는 내다봤습니다.

〈KBS 뉴스〉 2023년 8월 6일 기사입니다. 여름철 폭염이 찾아오면 흔하게 볼 수 있는 뉴스입니다. 전력 공급예비율이 비상에 빠졌다거나 전력 수급이 위태롭다는 등의 이야기입니다.

현대사회는 다양한 곳에서 전기를 사용하고 있습니다. 산업계에서는 공장의 설비, 인프라 등을 가동하기 위해 전기를 쓰고, IT기업은 전산설비와 서버 등에서 대량의 전기를 소모하고, 가정에서는 TV, 냉장고, 에어컨 등 편의를 위한 설비가 전기로 작동합니다. 우리가 전기를 시의적절히 사용할 수 있는 이유는 발전소에서 생산된 전기를 한국전력이 적시적소 공급하고 있기 때문입니다. 한국전력의 역할은 전기가 필요한 곳을 모니터링하고 적절히 배분하는 것입니다. 필요한 곳에 충분한 전기가 공급되지 못하면 정전이 발생합니다. 당연히 발전소와 한국전력은 보수적인 관점에서 전기를 넉넉히 만들겠죠.

전력거래소(www.kpx.or.kr)에서 실시간으로 전력 수급 현황을 검색해볼 수 있습니다. 전력 공급예비율은 넉넉하게 남은 전기의 양을 의미합니다. 현시점에서 발전소가 생산 가능한 전력의 총규모, 즉 공급능력을 구하고 현재 발전해서 사용되는 전기의 양을 제외하면 공급예비력이 계산됩니다. 공급예비율은 공급예비력을 현재 부하로 나눈 값입니다. 현시점에서 갑자기 전기 사용량이 공급예비율만큼 늘어나면 발전소를 전부 돌려야 한다고 볼 수 있습니다. 만약 폭염으로 가정에서 에어컨을 급하게 가동하거나, 공장에서 추가로 들어온 주문에 대응하기 위해 야근을 하며 제조라인을 돌린다면 예비로 남아 있던 발전설비가 가동되어 전기가 배분되겠죠. 혹시라도 정전이 걱정된다면 전력거래소에서 확인해보면 되겠습니다.

안정적인 사회를 구성하기 위해서는 전기를 여유 있게 생산해야 합니다. 그럼 사회의 역동성을 감안해 넉넉하게 생산하고 남은 전기는 어떻게 될까요? 앞서 설명한 전기의 흐르는 성질을 고려했을 때 여유분을 모아둘 방법은 없습니다. 버려질 수밖에 없겠죠. 정확히는 전자기 유도 현상이 멈춰 있다고 표현해야겠습니다. 이런 경직적인 전기의 특성을 유연하게 활용하기 위해 다양한 노력이 이뤄지고 있습니다.

2022년 아주 흥미로운 뉴스를 접했습니다. 일본 최대 전력회사인 도쿄전력이 잉여 전력을 활용해 비트코인을 채굴하기로 결정했습니다. 발전소는 구조적으로 여유 있게 설비를 깔고 필요한 일부만 가동하는 방식으로 운영될 수밖에 없습니다. 이러한 잉여 설비를 사용할 수 있는 아이디어로 비트코인 채굴이 대두된 것입니다. 아주 단순하고 강력한 비즈니스 모델입니다. 물론 비트코인 가격의 변동성 때문에 안정적인 수익원이라고 말하기는 어렵습니다. 도쿄전력 측

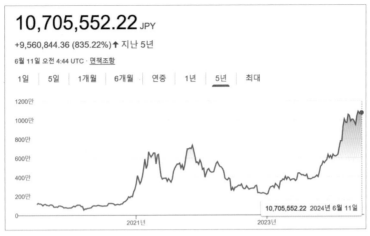

10,705,552.22 JPY
+9,560,844.36 (835.22%)↑ 지난 5년
6월 11일 오전 4:44 UTC · 면책조항

| 1일 | 5일 | 1개월 | 6개월 | 연중 | 1년 | 5년 | 최대 |

1200만
1000만
800만
600만
400만
200만
0

2021년   2023년

10,705,552.22 2024년 6월 11일

엔화 기준 비트코인 시세 차트

에서도 시범적인 규모로 사업을 진행할 계획이었습니다. 엔화 기준 비트코인 가격을 보면 그동안 4배 이상 올랐으니 지금 보면 대단히 훌륭한 판단이었네요.

다시 전기차 이야기로 돌아오겠습니다. 전기차는 전기를 통해 움직이는 운송 수단입니다. 전기는 발전소에서 생산되는 에너지원이며 보관이 어렵고 필요할 때 실시간으로 공급되는 성질이 있습니다. 전기차는 어떻게 움직일까요? 지하철과 기차처럼 긴 전선을 연결해서 전기를 공급받으며 움직여야 할까요? 개인 소유의 승용차 시장은 이러한 유선 방식으로 작동할 수 없습니다. 차량에 충분한 전기를 저장해두고 움직이는 방법이 필요합니다. 전기를 저장(충전)하고 내보내는(방전) 능력을 보유한 2차전지가 필요한 이유입니다.

사용처별 2차전지 수요

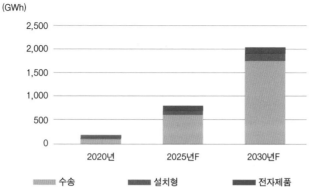

(GWh)

수송	설치형	전자제품

자료: 스태티스타

　전기사회에서는 이미 무선화가 대세가 되면서 다양한 분야에서 전기를 저장하는 능력이 중요해지고 있습니다. 휴대폰, 청소기, 이어 폰과 같이 우리에게 친숙한 도구들이 포터블해지면서 2차전지를 사용하게 되었습니다. 전기차는 이러한 변화 속에서 매우 큰 변곡점이 될 전망입니다. 통계에 따르면 2차전지 수요는 기존에는 전자제품 중심으로 형성되었지만 2020년에는 전자제품용 수요가 60GWh, 전기차를 포함한 수송용 수요가 100GWh인 것으로 추정되고 있습니다. 앞으로는 당연히 대부분의 수요가 전기차에서 발생할 전망입니다.

모든 사회의 기초 인프라가 될 발전원

전기를 저장하는 능력만큼 발전 과정도 중요합니다. 앞서 전기를 사용하기 위해 다양한 발전소에서 전력을 생산하고 있음을 언급했습니다. 어떤 에너지원을 사용해서 전기를 만드느냐에 따라 발전소는 화력, 원자력, 풍력, 수력 등 다양하게 구분됩니다. 전혀 다른 에너지원인 석탄, LNG, 풍력, 수력 등을 어떻게 똑같이 전기를 만드는 데 활용하는 걸까요? 모든 발전소는 전자기 유도 현상인 '패러데이의 법칙'을 활용합니다. 전자기 유도는 어렵지 않은 과학 지식이고, 스마트폰 무선 충전이나 교통카드 결제 등에도 활용되는 현상입니다. 다만 글로 쓰면 다소 복잡해 보일 수 있습니다. 쉽게 말해 자기장의 변화로 도체 내 전류가 생성되는 현상입니다.

전자기 유도 현상

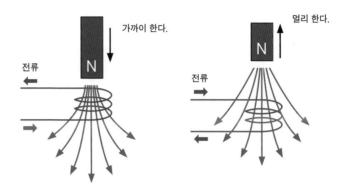

전선이나 코일 등 전기가 흐를 수 있는 물체(도체) 근처에 자석(자기장의 원천)을 위치하고 자석을 움직이면 됩니다. 자석의 위치 변화가 자기장의 변화로 이어지고, 전선·코일 내에 전압이 발생하면서 전기가 생성됩니다. 전자기 유도 현상의 발견 이후 인류는 전기를 마음껏 만들어낼 수 있게 되었습니다.

대부분의 발전소는 동일한 구조를 갖습니다. 1800년도 당시 개발된 구조가 아직까지 이어지고 있습니다. 외부의 에너지원을 활용해 물을 끓이고, 끓는 물에서 발생한 수증기로 터빈을 돌립니다. 증기 터빈의 축은 발전기로 연결되어 있습니다. 발전기 안에는 구리선 다발로 쌓인 자석이 위치합니다. 터빈의 회전이 자석으로 이어지면서 회전하면 빠른 속도로 주변 자기장의 변화가 발생합니다. 자기장의 변화는 주변 구리선에 전압을 형성시키고 전기가 발생합니다.

전통적인 발전소는 화력 발전을 기반으로 합니다. 석탄, LNG 등

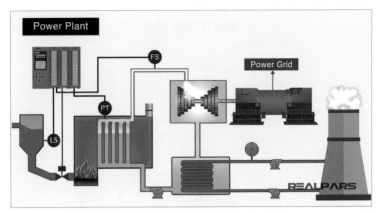

화력 발전 증기 터빈의 구조 (자료: RealPars)

탄화수소체를 연료로 삼아 물을 끓여 수증기를 만들고 증기 터빈을 가동해 전기를 생산합니다. 사실상 내연기관과 다를 바가 없습니다. 앞서 내연기관이 온실가스 배출의 주범으로 인식되어 전동화가 진행되고 있다고 말했습니다. 그런데 전동화를 위해 필요한 전기가 내연기관과 동일한 방식인 화력 발전으로 충원된다면 의미가 있을까요? 이 부분은 1990년대 전기차가 처음 주목받을 때부터 지적받은 모순입니다. 환경을 위해 전기차를 개발했지만 전기차의 기본적인 인프라가 환경 파괴적이라는 점 때문에 논란이 불거졌습니다. 따라서 전기차 보급 정책은 단순히 전기차를 많이 만드는 데 그치지 않습니다. 필연적으로 에너지원의 친환경화를 포괄합니다. 친환경적인 방식으로 전기를 충분히 생산할 수 있는 기반이 필요한 것입니다.

대표적인 친환경 발전은 풍력, 수력, 태양광 발전 등입니다. 풍력 발전은 바람의 힘으로 터빈을 돌리고, 수력 발전은 흐르는 물의 압력으로 터빈을 작동합니다. 태양광 발전은 독특하게 광전 효과를 활용하지만 주제와 무관하므로 설명은 생략하겠습니다. 국제에너지기구 통계에 따르면 신재생에너지의 발전량은 매년 꾸준히 상승해 2050년이 되면 전 세계 발전량 중 무려 70% 이상의 비중을 차지할 전망입니다. 현재는 전통적인 발전량의 비중이 70% 이상인 상황이지만 2050년이 되면 그 비중이 거꾸로 뒤집힌다는 뜻입니다. 향후 30년간 발전 인프라가 완전히 변한다고 볼 수 있습니다.

문제는 친환경 발전이 경직성 전원에 해당한다는 점입니다. 풍량, 강수량, 조광량 그 어떤 자연현상도 인간이 임의로 조절할 수는 없습니다. 전기는 필요할 때 발전량을 늘리는 즉시성이 중요한 에너지원인데 친환경 발전원은 이 부분에 제약이 따릅니다. 경제학의 기본적인 부분을 배웠다면 수요와 공급의 불균형이 얼마나 치명적인 결과를 초래하는지 아실 겁니다. 발전 시장에서의 불균형은 정전으로 이어질 수밖에 없습니다. 지구온난화를 막기 위해 석유, 석탄을 그만 쓰고 싶은 마음은 굴뚝같은데 이러한 여러 문제로 에너지원을 바꾸는 게 참 쉽지 않습니다. 경직성 전원 문제는 다시 2차전지의 필요성으로 이어집니다. 경직성 전원의 비중이 늘어날수록 잉여 전기를 저장할 수 있는 2차전지의 필요성은 커집니다. 향후 2차전지 시장에서 가장 큰 수요를 차지하게 될 전기차를 전력 그리드의 일환으로 사용하려는 전략도 같은 맥락에서 출발했다고 볼 수 있습니다.

친환경이라는 단어의 불편함

온실가스 저감을 위한 노력은 우리 일상에서도 여러 가지 형태로 이뤄지고 있습니다. 많은 분이 공감할 만한 예시가 있습니다. 현대 사회 인류가 '호모 카페인쿠스'로 진화해 공복은 버텨도 카페인 없이는 아무것도 하지 못한다는 농담이 있습니다. 커피를 파는 카페는 이제 우리와 떼려야 뗄 수 없는 문화공간이 되었습니다. 이 카페에서 생긴 2가지 변화(종이빨대 사용, 머그컵의 활성화)를 저는 못마땅하게 생각합니다. 특히 종이빨대는 커피의 풍미를 해치기도 해 최근에는 빨대 없이 커피를 마시는 것이 기본이 되었습니다. 업무 특성상 커피를 사서 잠시 자리를 차지했다가 나가는 경우가 많은데 머그컵을 일회용잔으로 바꾸는 과정도 귀찮음이 큽니다.

이러한 변화에는 친환경을 추구한다는 명분이 있습니다. 그런데 그 실효성에 의문이 듭니다. 온실가스에 초점을 맞춰볼까요. 환경부 통계에 따르면 일회용잔이 발생하는 온실가스는 약 23g으로 추정됩니다. 설문조사에 따르면 한국 성인의 경우 하루 평균 2잔의 커피를 섭취한다고 하니 주말은 마시지 않는다고 가정하면 1년에 약 300~400잔 가량은 마신다고 볼 수 있습니다. 1년에 일회용잔 350개를 사용하면 약 8kg의 온실가스를 배출한 셈입니다.

온실가스 8kg이라고 하면 감이 잘 오지 않습니다. 내연기관 자동차와 비교해보겠습니다. 국내에서 가장 많이 팔린 차량 중 하나인 현대 투싼을 기준으로 봅시다. 현대 투싼의 표시연비는 11~12km/L 수준입니다. 이산화탄소 배출량은 130~150g/km입니다. 8kg의 온실가스는 현대 투싼이 60km를 주행할 경우 배출하는 양입니다. 1년간 일회용잔을 사용하지 않아서 줄일 수 있는 온실가스의 양이 자동차로 출퇴근 한 번할 때 배출되는 양과 비슷한 것입니다. 자동차 업계에서는 운전자의 1년 평균 주행거리를 1.5만km에서 2만km 정도로 추산합니다. 즉 1년간 배출되는 온실가스의 양은 현대 투싼 기준 연간 최대 2,660kg에 달한다고 볼 수 있습니다.

이렇게 숫자로 비교해보니 1년간 일회용잔을 아끼는 노력(8kg)으로 차라리 자동차를 전기차로 바꾸는 게 낫다는 결론이 나옵니다. 실제로 그렇습니다. 전기차에서 2차전지로 이어지는 전기사회를 향한 변화가 꼭 필요한 이유죠. 물론 귀찮음을 감수하고 머그컵을 사용하는 것이 아무런 의미가 없다는 뜻은 아닙니다. 무엇보다 중요한 것은 대중의 인식에 있습니다. 너도나도 머그컵을 사용함으로써 온실가스를 함께 줄인다는 선한 연대의식이 지닌 힘을 간과할 순 없겠죠.

사실 개개인의 노력으로 지구온난화를 개선할 수 있는 방법은 정말 전무합니다. 온실가스와 지구의 기후변화는 너무나 점진적이고 거대하게 진행된 상황이기 때문입니다. 우리가 일회용잔 대신 텀블러를 들고 다니고, 내연기관 자동차를 팔고 전기차로 바꾼다고 해서 환경에 기여할 수 있는 부분은 거의 없습니다.

아주 간략하게 2가지 시나리오를 계산해보겠습니다. 전 세계 인류가 일회용잔을 안 쓰기로 결심하면 온실가스를 얼마나 감축할 수 있을까요? 전체 배출량의 0.05%에 불과합니다. 그럼 모든 내연기관 자동차를 한날한시에 안 쓰기로 결정하면 어떨까요? 그래도 전체 온실가스 배출량의 8.6%에 불과합니다.

그럼에도 이 미미한 변화를 위해 우리가 불편함을 자발적으로 감수하는 이유는 사회적 함의를 만들어가기 위해서입니다. 모든 친환경 정책과 변화는 경제적 불편함을 초래할 수밖에 없습니다. 당국은 세금을 전기차 전환에 할당해야 하고, 기업은 기존보다 비싼 단가로 전기차를 생산해 팔아야 합니다. 자본주의 사회에서 가장 어려운 선택지입니다. 개개인이 텀블러를 챙기고, 좀 더 비싼 전기차를 사줄 수 있는 여유가 생겨야 사회가 바뀔 수 있겠죠. 불편함을 당연함으로 여기는 마음만이 친환경으로 가는 첫 번째 걸음이 될 수 있습니다.

이 불편함은 친환경 정책에 대한 다양한 반론을 낳고 있습니다. 그 중 가장 극단적인 의견을 내비치는 집단이 기후변화 회의론자들입니다. 지구온난화 자체를 부정하거나, 온난화가 범우주적인 작용임을 주장합니다. 지구온난화가 거짓이고 주기적인 변화에 불과하다며 기후 대응을 위한 다양한 노력을 불편하고 무용한 일로 치부합니다. 더 강경하게는 반경제적이고 반자본주의적이라고 비난합니다.

과학자들은 지구온난화에 대한 명확한 근거를 찾고 있고 대응을 강구하기 위해 다양한 연구를 진행하고 있습니다. 가장 대표적인 기구는 UN 산하 IPCC입니다. 매년 기후변화에 대한 보고서를 발표하고 각국에 과학적 대응을 촉구하고 있습니다. 2018년 중요한 보고서가 발표되었습니다. 제목은 〈지구온난화 1.5℃ 특별보고서(Special Report on Global Warming of 1.5℃)〉입니다. 워낙 유명한 보고서라 핵심만 요약하자면 인류가 지금부터 최선을 다해 온실가스 감축을 노력하더라도 2052년까지 1.5℃의 온도 상승이 불가피하다는 내용입니다. 기존에 고려한 대응보다 훨씬 급진적인 친환경 정책이 필요하다는 경종입니다.

지구온난화를 해결하기 위해서는 탄소중립(carbon neutrality)을 달성해야 합니다. 인류가 배출하는 탄소(온실가스)의 양을 최대한 줄이고, 일정 부분의 온실가스는 거꾸로 흡수해 실질적으로 순배출량을 '0'으로 만드는 것입니다. 탄소중립을 달성하는 속도도 중요합니다. 이미 인류는 너무 많은 탄소를 배출해 지구온난화의 군불을 키운 상황입니다. 탄소중립을 달성하기 위한 수치를 직관적으로 표현한 것이 탄소예산(carbon budget)입니다. 지구의 평균 기온을 일정 수준으로 유지하기 위해 인류가 배출해도 되는 탄소의 허용량이라고 볼 수 있습니다. IPCC가 보고서로 제시한 탄소예산은 4,600억 톤입니다. 지금 수준으로 탄소를 배출한다면 2030년이 되기도 전에 인류에게 남아 있는 예산은 동이 납니다. 탄소예산을 탕진한 다음에는 탄소 배출량을 아무리 줄여도 올라간 온도를 잡을 수가 없습니다. 기후위기가 먼 미래의 일이 아닌 현실이 된 것이죠.

파리협정이 제시한 목표는 지구의 평균 온도를 산업화 이전 대비 1.5℃ 이내로 상승하도록 제한하는 것에 불과합니다. 2050년 전 지구 차원에서 탄소중립을 달성해야 하는 이유 역시 과정에 불과합니다. 기후위기의 주범처럼 인식되는 중국조차도 2060년에는 탄소중립 달성을 천명했습니다. 문제는 이미 배출되는 탄소의 양이 지나치게 많다는 점입니다. 2019년 글로벌 탄소 배출량은 350억 톤에 달합니다. 각국이 파리협약의 목표치를 달성하더라도 이미 기후위기는 피할 수 없는 임계점까지 왔다고 IPCC는 지적합니다.

2023년 3월 발표된 IPCC의 보고서를 보면 2020년 이후 태어난 세대는 너무나 뜨거운 세상에서 살게 될 것이라고 말하고 있습니다. 2100년까지 기온 상승이 불가피하다는 전망입니다. 높은 확률로 평균 기온이 4도 가까이 상승할 수 있다고 추정하는데 이는 빙하기 이후 지구가 1만 년에 걸쳐 상승했던 온도입니다. IPCC의 경고에도 불구하고 인류의 노력은 부족했습니다. 2023년 UN 사무총장은 "지구 온난화는 끝났다. 이제 지구열대화가 도래했다."라고 선언했습니다.

2022년 구글코리아가 발표한 '올해의 검색어' 순위에서 기후변화가 1위를 차지한 것은 매우 의미심장합니다. 먼 일처럼 생각한 친환경 이슈가 대중에게도 각인되었음을 보여줍니다. 최근 산불이나 가뭄과 같은 자연재해가 빈번하게 발생하면서 이상기온을 체감하는 사례가 급증하고 있습니다.

너무 무거운 이야기로 빠졌습니다. 친환경 산업이 번성하기 위해선 공포가 선행되어야 한다는 점이 아이러니합니다. 다시 가벼운 주제로 돌아가겠습니다. 앞서 일회용잔을 사용할 경우 발생하는 탄소의 양을 23g으로 추정한 바 있습니다. 그럼 커피 자체를 추출하는 과정에서는 어느 정도의 탄소가 배출될까요? 대부분의 탄소는 커피 원두의 재배와 운송 그리고 브루잉 과정에서 발생됩니다. 커피의 탄소 배출량에 대한 논의는 초기 단계라 정확한 자료를 찾아보진 못했으나, 해외 연구에 따르면 1kg의 생두를 키워 커피로 내려 마실 때까지 적게는 5kg에서 많게는 15kg가량의 탄소가 배출된다고 합니다. 1kg의 생두에서 800g가량의 원두를 볶을 수 있고 약 50잔의 커피가 만들어지는 것을 감안하면 커피 한 잔이 배출하는 탄소의 양은 100g에서 많게는 300g인 셈입니다. 조사하기 전에 막연히 생각했던 수준을 크게 상회합니다.

카페에서 텀블러를 쓰는 것보다 커피를 한 잔이라도 줄이는 게 환경 보호 효과가 크다는 결론입니다. 다만 실제로 실행하기는 너무 어려운 일입니다. 아무리 생각해도 지구를 지키기 위해 커피를 마시지 말자는 캠페인은 성공할 것 같지가 않습니다. 비슷한 예로 소는 매년 100kg 이상의 메탄가스를 배출하는 온실가스의 주범입니다. 이런 문제의식을 바탕으로 대체육과 같은 친환경적 식자재 개발에 대한 움직임이 활발합니다. 다만 아직까지 단가나 맛 문제로 대체육 시장의 비중은 매우 미미한 상황입니다. 우리에게 이미 당연한 재화를 공공선을 위해 바꿔나가는 것은 매우 지난한 일입니다. 결국 크든 작든 할 수 있는 일을 하나씩 해가는 것이 중요합니다.

인류 최대의 조별과제

2015년 12월 체결된 파리협약은 범지구적으로 체결된 최초의 기후 합의입니다. 유엔환경계획(UNEP)의 주도하에 195개국이 참여해 지구의 온도 상승을 제한하고, 온실가스 순배출량을 '0'으로 만들겠다고 결정했습니다. 문제는 이러한 국제적 합의가 마치 조장 없는 조별과제와 같다는 점입니다. 물론 파리협약은 과거 자율적인 참여를 권장해 한계가 명확했던 교토의정서와 달리 법적 구속력을 갖고 있습니다. 미국의 경우 청정대기법(CAA; Clean Air Act)을 기반으로 파리협약에 대응하기도 했습니다.

복잡한 법적인 문제는 뒤로 하고, 일단 '국가온실가스감축목표(이하 NDC)'를 통해 국가별 할당된 숙제를 확인할 수 있습니다. 파리협약 체결 직후 발표된 첫 번째 NDC를 보면 우리나라는 '2030년 온실가스 배출전망치(BAU)' 대비 37% 감축을 목표로 하고 있습니다. 각국은 2020년부터 5년에 한 번씩 NDC를 수정·보완해 제출하기로 협의했습니다. 전 세계의 친환경 공조가 강해지면서 우리나라의 NDC도 상향 조정되었는데요. 정해진 시점 외에도 자발적인 수정도 이뤄지고 있습니다. 우리나라는 2019년 NDC 달성을 위한 기본 로드맵을 발표해 2030년까지 온실가스 배출량을 2018년 대비 26.3% 낮추는 목표를 제시합니다. 최종적으로 2021년 UN에 제출한 우리나라의 NDC 목표는 2030년까지 온실가스를 40% 감축하는 것입니다.

'기후활동추적기(climateactiontracker.org)'는 주요국 정부의 NDC 성과를 추적하는 아주 성실한 사이트입니다. 파리협약으로 설정된 국가별 과제를 얼마나 잘 이행하고 있는지 추적하고 한눈에 볼 수 있도록 정리했습니다. UN의 보고서를 통해서도 관련 내용을 파악할 수 있지만 훨씬 보기 좋게 정리한 곳입니다. 자료 사진은 미국의 항목입니다. 1.5℃ 이상의 온도 상승을 막기 위한 목표 대비 미국 정부의 목표치가 조금은 불충분함을 보여주고 있습니다. NDC를 달성하더라도 온실가스 배출 추이를 감안하면 1.5~2.0℃ 상승이 불가피하다는 내용입니다.

NDC를 달성하기 위한 정부의 정책적인 기조는 더욱 부실합니다. 발표된 정책 내용과 활동을 감안해서 온실가스 배출량을 전망해

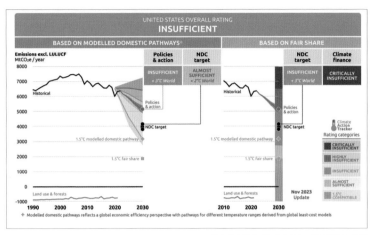

미국의 NDC 성과 (자료: 기후활동추적기)

보면 거의 3.0℃ 가까운 온도 상승이 발생합니다. 해당 사이트에서 관련 데이터를 엑셀로도 제공하고 있어 유용하게 활용할 수 있습니다. 아쉬운 점은 한국의 정책 효과가 아주 낮은 평가를 받고 있다는 점입니다. 분발해야겠습니다.

기후위기를 막겠다는 범지구적 조별과제는 성공할 수 있을까요? 많은 분이 인류의 조별과제가 항상 실패로 귀결되었다는 데 동의하실 것입니다. 앞서 소개한 기후활동추적기의 자료에 따르면 대부분의 국가가 파리협정의 목표치만큼 정책을 내놓지 못한다는 평가를 받고 있습니다. 온실가스 절감의 이유가 단순히 위기감과 공공의 선뿐이라면 절대 성공할 수 없을 것입니다. 친환경 정책은 위기감 외에도 다양한 요인이 복합적으로 작용해야 성공할 수 있습니다.

선진국의 친환경 전환 정책은 그러한 위기감뿐만 아니라 에너지

자립이라는 목표도 큰 축을 차지하고 있습니다. 온난화의 주범인 탄소는 대부분 석유·석탄과 같은 에너지원에 의존하면서 발생됩니다. 이런 고전적인 에너지원은 지정학적으로 특정 장소에서만 매장되어 있다는 특징이 있습니다. 희소성으로 인해 자원 부국의 정치·경제적 변화에 따라 글로벌 에너지의 수급 환경과 가격은 요동칠 수밖에 없습니다. 대표적인 사건이 1970년대 있었던 석유파동입니다. 사우디아라비아 등 OPEC의 주요국이 석유를 무기화하고자 조직적으로 생산량을 감축한 사건입니다. 당시 유가가 2~3배 상승하며 물가가 크게 상승했습니다.

최근에도 비슷한 사태가 발생했습니다. 러시아-우크라이나 전쟁으로 전통적인 에너지원의 불균형이 재확인되었습니다. 러시아 천연가스에 의존하고 있던 유럽 국가들은 어느 때보다도 혹독한 겨울나기에 나서야 했습니다. 러시아와 유럽을 연결하는 천연가스 파이프라인인 노르트스트림은 러시아 국영 기업에 의해 운영됩니다. 전쟁 초기만 하더라도 미국과 유럽 일각에서는 노르트스트림을 봉쇄해 러시아를 압박하려는 움직임이 있었습니다. 천연가스가 러시아의 주력 수출품목이었기 때문입니다. 결과는 잘 알다시피 유럽의 추운 겨울로 이어졌습니다. 이는 결국 희소한 자원을 갖고 있는 측이 승리한다는 것을 보여줍니다.

러시아는 중국 등의 동맹국에 천연가스를 팔거나 우회적인 방식으로 유럽에 공급하면서 봉쇄령을 유명무실하게 만들었습니다. 다

2019~2025년 지역별 평균 전기 도매가격

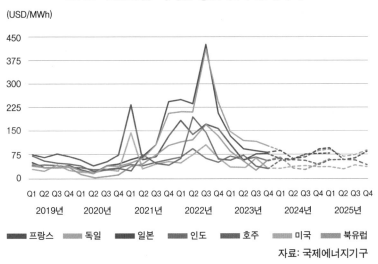

(USD/MWh)

450
375
300
225
150
75
0

Q1 Q2 Q3 Q4 Q1 Q2 Q3 Q4 Q1 Q2 Q3 Q4 Q1 Q2 Q3 Q4 Q1 Q2 Q3 Q4 Q1 Q2 Q3 Q4 Q1 Q2 Q3 Q4

2019년　2020년　2021년　2022년　2023년　2024년　2025년

■■■ 프랑스　■■■ 독일　■■■ 일본　■■■ 인도　■■■ 호주　||||| 미국　■■■ 북유럽

자료: 국제에너지기구

행히 이상기온 현상으로 유럽의 겨울이 더워지면서 천연가스 수요가 크게 줄어들었고, 그 결과 2023년을 기점으로 폭등한 전기 도매가격은 안정세에 접어듭니다.

　친환경 신재생에너지원의 경우 지정학적 희소성의 영향을 많이 받지 않는다는 장점이 있습니다. 태양광을 예로 들면 일조량이 많은 지역과 적은 지역은 있어도 해가 뜨지 않는 나라는 없습니다. 일련의 사태로 선진국의 에너지 자립 의지가 확고해지면서 친환경 정책이 연속성 있게 추진되고 있는 상황입니다.

　2021년 기준 주요국의 에너지 공급량과 소비량을 비교한 자료를 보면 에너지 총공급량은 자체 생산과 순수입으로 나눠짐을 알 수 있

국가별 에너지 자립율(2021년 기준)

(단위: 백만TOE)

구분	생산	순수입	총공급 (TEPS)	최종 소비 (TFEC)
OECD	4,511	760	5,257	3,703
중국	2,982	810	3,738	2,317
인도	609	321	944	632
일본	53	354	400	267
한국	52	249	292	182
러시아	1,530	669	833	545
미국	2,214	90	2,139	1,540

자료: 한국전력, 에너지경제연구원

습니다. 중국과 인도의 경우 에너지 공급량 중 대부분이 자체 생산으로 이뤄집니다. '생산÷총공급'으로 계산하면 중국은 80%, 인도는 64%로 수입 비중이 낮은 반면, 일본과 한국은 각각 13%, 18%에 불과합니다. 한일 양국은 대표적인 에너지 수입국이라고 할 수 있겠습니다. 에너지 생산량이 총공급량을 상회하는 에너지 수출국도 존재합니다. 러시아의 '생산÷총공급'은 184%에 달하고, 셰일혁명으로 산유국이 된 미국도 에너지 수출국에 해당합니다.

국가별로 에너지 산업에 대한 대외 의존도는 지정학적으로 정해진 불변의 사실입니다. 하루아침에 에너지 순수입국의 지위를 탈피하기란 어렵습니다. 타고난 체질을 개선시키기 위해서는 신재생에너지원 개발에 힘쓸 수밖에 없습니다.

시시비비, 불편해진 동행

파리협약을 통해 시작된 인류의 조별과제를 수행하기 위해, 또 에너지 자립도를 높이기 위해 여러 선진국이 친환경 정책에 힘을 쏟고 있습니다. 이렇게 자발적인 노력으로 목표치를 달성할 수 있다면 좋겠지만 벌써부터 삐걱거리는 움직임이 관찰됩니다. 대표적으로 과도한 온실가스 감축이 '사다리 차기'가 아니냐는 지적이 있습니다. 갑작스레 온실가스 감축을 위해 산업화를 늦춰야 하는 신흥국 중심으로 나오는 이야기입니다. 세계화를 통해 글로벌 공장이 된 중국과 인도, 동남아의 경우 제조업 특성상 많은 양의 온실가스를 배출하고 있습니다.

2021년 기준 각국의 온실가스 배출량을 비교해보면 중국이 압도

2021년 온실가스 배출량 순위(LUCF 포함)

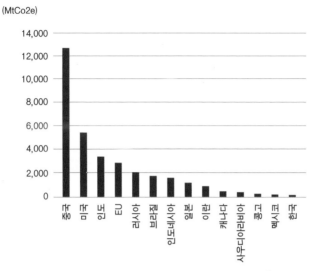

(MtCo2e)

자료: Climate Watch

적인 1위를 기록하고 있습니다. 무려 글로벌 전체 배출량의 26%를 차지했습니다. 인도의 경우 7% 비중으로 중국, 미국에 이어 3위에 올랐습니다.

지구온난화의 주범으로 몰리며 강력한 환경 규제에 시달리고 있는 신흥국들은 한 가지 반문을 던집니다. 산업화가 진행된 1850년부터 2021년까지 온실가스를 배출하며 기후 문제를 야기한 범인은 누구일까요? 최근에야 당연히 신흥국의 탄소 배출이 높은 비중을 차지하고 있지만 지금까지 발생한 지구온난화 현상은 과거 유럽과 미국 등 선진국에 그 원죄가 있다는 게 명확한 사실입니다. 제조업 비중을 줄이고 서비스·금융 부문으로 산업 체질을 전환한 선진국으로부터 제조업을 넘겨받은 신흥국 입장에서는 친환경 정책에 대한 반발의 여지가 있습니다.

최근에는 인도가 가장 강경하게 발언하고 있습니다. 국제적으로 합의한 바 있는 2050년 탄소중립 달성 목표가 너무 늦다는 IPCC의 권고에도 불구하고 인도는 탄소중립을 2070년에 달성하겠다고 목표치를 제시했습니다. 심지어 중국이 제시한 2060년보다도 늦은 시점입니다. 국제 공조로 진행되는 환경 정책에서 이탈해 경제 성장에 몰두하겠다는 선언과 같습니다. 오히려 선진국의 태도를 지적하기도 했습니다. 유엔기후변화협약(UNFCCC)에 따르면 개발도상국의 친환경 전환에 따른 고통을 최소화하기 위해 연간 1천억 달러의 녹색기후기금를 제공하겠다고 약속했으나 여전히 자금 확보와 활용에 진통을 겪고 있습니다.

탄소중립 달성과 같은 친환경 목표는 모두가 힘을 합쳐야 하는 당위성과 더불어 누군가는 피해를 감수해야 하는 불합리성이 공존합니다. 각국의 입장이 충돌하면서 마치 마피아 게임처럼 흘러가는 중입니다. 누군가 먼저 공조를 깨고 배신하면 경제적으로 이득을 얻을 수 있습니다. 이를 제재하고자 탄소세와 같은 규제가 논의되고 있지만 일괄적으로 규제를 적용하기란 쉽지 않습니다.

지금까지 탄소세를 적극적으로 적용한 국가들은 대부분 북유럽에 위치해 있습니다. 온실가스 배출 비중이 높은 화석연료 사용에 대해 세금을 부과하는 방식입니다. 기업과 민간에서 자체적으로 친환경적인 인프라를 구축하고 일상에 반영할 수 있도록 유도하는 방식입니다. 조세 저항이 존재하지만 친환경 개혁을 위해 필요한 재정을 벌충하는 성격도 갖고 있습니다. 반면 최근 회자되고 있는 탄소국경조정제도(CBAM)는 성격이 조금 다릅니다. 새로운 관세의 일종으로 해석됩니다. 수입품에 대해서도 생산 과정에서 발생하는 탄소량을 추정해 세금을 부과하는 방식입니다. 세계 무역의 핵심은 신흥국이 저렴한 인건비와 인프라 비용을 바탕으로 제품을 생산하고, 선진국이 소비하는 형태입니다. 이 중 에너지 집약적인 생산품의 경우 향후 탄소국경조정제도가 적용되면 가격 상승이 명확해 보입니다. 적용 대상은 대표적으로 철강, 알루미늄 등의 금속제품과 비료와 같은 필수재들입니다. 누군가는 환경을 위해 추가적인 비용을 부담해야 한다는 뜻입니다.

중국의 역습

막연하게만 느껴지는 환경 보호나 기후위기에 대해 생각보다 강경하게 움직이는 국가가 있습니다. 바로 중국입니다. 중국의 환경 정책에 대해서는 다양한 이견이 존재할 수 있습니다. 중국이 진심일 리 없다고 믿는 분도 많습니다. 미세먼지를 강제로 수입하고 있는 우리 입장에서는 경계심리가 클 수밖에 없습니다. 하지만 최소한 전기차 시장에서만큼은 진심인 것 같습니다. 미래에 도래할 전기사회에서 가장 큰 축을 차지할 산업은 단연 전기차일 것입니다. 중국의 전력투구는 전기차 시대의 도래를 견인하고 있습니다.

중국이 세기의 결단인 개혁·개방을 표방한 것은 1978년입니다. 공산당 내에서 실리주의 노선을 걷던 덩샤오핑이 권력을 잡으면서 공산당식 계획경제에서 서구 열강의 자본주의식 시장경제로의 전환을 꾀했습니다. 이후 중국은 많은 분야에서 폭발적인 성장을 지속했습니다. 여기엔 자동차 산업도 포함됩니다. 1990년부터 2011년까지 단 20년 만에 중국인이 보유한 자동차의 수는 56배 성장했습니다. 중국의 내수시장은 고속 성장을 거듭했고 2009년 처음으로 미국의 신차 판매대수를 추월합니다. 단일 국가 기준으로 세계 최대 시장이 된 순간입니다.

자동차 산업의 충격은 대단했습니다. 글로벌 유수의 완성차 업체들은 중국에 둥지를 틀기 위해 중국 진출 정책을 펼쳤습니다. 당시 중국에 진출하기 위해서는 외국 자본 지분율을 50% 이하로 제한하는, 다시 말해 중국 자본 비중을 50% 이상으로 늘려 합작해야 하는 폐쇄적인 정책을 펼쳤음에도 신규 투자는 쏟아졌습니다. 이처럼 중국은 자동차 산업을 뒤흔들 만큼 단기간에 획기적으로 성장했지만 한계도 명확했습니다. 폐쇄적인 정책이 만든 기형적인 시장 풍토 때문이었죠.

중국의 자동차 판매량은 코로나19 사태 직전인 2017년 2,860만 대(중국 협회 기준) 수준까지 커졌습니다. 당시 미국의 신차 판매량은 1,720만 대, EU는 1,620만 대에 그쳤습니다. 하지만 어느 누구도 중국 자동차 시장의 동향에 관심을 두지 않았습니다. 양적 성장과 별개로 중국 자동차 시장은 말 그대로 갈라파고스였기 때문입니다. 글로벌 자동차 업체들이 진짜 진검승부를 펼치는 경쟁 시장은 여전히 미국과 유럽 등이었습니다.

중국 정부의 비호를 받아서 성장한 중국 자동차 업체들은 어마어마한 규모에도 불구하고 해외 시장에서는 미온적인 성과를 거뒀습니다. 온실의 화초와 같은 중국 자동차 산업은 해외에서 경쟁하는 테크·가전·인터넷 업체들과 달리 경쟁력이 부족했고 기술적 격차도 큰 상황이었습니다. 지리, 장안, 장성과 같은 중국 로컬 완성차 업체들은 내수시장에서는 잘나갔지만 해외에서는 의미 있는 성과를 내지 못했습니다.

내연기관 중심의 자동차 산업은 공학적인 측면에서 노하우 축적이 필요하고, 브랜드 가치도 공고합니다. 자동차가 워낙 비싼 재화이고 안전이 중요하다 보니 선진국의 기술을 추격하기란 쉽지 않습니다. 그래서 중국 정부는 아예 자동차 산업의 판을 바꾸고자 했습니다. 내연기관 자동차 시대를 끝내고 전기차 시대를 열어 새로운 시대의 종주국이 되기로 결심한 것입니다. 현시점에서 보면 소기의 성과를 얻은 것으로 보입니다. 오랫동안 정체되었던 중국의 자동차 수출량은 친환경차(NEV)를 필두로 매년 성장하고 있습니다. 2023년에는 수출대수가 490만 대에 달해 자동차 수출 전 세계 1위라는 위업을 달성했습니다.

중국은 자국 내 축적된 IT 기술을 기반으로 자동차의 전장화에서 우위를 점했습니다. 또한 전기차로의 체질 전환으로 친환경 산업을 선도한다는 대의명분을 얻게 됩니다. 전기차 산업은 충전 인프라 확

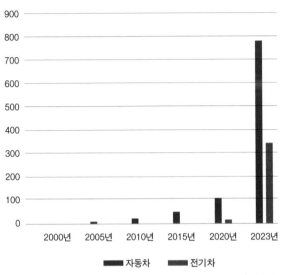

중국의 자동차 수출액

(억 달러)

900
800
700
600
500
400
300
200
100
0

2000년　2005년　2010년　2015년　2020년　2023년

■ 자동차　　■ 전기차

자료: UN comtrade

보가 핵심인데 대규모 인프라 투자는 중국 정부의 특기입니다. 내연기관 자동차와 달리 전장화와 스마트카 중심으로 성장하면서 브랜드 가치도 기존 자동차 업계와 차별화되고 있습니다.

중국의 전기차 질주는 글로벌 산업의 지형도를 바꾸고 있습니다. 전기차 시대에서 후발주자가 되어버린 기존의 맹주들은 당혹스럽습니다. 유럽, 일본, 미국을 생각해보면 내연기관 자동차 생산과 수출을 통해 많은 일자리를 창출하던 국가들이었습니다. 인건비 상승과 제조업 경쟁력이 하락하는 상황 속에서도 브랜드가 지닌 강력한 해자를 바탕으로 값비싼 고가의 자동차를 수출할 수 있었습니다. 상대적으로 저렴한 중국산 전기차의 역습은 선진국 본토의 일자리를 위협하는 요인이 되었습니다.

선진국의 전기차 업체들은 자국에서 전기차를 만들어서 신흥국에 팔려고 했던 기존의 전략을 중국 때문에 수정하고 있습니다. 중국 내에서 전기차를 생산하고 판매하기 너무 좋은 환경이 구축되고 있기 때문입니다. 과거에는 단순히 중국의 내수시장이 커서 중국 진출을 꾀해야 했다면 이제는 글로벌 완성차들의 수출기지로 중국이 떠오르고 있습니다.

중국의 자동차 수출액 중 전기차의 대부분이 테슬라, 볼보와 같은 유수의 자동차 브랜드가 중국으로 진출해서 발생한 판매액입니다. 과거 중국이 동남아 등 신흥국을 중심으로 수출 전략을 수립했다면 최근에는 벨기에, 태국, 영국 등에 전기차 수출을 집중하고 있습니다. 중국산 자동차에 대한 소비자들의 저항감이 얼마나 빠르게 사라지고 있는지 보여주는 대목입니다.

무선 제품의 확대

　정치적인 부분은 후술하도록 하고 2차전지 소비에 관한 이야기로 돌아오겠습니다. 2007년에 출시된 아이폰은 아쉽게도 국내에는 출시되지 않았습니다. 2009년에 '아이폰 3G'가 국내에 발매되면서 산업의 지각 변동이 시작되었죠. 당시 아이폰에도 당연히 2차전지가 탑재되어 있었습니다. 1회 충전 시 10시간 사용할 수 있다고 홍보했지만 실제로는 6~7시간가량 사용이 가능했던 것으로 기억납니다. 내장된 리튬전지의 용량은 1,150mAh였습니다. 과거에는 가전 제품의 경우 2차전지의 용량 단위로 암페어아워(Ah)를 사용했습니다. 2차전지가 일정한 단위 시간 동안 방출할 수 있는 전류의 크기를 의미합니다. 전기차 때문에 최근 2차전지에 관심을 갖게 되었다면 와트아워(Wh)가 더 익숙할 것입니다. 초기 아이폰에 탑재된 용량 1,150mAh는 전력량으로 보면 4.1Wh에 해당합니다.

2023년에 출시된 '아이폰15 프로 맥스'의 리튬전지 용량은 4,441mAh입니다. 전력량 기준으로 보면 17.32Wh로 '아이폰 3G' 대비 4배가량 용량이 커졌습니다. 1회 충전 시 사용시간은 16~17시간 정도입니다. 늘어난 전지 용량 대비 사용시간은 여전히 제한적인 느낌이 강합니다. 아이폰이라는 제품이 제공하는 콘텐츠가 강화되면서 사용하는 전력량도 증가했기 때문입니다. 더 강력한 프로세서, 더 넓고 밝은 화면, 더 선명한 음향을 제공하기 위해서 배터리의 성능도 성장해야 합니다.

무선제품의 또 다른 대명사인 다이슨 무선청소기도 살펴보겠습니다. 아무래도 청소기의 특성상 전지의 용량보다는 무게에 관심이 갑니다. 대표 제품인 'V11'의 경우 청소기 무게가 2.95kg입니다. '21700'이라고 흔히 불리는 원통형 전지 6개를 연결해서 사용합니다. 청소기에 모듈 형태로 장착되는데 배터리팩의 무게는 0.4~0.5kg 정도입니다. 전체 청소기 무게에서 15%를 넘게 차지하고 있습니다. 배터리 용량은 3,600mAh(78Wh)로 '아이폰'에 들어가는 것보다 조금 작습니다. 직렬로 연결하고, 교체를 용이하게 하기 위해 다양한 패키징으로 쌓여 있어 배터리팩이 다소 무거운 편입니다.

만약 납축전지로 다이슨 무선청소기를 만들면 어떻게 될까요? 대중적으로 많이 팔리는 자동차용 납축전지를 기준으로 80Ah(960Wh) 제품의 무게가 17.9kg입니다. 'V11'에 딱 맞는 용량(78Wh)으로 자른다고 가정하면 무게는 약 1.5kg 정도입니다. 'V11'의 무게는 2.95kg에서 3.9kg으로 늘어나겠죠. 청소를 자주 했다가는 손목에 염증이 생길지도 모르겠네요.

아이폰과 다이슨 무선청소기의 사례를 통해 우리는 2가지 사실을 알 수 있습니다. 첫 번째는 아이폰에 들어가는 2차전지의 용량 성능이 단기간에 크게 개선되었다는 점입니다. 휴대폰의 무게가 점점 가벼워지고 있고, 배터리 부피가 차지할 수 있는 영역이 제한적인 점을 감안하면 동일한 크기임에도 더 많은 전기가 저장되고 있음을 알 수 있습니다. 두 번째는 2차전지의 구성요소에 따라 무게와 성능의 차이가 매우 크다는 점입니다. 다양한 2차전지 중 리튬전지의 경우 가볍다는 장점이 최근 가장 주목받고 있습니다. 리튬전지가 2차전지의 대세로 떠오르면서 높은 저장능력과 가벼운 무게를 앞세운 무선 혁명이 확산되고 있습니다. 휴대폰을 시작으로 노트북, 청소기 심지어 이어폰까지 우리의 실생활은 '코드리스' 제품으로 채워져 있습니다. 전기를 동력으로 사용하던 제품들이 전지와 결합하면서 사용성이 넓어진 것입니다.

모빌리티 혁명

전지의 발전은 전기차 시장에서도 많은 변화를 낳았습니다. 뒤에서 자세하게 다룰 이야기입니다. 이번에는 간략히 전기차의 태동기에 있었던 일들을 살펴보겠습니다.

1990년 '캘리포니아주 대기자원국(CARB)'은 자동차 산업을 충격에 빠뜨리는 정책을 발표했습니다. 향후 캘리포니아에서 팔리는 신차의 판매량에서 무공해차량(ZEV)의 비중을 의무화하는 내용이었습니다. 제시된 목표치는 1998년 2%, 2001년 5%, 2003년 10%입니다. 아직까지도 미국 내 전기차 침투율이 10% 내외인 점을 감안하면 대단히 급진적인 목표치였습니다. 당시 미국 자동차 산업의 맹주였던 제너럴모터스(GM)는 CARB 규제에 대응하기 위해 350만

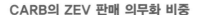

CARB의 ZEV 판매 의무화 비중

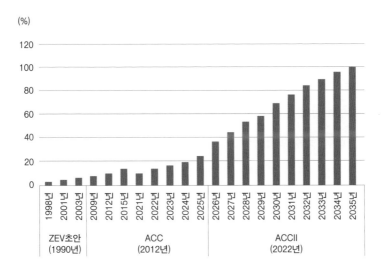

(%)

달러를 투자한 전기차 'EV1'을 출시했습니다. 과거에도 전기로 구동하는 자동차 모델은 일부 있었지만 제대로 상업화된 최초의 전기차는 'EV1'이라고 볼 수 있습니다.

1세대 모델은 18kWh 용량의 납축전지를 장착해 80~90km 주행이 가능했습니다. 과도기적인 모델이었죠. 이후 니켈수소 전지로 변경한 2세대 모델은 230km의 주행거리를 기록했고 지금 따져봐도 상당히 훌륭한 수준입니다. 'EV1'은 예상보다 양호한 성능과 미래 지향적인 콘셉트로 컬트적인 인기를 구가했습니다. 독특한 디자인과 전방에 위치한 전기차 충전구의 조합은 지금 봐도 생경한 느낌을 줍니다. 경량화를 위해 고가의 알루미늄 섀시를 전격적으로 채택했고, 당시 인기 있던 쿠페의 장점을 다수 반영했습니다. 특정 지역에서 리스 판매로 한정했음에도 1996년부터 4년간 1천여 대가 생산되었습니다.

물론 'EV1'은 일장춘몽으로 끝났습니다. 지나치게 높은 제조비용도 부담이었고, CARB의 무공해차량 의무제도가 소송에 휘말린 점도 동력을 잃게 만들었습니다. 이후 전기차 시장은 테슬라의 '로드스터'가 출시되기 전까지 긴 공백기를 맞이합니다. '로드스터'의 흥행은 여러 함의를 담고 있습니다. 제가 주목하는 부분은 정부의 정책적인 지원이 줄어드는 시기에 제품의 상품성만으로 성공했다는 점입니다. 여러 가지 요인이 복합적으로 작용했지만 2차전지 용량과 주행거리만 보더라도 훌륭한 수준입니다.

지금은 익숙해졌지만 당시 '로드스터'의 2차전지 구성은 매우 독특한 콘셉트였습니다. 흔히 건전지로 생각하는 원통형 범용 배터리(18650)를 6,831개(69개의 배터리 셀로 9개의 브릭을 만들고 11개의 시트로 묶음) 사용해 53kWh의 전지 용량과 300km 이상의 주행거리를 확보했습니다. 2차전지의 성능이 드디어 자동차의 내연기관을 대체할 수 있는 수준까지 성장한 것입니다.

전기차 산업의 개화는 2차전지 산업 입장에서는 매우 큰 터닝포인트입니다. 단순히 시장이 커지기 때문이 아닙니다. 기존의 2차전지 수요처였던 IT 또는 가전제품의 경우 어떤 방식으로 개발이 진행되었을까요? 휴대폰의 경우 AP칩의 성능, 화면의 크기 등 핵심적인 성능이 결정되고 이를 지원하기 위해 충분한 사용시간을 담보하는 데 2차전지가 활용되었습니다. 만약 더 많은 전기가 필요해지면 좀 더 큰 배터리를 탑재하고 무게를 일부 포기하는 식으로 말이죠. 휴대제품에 탑재되는 리튬전지는 충분히 가볍기 때문에 어느 정도 무게를 더해도 무관했습니다.

반면 전기차의 개발은 정반대로 진행됩니다. 전기차의 최대 핵심 성능인 주행거리가 2차전지의 성능과 정비례하기 때문입니다. 어떤 2차전지를 탑재하느냐에 따라 핵심 성능이 고정됩니다. 전기차에 탑재되는 배터리 팩의 무게만 400kg을 육박하기 때문에 유연하게 더하기도 힘듭니다. 결국 전기차 산업은 IT 산업과 달리 2차전지의 성능이 조기에 확정되어야 합니다. 제조 산업에서 핵심 성능을 미리 결정 짓는다는 것은 매우 중요한 요인입니다.

배터리 성능에 대한 이야기를 할 때 자주 보는 차트가 있습니다. 배터리별 저장능력(Wh)을 부피(liter)나 무게(kg)로 나눠서 비교한 자료입니다. 배터리의 성능을 결정 짓는 핵심 요인은 작은 부피에 많은 전기를 저장하거나, 낮은 무게에 많은 전기를 저장하는 것입니다. 가전제품의 무선 혁명은 편리성과 가벼움에서 시작되었습니다. 배터리는 단순히 전기를 저장할 뿐만 아니라 충분히 가벼워야 의미를 갖습니다.

전기차 시대에서는 어떨까요? 전기차의 본질적인 역할은 운전자나 화물과 같은 무엇인가를 옮기는 데 있습니다. 만약 옮겨야 할 무

중량과 부피에 따른 배터리 성능

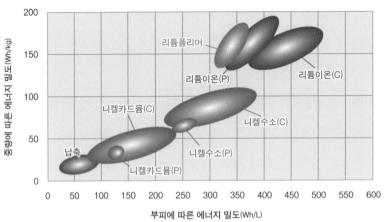

리튬폴리머

리튬이온(P)

리튬이온(C)

니켈카드뮴(C)

니켈수소(C)

납축

니켈수소(P)

니켈카드뮴(P)

종량에 따른 에너지 밀도(Wh/kg)

부피에 따른 에너지 밀도(Wh/L)

자료: NASA

게가 가볍다면 좀 더 쉽게 이동성을 확보할 수 있을 것입니다. 전기차의 성능은 경량화될수록 좋아집니다. 멀리 가는 전기차를 만들기 위해 배터리를 많이 장착해야 한다고 생각할 수 있지만 전혀 그렇지 않습니다. 배터리 대용량화로 전기 저장량을 늘리면 성능이 개선될까요? 꼭 그렇지만은 않습니다. 자동차부품연구원의 전기차 중량에 따른 주행 효율 조사에 따르면, 차량 무게가 1kg 증가할수록 kW당 주행거리는 0.00429km씩 감소하는 것으로 나타났습니다. 즉 전기차는 무거울수록 성능이 낮아집니다.

주행거리 개선을 위해 더 많은 배터리를 사용하면 오히려 전체 성능이 저하되는 문제가 발생합니다. 전기차 산업에서 배터리는 단순히 저장성의 향상뿐만 아니라 부피나 무게의 밸런스를 잡아야 한다는 중대한 과제가 남아 있습니다.

AI도 전기가 필요해

2024년 상반기 한국 증시에서 뜨거운 감자로 떠오른 종목이 있습니다. 국내 선두권 전기 인프라 회사인데요. 개인적으로는 개별 종목의 주가는 상황에 따라 과열되거나 냉각될 수 있고, 단기적으로 가치중립적이라 보지 않기 때문에 산업을 설명하는 지표로 활용하는 것을 좋아하지는 않습니다. 다만 이번 경우는 워낙 인상 깊었기 때문에 예시로 삼았습니다. 바로 HD현대일렉트릭입니다. 대형 전력망 구축에 필요한 초고압 변압기를 주력 제품으로 하고 있습니다.

전기사회가 진행되는 과정에서 다양한 논의가 존재했습니다. 전기를 어떻게 사용할 것인가, 어떤 발전원을 중심으로 지속가능한 환경을 구축할 것인가, 전력 인프라가 부족한 국가는 어떤 투자를 우

주식 시장 요약 > HD현대일렉트릭

272,500 KRW

+254,511.36 (1,414.84%) ↑ 지난 5년

6월 13일 오전 10:40 GMT+9 · 면책조항

| 1일 | 5일 | 1개월 | 6개월 | 연중 | 1년 | 5년 | 최대 |

30만 **17,989 KRW** 2019년 6월 14일

HD현대일렉트릭 시세 차트

선할 것인가 등입니다. 국내에서도 특히 '발전 믹스(한 가지 발전원에만 의존하는 것이 아닌 여러 발전원을 함께 발전시키는 것)' 논의가 활발했던 2017~2019년 전후로 발전설비와 발전 믹스를 어떻게 설정할 것인지에 대한 연구가 많았습니다.

이러한 논쟁에 갑작스럽게 참전해 시장의 판도를 바꾸고 있는 것이 AI입니다. 전 인류의 삶을 혁신적으로 바꿀 것이라 예상되는 AI 기술의 폭발적인 성장은 필연적으로 전기 사용량의 급격한 증가를 불러오고 있습니다. 미국의 전력중앙연구소(EPRI)는 AI 투자가 지금처럼 활발히 이뤄지면 2030년경 미국 전력 소비량 중 최대 9%가량이 데이터센터에 사용될 것으로 추산했습니다. 국제에너지기구는 EU의 전기 시장을 분석하면서 향후 3년간(2024~2026년) 데이터센터의

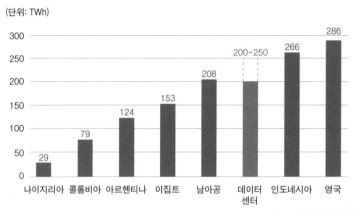

글로벌 데이터센터와 국가의 전력 소비량 비교(2020년 기준)

(단위: TWh)

자료: 국제에너지기구

전기 수요가 29TWh 성장할 것으로 전망했습니다. 참고로 동기간 EU의 전기차로 인한 전력 수요는 37TWh입니다.

이미 AI 기술로 인한 데이터센터의 전력 소비량은 어마어마한 수준입니다. 국제에너지기구에 따르면 2020년 전 세계 데이터센터의 전력 소비량은 약 200~250TWh로 전 세계 전력 수요의 1%에 달합니다. 웬만한 국가의 전력 소비량은 거뜬히 뛰어넘는 양입니다.

문제는 전력 인프라 확대에 상당한 시간이 필요하다는 점입니다. 전통적인 발전원을 축소하고 신재생에너지 중심으로 발전원을 바꾸려는 작금의 상황에서는 폭발적으로 늘어난 전력 수요에 대응하기 어렵습니다. AI의 급성장으로 전기 부족 사태가 벌어져 전기차 시장이 주춤할 수 있다고 해석하는 견해도 많습니다. 일정 부분은 맞는 해석입니다. 현시점에서 부족한 전력 인프라를 급하게 구축해야 하는 각국 정부 입장에서는 보다 중요한 곳에 전기를 할당하는 것이 맞습니다.

좀 더 장기적인 시각으로 옮겨볼까요. 결국 AI 확대는 더 많은 신재생에너지 발전의 확대로 이어질 수밖에 없습니다. 물론 최근 차세대 원전 등을 발전 믹스에 추가하려는 움직임이 많지만, 향후 가장 많은 비중을 차지할 것으로 예상되는 발전원은 기존의 신재생에너지 발전원입니다. 이 경우 신재생에너지 확대에 따른 경직성의 문제가 커질 수밖에 없습니다. 전기차는 단기적으로 보면 전기 사용량을 늘려 발전망에 부하를 주는 것처럼 보이지만 기술이 좀 더 개발되면 향후에는 다를 수 있습니다. 'V2G'의 개발이 지속되고 있기 때문입니다.

V2G란 충전식 친환경차를 전력망과 연결해 주행 후 남은 전력을 다른 곳에 이용하는 개념입니다. 전력망을 통해 전기차를 충전했다가 주행 후 남은 전기를 전력망으로 다시 송전함으로써 전기차를 움직이는 에너지 저장장치로 사용하는 것이죠. 전기차에 장착된 대용량 2차전지를 '에너지 저장 시스템(ESS)'처럼 활용해 경직성 발전원에 여유가 있을 때 전기를 충분히 저장하고, 향후 발전원의 가동률이 부족할 때 전기차를 통해 전력망에 직접 전기를 공급하는 것입니다.

비전은 좋지만 아직까지 현실에서의 완성도는 부족합니다. 전기차를 충전할 인프라도 부족한 상황에서 전기차를 ESS처럼 활용하는 시스템을 구축하는 것은 어려운 일입니다. 하지만 향후 전기가 정말 부족해질 수 있는 시점이 2030년 이후라는 점을 고려하면 충분히 고려해볼 만한 옵션입니다. 당분간은 전기차와 AI가 전기를 선점하기 위해 싸우는 모습처럼 보이지만 미래에는 상호보완적인 관계를 형성할 수 있음을 설명하고 싶었습니다.

부록
[1장 참고문헌   ]

- 에너지경제연구원(www.keei.re.kr): 국내 최대 에너지 관련 정책연구기관

- 한국에너지정보문화재단(www.e-policy.or.kr): 에너지 전환 기초 서적 『에너지로 바꾸는 세상』 제공

- Climate Action Tracker(climateactiontracker.org): 각국의 NDC 발표 및 달성 내역 확인

- Climate watch(www.climatewatchdata.org): 온실가스 관련 글로벌 통계 제공

- Fuel Economy(www.fueleconomy.gov): 미국 공식 연비 및 전비 확인 사이트

- IEA(www.iea.org): 산업 전망 보고서 발간

- IPCC(www.ipcc.ch): UNFCCC 실행과 관련한 다수의 보고서 발간

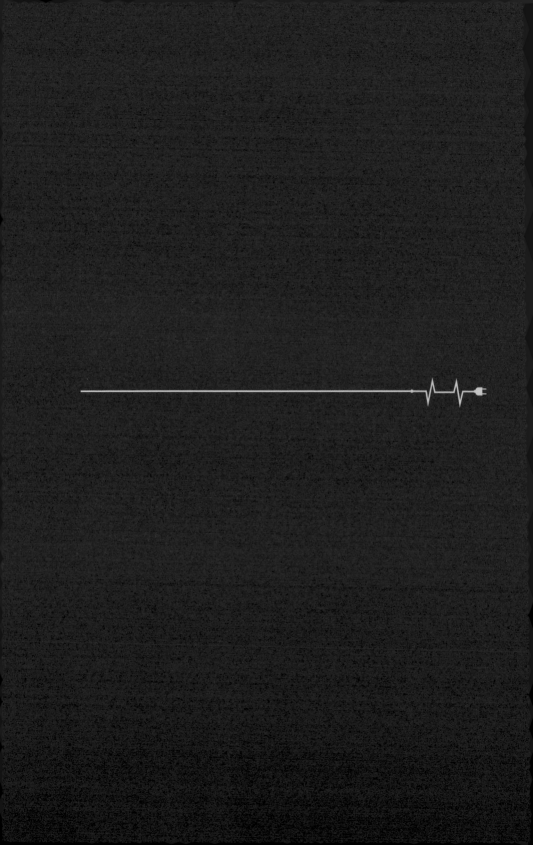

2장

정치와 정책으로
맥락 읽기

들어가며

　'투자'는 어느 관점에서 접근하느냐에 따라 의미가 달라지는 단어입니다. 기업이나 경제학 관점에서는 본인의 재화 생산을 위해 투입되는 자원을 의미합니다. 반면 개인 투자자인 우리에게는 미시적인 관점에서 경제적 효용을 얻기 위해 현시점의 자본을 투입하는 개념이 되겠죠. 지금을 포기하고 미래를 사는 과정이기 때문에 투자 대상의 미래를 예측하는 일은 중요합니다. 당장 지갑에 있는 돈으로 비싼 레스토랑에 가거나 놀이동산에 놀러가지 않고 주식과 채권, 파생상품을 공부하고 투자하는 이유는 순전히 미래를 위해서입니다. 투자활동을 통해 미래에 더 큰 부를 얻기를 기대합니다. 마치 보험과 같습니다. 당장 필요하진 않지만 미래에 발생할 수 있는 나쁜 일을 쉽게 해결하기 위해 보험에 가입하니까요.

　미래를 바라보고 대응하기 위해서는 다양한 관점이 필요합니다. 2차전지의 미래를 가늠하기 위한 필요성과 맥락을 1장에서 다뤘습니다. 2장에서는 좀 더 민감한 이슈를 언급하려고 합니다. 경제적이고 정량적인 범위에서 벗어난 무엇(정치)을 다룰 계획입니다. 정치는 1장에서 산업의 당위성으로도 다룰 수 있는 이슈지만, 최근 2차 전지를 둘러싼 정치의 지각변동이 복잡다단해 챕터를 할애했습니다. 전통적인 경제적 시각보다는 국가 간의 파워게임이나 장기적인 인프라 투자의 복선으로 해석할 필요성이 커졌습니다. 작동 원인이 다르기 때문에 챕터를 구분해 정리하는 것이 맞다고 생각했습니다.

미국의 IRA 발표 이후 2차전지 산업은 급격하게 요동치기 시작했습니다. 단순한 수요와 공급의 논리를 넘어 '어느 나라와 친한가?' 또는 '어떤 나라에서 생산하는가?'에 따라 산업에 영향을 미치기 시작했습니다. 리쇼어링에 이어 프렌드쇼어링, 심지어는 에너미쇼어링이라는 단어까지 신문에 빈번하게 나타고 있습니다. 이제 전기차라는 제품의 성장성만 보는 것은 너무 단순한 접근법입니다. 2장에서는 주요국의 정책적인 동향을 톱다운 방식으로 살펴보겠습니다.

자동차의 정치학

전기차와 2차전지가 정치적 분쟁의 핵심에 위치하게 된 이유는 무엇일까요? 가장 큰 이유는 자동차 산업의 규모가 워낙 크기 때문입니다. 강대국들은 자동차 산업을 핵심 산업으로 여기며 보호하고 있습니다. 거꾸로 보면 자동차 산업은 원래부터 항상 정치적이었습니다. 세계자동차산업연합회(OICA)에 따르면 2023년에 팔린 자동차는 총 9,274만 대입니다. 매출 규모로 따지면 2조~3조 달러에 육박할 것으로 추정됩니다. 전 세계 반도체 산업의 규모 총합이 0.6조 달러 내외인 점을 감안하면 자동차 산업의 규모가 어마어마함을 알 수 있습니다.

UN에서 제공하는 글로벌 무역통계 컴트레이드(Comtrade)에 따르면 자동차로 분류되는 항목(HS코드 8703)의 총수출 규모는 2022년 7,820억 달러를 기록했습니다. 전 세계 무역량에서 3%가 넘고, 품목 중에서는 다섯 번째로 큽니다. 자동차보다 무역량이 큰 품목은 원유, 가스 등 원자재와 IC칩뿐입니다.

산업통상자원부는 매달 첫 번째 영업일에 국내 수출입 동향을 발표합니다. 수출 중심 기업에 투자하는 투자자는 항상 예의주시하는 자료입니다. 수출 중심 국가인 대한민국의 경제 체질을 가장 빠르게 알려주는 자료라고 볼 수 있습니다. 지난 2024년 5월 자료를 보면 총수출액은 581.5억 달러를 기록해 지난해보다 12% 증가했습니다. 일반기계 및 2차전지의 수출 감소를 반도체, 디스플레이 등 IT 산업과 자동차가 지탱했습니다.

한국 경제에서 자동차가 매우 중요하다는 사실은 명백합니다. 그렇다면 우리나라의 자동차 산업 규모는 세계에서 어느 정도 수준일까요? OICA의 생산량 지표를 보면 2023년 전 세계 자동차 생산량은 9,355만 대에 달했습니다. 반도체 부족으로 극심한 공급 차질이 발생한 이후 재고 축적 수요가 쌓이면서 판매량보다 생산량이 조금 많습니다. 국가별 생산량을 보면 중국이 3,016만 대로 1위를 차지하고 있으며, 그 뒤를 미국이 1,061만 대로 쫓고 있고, 한국은 424만 대로 5위를 기록했습니다.

특히 한국은 내수시장 규모(150만~180만 대)보다 훨씬 큰 생산 규모를 갖추고 있어 대부분의 생산량이 수출로 이어짐을 알 수 있습

국내 15대 주요 수출품목 규모 및 증감률

(단위: 백만 달러, %)

순번	품목	2023년 5월		2024년 3월		2024년 4월		2024년 5월	
		금액	증감률	금액	증감률	금액	증감률	금액	증감률
1	반도체	7,367	△36.2	11,671	35.7	9,955	56.1	11,379	54.5
2	석유 제품	4,249	△34.9	4,651	3.6	4,366	18.9	4,608	8.4
3	석유 화학	3,807	△26.7	4,045	△1.8	4,287	12.3	4,087	7.4
4	자동차	6,194	49.2	6,170	△5.0	6,788	10.3	6,489	4.8
	전기차	1,401	76.2	1,232	△20.2	1,228	△10.1	1,228	△12.3
5	일반 기계	4,467	1.5	4,302	△10.4	4,676	1.5	4,399	△1.5
6	철강 제품	3,318	△8.9	2,883	△7.9	2,821	△5.7	2,924	△11.9
7	자동차 부품	1,939	△0.8	1,911	△6.8	1,961	2.9	1,837	△5.3
8	디스 플레이	1,411	△7.4	1,420	16.1	1,430	16.3	1,634	15.8
	OLED	1,069	6.0	989	7.0	988	6.4	1,193	11.5
9	선박	989	△49.6	2,136	101.9	1,710	5.6	2,061	108.4
10	무선통신 기기	1,141	△12.1	1,115	5.1	1,148	11.4	1,248	9.4
11	바이오 헬스	1,089	△27.3	1,317	10.0	1,244	21.3	1,293	18.7
12	컴퓨터	704	△57.5	888	24.5	786	76.2	1,045	48.4
13	섬유	947	△15.2	870	△14.3	950	1.7	962	1.6
14	2차 전지	799	△5.3	669	△23.1	619	△20.1	644	△19.3
15	가전	673	△13.7	694	△2.4	741	9.4	720	7.0
전체		52,054	△15.5	56,558	3.1	56,262	13.8	58,145	11.7

자료: 산업통상자원부

니다. 과거 한국 자동차 시장을 수입차의 무덤이라고 부른 이유입니다. 최근에는 벤츠, BMW, 볼보, 테슬라 등 다양한 고가 수입차 라인업이 빠르게 성장하고 있습니다. 어쨌든 국내 완성차 생산능력은 수출에 초점이 맞춰져 있는 상황입니다.

이번엔 노동 시장을 살펴보겠습니다. 고용노동통계에 따르면 2024년 4월 기준 국내 노동자는 총 2,011만 명입니다. 이 중 제조업 종사자는 377만 명이고, 자동차 산업에 제조업 종사자의 약 10%인 36만 명이 재직하고 있습니다. 유럽자동차협회(ACEA)의 자료에 따르면 유럽은 제조업 종사자의 8.3%가 자동차 산업에 종사하고 있고, 미국도 비중은 비슷합니다. 2024년 5월 기준 미국의 제조업 종사자 수는 1,297만 명이고, 이 중 자동차 산업에 속하는 인원은 107만 명입니다.

자동차 산업의 양상이 정치적인 문제일 수밖에 없는 이유는 전기차로의 전환이 노동 시장과 결부되어 있기 때문입니다. 2018년 9월 영국의 경제 컨설팅 전문기관 '케임브리지 이코노메트릭스'는 내연기관 자동차를 제조할 때 필요한 생산인력의 1/3이면 친환경차를 제조할 수 있다고 주장했습니다. 그도 그럴 것이 전기차의 생산 비중이 늘면 내연기관 관련 부품(엔진, 변속기, 오일류, 연료탱크 등)을 공정하는 과정이 사라질 것이고, 조립에도 더 적은 노동력이 소요될 것입니다. 내연기관 자동차 1만 대를 제조하기 위해서는 약 1만 명의 인력이 필요한 반면, 순수 전기차 1만 대를 제조하는 데 필요한

차종별 1만 대 제조당 필요한 인력

차량 종류		1만 대 제조당 필요 고용인
내연기관	가솔린	9,450명
	디젤	1만 770명
하이브리드	가솔린	1만 2명
	디젤	1만 1,322명
순수 전기차		3,580명
플러그인 하이브리드		1만 1,854명

자료: 케임브리지 이코노메트릭스

인력은 3,580명에 불과합니다. 자동차 산업의 특성이자 순기능 중하나인 대규모 고용 창출이 위협받게 된 것이죠. 전기차로의 전환이정치적인 문제와 엮이게 된 배경입니다.

국내: 전기차 확산을 위한 밀당

앞서 전기차 시장의 중요한 뉴스와 현안을 대략적으로 살펴봤습니다. 정책의 결을 보다 면밀히 해석하기 위해서는 바라보는 방식을 정의할 필요가 있습니다. 서두에서 전기의 필요성에 대해 언급한 다음 전기차의 공급 문제로 이어졌듯이, 이번에도 국내 전기차 정책의 기조가 강화되는 근간을 이루는 뿌리부터 살펴보겠습니다. 여러 정책을 따라가다 보면 '환경친화적 자동차의 개발 및 보급 촉진에 관한 법률(이하 친환경자동차법)'에 근거했다는 표현을 찾을 수 있습니다. 다음은 〈동아일보〉 2024년 4월 16일 기사입니다.

정부는 내연기관 위주인 자동차 산업을 친환경차 위주로 빠르게 전환하도록

'한국판 뉴딜' '미래차 확산 및 시장선점 전략' 등 다양한 친환경차 보급·확산 정책을 발표한 바 있습니다. (…) 정부 스스로 친환경차 도입을 선도하는 규제 정책을 내놓기도 했는데요. 국가기관, 지자체, 공공기관은 '대기환경보전법'과 '친환경자동차법'에 따라 신규 차량 중 저공해차를 100%, 무공해차를 80% 이상의 비율로 구매·임차하도록 강제하고 있습니다.

친환경자동차법 제1조에는 법률의 목적이 명시되어 있습니다. 환경 친화적 자동차의 개발 및 보급을 촉진하기 위한 종합적인 계획 및 시책을 수립해 추진하도록 함으로써 자동차 산업의 지속적인 발전과 국민 생활환경의 향상을 도모함이 그 목적입니다. 국내에서 시행되는 전기차 관련 정책은 모두 친환경자동차법의 테두리 안에서 진행됨을 알 수 있습니다.

법령의 내용이 방대하기 때문에 모든 사항을 파악하기는 힘듭니다. 중요한 중심 줄기 위주로 파악하면서 우리에게 익숙한 톱다운 방식으로 접근해보겠습니다. 정책과 법률을 톱다운 방식으로 해석하려면 가장 큰 상위의 개념을 이해해야 합니다. 친환경자동차법의 기본계획을 보면 정책의 큰 줄기와 흐름을 이해할 수 있습니다.

친환경자동차법 3조에 기본계획에 대한 내용이 있습니다. 5년에 한 번씩 산업통상자원부 장관의 주관으로 기본계획이 수립되어야 합니다. 가장 최근에 발표된 제4차 기본계획에는 2021년부터 2025년까지의 중장기 계획이 담겨 있습니다. 정부는 비전을 달성하기 위한

2   4차 기본계획의 목표 및 추진전략

비전	21년 친환경차 대중화 원년 → 25년 친환경차 중심 사회·산업생태계 구축
목표	▶ 친환경차 누적보급 : 25년 283만대(신차판매 51%), 30년 785만대(83%) ▶ 온실가스(17년대비) : 25년까지 8%, 30년까지 24% 감축
추진 전략	❶ 친환경차 확산을 가속화하는 사회시스템 구축 ❷ 기술혁신을 통해 탄소중립시대 개척 ❸ 탄소중립 산업생태계로 전환 가속화

친환경자동차법 제4차 기본계획의 비전과 목표

세부 목표 및 추진전략을 설정합니다.

제4차 기본계획은 2021년을 친환경차 대중화의 원년으로 삼아 2025년까지 친환경차 중심의 사회·산업 생태계 구축에 나서겠다는 비전을 내세웁니다. 이를 위해 2025년까지 친환경차 누적 보급대수를 283만 대(신차 판매의 51%)까지 늘리고, 2030년에는 785만 대(신차 판매의 81%)까지 끌어올릴 계획입니다. 온실가스 배출량은 2017년 대비 2025년에는 8%, 2030년에는 24%까지 감축이 기대됩니다.

앞서 온실가스 배출량을 감축하기 위해서라도 정부가 전기차 산업을 추진할 수밖에 없다고 강조한 바 있습니다. 결국 정책의 목표와 결과는 온실가스 감축의 양으로 설명되어야 합니다. 기본계획에서 가장 중요한 부분은 추진전략입니다. 실제로 어떤 대응을 내놓을지 예측할 수 있기 때문입니다. 제4차 기본계획의 전략은 3가지입니다.

1. 친환경차 확산을 가속화할 수 있는 사회시스템 구축

2. 기술 혁신을 통해 탄소중립사회를 개척하는 것

3. 탄소중립 산업 생태계로의 전환을 가속화하는 것

하나씩 살펴보겠습니다. 먼저 친환경차 확산을 위한 사회시스템 구축은 친환경차 보급을 위해 전방위적인 노력을 하겠다는 의미입니다. 정부가 세운 친환경차 보급 목표는 2025년 신차 판매량 중 50%를 친환경차로 바꾸고, 2030년에는 80% 이상으로 끌어올리는 것입니다. 하지만 목표 달성이 녹록치는 않습니다. 2023년 상반기 기준 국내 자동차 판매량에서 전기차가 차지하는 비중은 8.5%에 불과했습니다. 짧은 시간 내에 50%를 달성하고 향후 80%까지 늘리겠다는 아주 공격적인 목표입니다.

친환경차를 구매하는 당사자는 정부가 아닌 소비자인 국민입니다. 정부가 강제로 매년 전기차를 50%씩 매입하라고 명령할 수는 없습니다. 그래서 정책은 예민하고 세심하게 에둘러 구매를 유도합니다. 가장 쉬운 방법은 정부 자체 수요입니다. 2021년부터 정부는 공공기관이 차량을 구매할 경우 100% 친환경차(HEV 포함)로 매입할 것을 의무화했습니다. 대기업이나 렌터카 업체, 운수 업체 등 민간 기업에 대해서는 차량 구매 시 일정 비율 이상 친환경차 비중을 의무화하는 '친환경차 구매 목표제'를 설정했습니다. 택시, 버스, 트럭 등 영업용으로 사용되는 차량의 경우 친환경차 보조금 및 인센티

브 혜택을 제공하는 등 간접적인 방법으로도 구매를 유도하고 있습니다.

적용 대상에 따른 정부 정책의 미묘한 차이가 느껴지시나요? 정부 지침을 무조건 따를 수밖에 없는 공공기관은 친환경차 구매를 강제한 반면, 민간 기업은 구매 목표제를 할당했습니다. 또 정책 구속력에 가장 예민할 수밖에 없는 개인사업자 직군의 경우 친환경차 구매 시 보조금을 지원하는 당근책을 활용했습니다. 보조금을 무한정 지원할 수만 있다면 친환경차 전환 문제도 쉽게 해결되겠죠. 문제는 그 어떤 나라도, 심지어 '천조국'이라고 불리는 미국도 그러한 재정을 무한히 마련할 수는 없다는 점입니다. 보조금 정책은 시장의 규모가 커질수록 부담도 비례해서 확대됩니다.

기업에게 부과한 친환경차 구매 목표제 현황을 보면 문제의 어려움을 알 수 있습니다. 공정거래위원회가 지정한 자산 5조 원 이상의 공시 대상 기업 집단과 렌터카, 택시, 화물업 사업자의 경우 2022년부터 업무용 차량 구매 시 친환경차 비중 22%, 전기·수소차 비중 13%를 지켜야 합니다. 해당하는 대기업군만 총 2,897개에 이릅니다. 우여곡절 끝에 2022년부터 제도가 시행되었지만 구속력 없는 권고 수준의 제도로 완성되었습니다. 기업의 반발이 컸기 때문입니다. 결국 다수의 기업이 여러 사정으로 친환경차 구매 목표제를 이행하지 못했습니다. 정부 당국이 친환경 정책을 밀어붙일 때 어떠한 난관을 겪게 되는지 잘 보여주는 사례입니다.

아무리 정부의 힘이 강할지라도 임의로 수요를 조절하기란 어렵습니다. 정전 대책을 예시로 보겠습니다. 한여름 폭염 속에 전기 수요가 급증하고, 발전량이 부족한 시기가 되면 정부는 정전에 대비합니다. 최대한 발전소를 가동해 발전량을 높이는 일만큼 수요를 줄이는 일에도 신경 써야 합니다. 정부는 공익광고, 캠페인을 통해 에어컨의 적정 온도를 높여 전기 사용량을 줄이자는 메시지를 전달합니다. 그러나 실제로 전기 사용량이 얼마나 감소할지는 미지수입니다. 제가 반골기질이 있는 탓인지 모르지만 공익광고로 정전을 막을 수 있다고는 생각하지 않습니다. 전기차를 비롯한 여타 친환경 정책도 마찬가지입니다. 정부가 아무리 당위성을 강조해도 결국 선택은 개인의 몫입니다.

그렇다면 정부의 정책을 분석하는 일은 무의미한 걸까요? 결국 시장은 소비자의 선택대로 흘러갈까요? 친환경차 산업에서 정책은 '공급'에서 힘을 발휘합니다. 공급 시장에서 있어서만큼은 정부의 힘이 절대적이고 개입하기 상대적으로 쉽기 때문입니다. 공급을 조절해 친환경차의 보급을 가속화하는 방법은 간단합니다. 완성차 업체들이 친환경차 중심으로 생산하게 만들면 됩니다. 정부는 온실가스 배출 기준과 저공해자동차 및 무공해자동차 보급목표제를 통해 공급에 개입하고 있습니다.

온실가스 배출 기준 관리는 장기계획입니다. 제4차 기본계획 발표 당시 환경부는 2030년까지 자동차 산업의 평균 온실가스 기준치를 발표했습니다. 일반 승용차 기준으로 2021년 기준치 97g/km에서 2025년에는 89g/km, 2030년에는 70g/km까지 단계적으로 내려갑니다. 자동차 업체는 해당 규정을 준수해 매년 판매하는 차량의 평균적인 온실가스 배출량을 기준치 이하로 맞춰야 합니다.

환경부는 2016~2020년 기업의 온실가스 배출 기준 이행실적을 공개한 바 있습니다. 국내에서 차량을 판매하고 있는 19개 자동차 업체의 평균적인 온실가스 배출량은 2020년 기준 125.2g/km였습니다. 2016년 기록했던 139.7g/km보다는 개선되었지만 환경부가 제시한 기준(97g/km)을 29% 상회한 수치입니다. 이렇게 기준치 이상의 온실가스를 배출하면 3년 안에 초과분에 대한 상환이 필요합니다. 여기서 '상환'이란 3년간 기준치보다 온실가스 배출량을 더욱 적극적으로 줄이는 것을 말합니다. 상환에 실패하면 초과 배출한 온실가스 g당 5만 원의 벌금이 부과됩니다. 배출 기준을 충족하기 위해 향후 자동차 업체들은 더욱 무공해차량 판매에 집중할 수밖에 없습니다.

비슷한 결의 정책으로는 환경부가 고시한 '저공해자동차 및 무공해자동차 보급목표'가 있습니다. 환경부는 '대기환경보전법'에 따라 저공해차와 무공해차의 보급목표를 설정하는데요. 2009년 차량 판매량이 4,500대를 넘긴 10개 완성차 업체(현대차, 기아, 르노코리아, KG모빌리티, 한국지엠, 메르세데스-벤츠, BMW, 폭스바겐 그룹, 도요타, 혼다)는 환경부가 정한 비율대로 저공해차와 무공해차를 판매해야 합

저공해자동차 및 무공해자동차 보급목표

구분	2023년	2024년	2025년
저공해자동차 보급목표 (무공해자동차 포함)	22%	24%	26%
무공해자동차 보급목표	15%	18%	22%
차등 보급목표	11%	14%	18%

자료: 국가법령정보센터

니다. 만약 목표를 달성하지 못할 경우 미달 대수당 60만 원의 기여금(2025년 150만 원, 2028년 300만 원으로 인상 예정)을 일종의 벌금처럼 납부해야 합니다. 유연한 목표 달성을 위한 여지는 존재합니다. 저공해차와 무공해차 간의 상호교차 인정, 초과 실적 거래 인정, 충전소 설치 실적 인정 등 여러 방안을 이용해 대부분의 기업이 목표치를 달성하고 있습니다.

2023년 현대차의 국내 판매량은 76만 대입니다. 보급목표를 고려하면 무공해차(전기차+수소차+플러그인 하이브리드)를 11만 대 이상 판매하고, 저공해차(하이브리드)도 5만 대를 팔아야 합니다. 실제로 현대차가 판매한 무공해차량은 6만 대 이상이었고, 저공해차량은 14만 대에 육박했습니다. 전기차 판매는 포터와 아이오닉 시리즈가 기여했고, 하이브리드는 그랜저와 싼타페가 대부분을 차지했습니다. 상호교차 및 전기차 충전소 설치 등의 실적 연계를 감안하면 2023년 보급목표를 달성한 것으로 추정됩니다.

앞서 언급한 온실가스 배출 기준 관리와 비슷한 양상입니다. 정부가 공급에 대한 가이드라인을 설정하고 미달 시 벌금 형태의 기여금을 부과하다 보니 기업의 전기차 공급이 강제되는 모습입니다. 다만 보급목표제의 경우 논란도 존재합니다. 전기차 이행보조금과 연계되어 있기 때문입니다.

다음은 〈조선비즈〉 2024년 2월 22일 기사입니다.

> 환경부는 당근(이행보조금)과 채찍(기여금)을 함께 제시하며 전기차를 가급적 많이 보급하도록 유도하고 있는데, '2009년 판매량이 4,500대 이상이어야 한다'는 앞뒤가 맞지 않는 조항이 있다. (…) '2009년 판매량 4,500대 이상' 기준에 따르면 테슬라, 볼보, 스텔란티스, 재규어랜드로버, 폴스타 등은 국내 판매량을 아무리 확대해도 보급목표제 대상 기업이 되지 않는다. 보급목표를 달성하지 못해도 기여금을 안 내고, 저공해차를 많이 팔아도 이행보조금을 못 받는다.

2020년 보급목표제가 처음 시행되었을 당시 법규 적용 기준에 대한 논쟁이 있었습니다. 모든 자동차 업체가 아닌 2009년 기준 판매량 4,500대 이상인 회사만 목표를 달성해야 했기 때문입니다. 해당 기준을 적용하면 대부분의 수입차 업체가 제외됩니다. 이는 미국의 압박으로 인한 결과로 미국계 자동차 업체가 규제에서 벗어날 수 있는 빌미가 되었습니다.

흥미로운 사실은 2023년 정부 부처가 합의한 전기차 구매보조금 개편방안에 따르면, 보급목표를 달성한 우수한 자동차 기업에게 추가로 지급하는 보급목표 이행보조금이 70만 원에서 140만 원으로 증액되었다는 점입니다. 기존에는 보급목표를 지켜야 하는 10개 업체만 규제 대상으로 지정되어 강제로 전기차를 팔아야 하는 고충을 겪었습니다. 대신 목표를 잘 달성하면 국비 항목으로 전기차 보조금을 추가로 받을 수 있습니다. 테슬라 등 외국에서 수입된 전기차를 구매하고 싶은 소비자층 입장에서는 차별적이라는 이야기가 나오는 항목입니다.

제가 강조하고 싶은 부분은 친환경차와 관련한 정책은 당연히 정치적인 맥락이 녹아들 수밖에 없다는 것입니다. 향후에도 다양한 정책이 활성화되고 변화할 것입니다. 그 속에는 자국의 전기차 산업을 최대한 보호하고 육성하고 싶어 하는 정부의 의지가 분명 반영될 것으로 보입니다. 전기차 산업의 정치적인 색깔이 총론(글로벌 넷제로 공조)과 각론(각국의 전기차 부양책)에서 모두 발견된다는 점을 잊지 말아야 합니다.

이처럼 다양한 전기차 보급 정책이 맞물리면서 2023년 4월 '탄소중립·녹색성장 국가전략 및 제1차 국가 기본계획'이 발표되었습니다. 중장기 온실가스 감축 목표를 달성하기 위한 계획의 총집결입니다. 2022년 기준 국내에 등록된 무공해차는 43만 대인데 2030년까지 450만 대로 확대하겠다는 목표가 담겨 있습니다. 이 중 전기차는 420만 대이고, 수소차는 30만 대입니다.

다시 국내 정책을 해석해볼까요. 다음 타깃은 인프라입니다. 전기차 보급대수가 정부 목표치대로 기하급수적으로 증가한다면 적재적소에 충전소 구축이 필요해집니다. 친환경자동차법 제4차 기본계획에서는 전기차 보급대수의 50% 이상의 충전기 구축을 목표로 하고 있습니다. 거주 시설별로 충전기 의무 구축을 강화하고 공공 충전시설을 확대하는 방향입니다. 완속 충전기 기준 2020년 5.4만 기에서 2025년 50만 기로 저변을 확대할 계획입니다.

가장 뼈대가 되는 정책은 의무 구축입니다. 2016년부터 아파트, 공중이용시설 등 거주지와 생활거점은 전기차 충전소를 의무 설치해야 합니다. 다만 대상은 제도 도입 이후 건축 허가를 받은 신축시설에만 한정됩니다. 2021년에 제도가 개정되면서 구축시설에도 설치 의무를 부과해 본격적으로 생활거점 내 인프라 확보가 가능한 실질적인 제도로 개선되었습니다.

'무공해차 통합누리집(ev.or.kr)'에서 제공하는 '가까운 충전소 찾기' 기능을 활용하면 간단히 충전소 현황을 파악할 수 있습니다. 2024년 4월 기준 국내에 설치된 전기차 충전소는 약 35만 개에 달합니다. 무공해차 통합누리집은 상당히 세세한 정보를 제공합니다. 충전기 스펙은 물론 사용 가능 여부, 상세한 위치, 이용 가능 시간대 등 핵심적인 정보는 모두 담겨 있습니다.

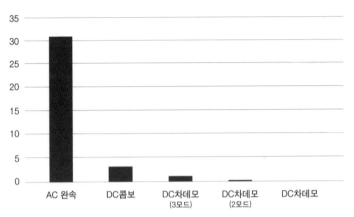

2024년 4월 기준 국내 충전기 현황

(단위: 만 기)

자료: 무공해차 통합누리집

충전기 타입별로 보면 AC완속이 31만 개에 달해 약 89%를 차지하고 있습니다. DC콤보도 3만 개에 육박하지만 비중은 9% 수준입니다. 주유소와 같은 대규모 충전시설이 많지 않기 때문에 전기차 충전소가 부족하다는 인식이 있지만 보급은 빠른 속도로 이뤄지고 있습니다. 특히 관공서와 같은 공공시설과 대형마트, 아파트 단지 내에 의무 설치되어 있어 얼마든지 사용이 가능합니다.

2023년 6월 국정현안관계장관회의에서 환경부가 밝힌 자료에 따르면 전기차 충전기 보급 실적은 전기차 2대당 1대꼴로 상당히 우수한 상황입니다. 전기차가 늘어나는 속도만큼 빠르게 충전기도 늘고 있습니다. 향후 보급목표도 친환경자동차법 제4차 기본계획에서

정한 수치보다 확장되었습니다. 2027년 85만 기, 2030년 123만 기를 구축해 전기차 420만 대 시대에 대비할 계획입니다.

국내: 보조금 시대에서 소부장 시대로

전기차 관련 정책을 보면 가장 먼저 '보조금'이라는 단어가 떠오릅니다. 전기차라는 불편하고 비싼 재화를 대중화하기 위해서는 무엇보다 정부의 정책적인 지원이 필요합니다. 보조금만큼 직관적으로 확실한 지원이 없습니다. 국내의 경우 전기차 보조금을 환경부 예산으로 편성하기 때문에 관련 내용을 파악하면 보조금의 전체적인 규모나 방향성을 확인할 수 있습니다.

2022년 말 발표된 환경부의 예산안을 보면 총 13조 원을 편성했고, 이 중 가장 큰 비중을 차지하는 것은 무공해차 보급 사업으로 약 2.6조 원이 배정되어 있습니다. 추가적으로 충전 인프라 구축 사업에도 약 5천억 원이 포함되어 있어 합치면 3조 원이 넘는 규모가 친

국내 전기차 지원 내용

구분	주요 내용
사업 예산	전기승용차 21.5만 대(1조 760억 원), 전기화물차 5만 대(6천억 원), 전기버스 3천 대(2,100억 원)
지원단가	전기승용차 최대 680만 원, 전기버스(대형) 최대 7천만 원, 전기화물차(소형) 최대 1,200만 원 ※연비, 주행거리 등에 따라 차종별 차등 지원
세금 감경	개별소비세, 취득세 등 최대 530만 원 감경
대상지역	전국 지자체(지자체별로 보급물량 상이)
지원대상	전기자동차를 신규 구매한 개인, 법인, 공공기관, 지방자치단체, 지방공기업 등(중앙행정기관 제외)
대상 차종 및 지원금액	'전기자동차 보급대상 평가에 관한 규정(환경부 고시)'에 따른 평가 항목 및 기준에 적합한 차량 ※향후 보조금 대상 차종 추가될 경우 환경부 무공해차 통합누리집(ev.or.kr)에 기재

자료: 환경부

환경차 보조금으로 책정되었습니다.

승용차에 배정된 규모는 1조 760억 원으로 차량의 가격, 주행거리 등 성능을 감안해 차등적으로 지급됩니다. 예를 들어 현대차 아이오닉6의 경우 최대 680만 원의 보조금을 받을 수 있고, BMW iX3의 경우 293만 원의 보조금을 받을 수 있습니다. 자세한 차종별 사항은 무공해차 통합누리집(ev.or.kr)에서 확인 가능합니다. 국고 보조금 외에도 지방자치단체에서 제공하는 지자체 보조금이 따로 있기 때문에 본인의 거주환경이나 구매 타이밍에 따라 조금씩 편차는 있습니다.

요즘 정부 정책을 보면 자국의 전기차 시장 확대를 위한 보조금과 인프라 정책도 중요하지만, 기업의 수출 역량을 고도화하기 위한 R&D 지원 및 2차전지 산업 생태계 구축에 힘을 쓰고 있다는 점이 눈에 띕니다. 이는 우리나라의 구조적인 경제환경과도 연관이 있습니다. 지리적 규모나 인구를 보면 내수시장의 한계가 뚜렷하기 때문에 수출 중심으로 성장을 모색할 수밖에 없습니다.

향후에는 2차전지 '소부장' 업체로 정부 정책과 지원이 집중될 것으로 전망됩니다. 소부장이란 소재, 부품, 장비의 준말로 제조업의 제조·생산 과정에서 근간 역할을 하는 뿌리산업을 말합니다. 특히 2차전지의 경우 소부장 업체의 역량이 더욱 중요해질 것으로 보입니다. 단순히 산업 경쟁력 측면뿐만 아니라 정치적인 이슈와도 연계되어 있습니다. 후술할 해외 선진국의 프렌드쇼어링 정책 강화로 국내 대표 2차전지 기업인 셀 3사(LG에너지솔루션, 삼성SDI, SK온)의 경우 이미 해외 거점 확보에 주력하고 있는 상황입니다. 국내에서 생산해 수출하는 기존의 방정식에서 벗어나 해외 현지 수요를 공략하는 현지화 정책에 전념하고 있습니다. 실제로 2016년 32%에 불과했던 국내 셀 3사의 해외 설비 비중은 2022년에는 84%까지 상승했습니다.

국내 수출입 통계를 통해서도 관련 내용을 확인할 수 있습니다. 2차전지 셀 수출은 2021년 48억 달러를 기록하며 정점을 찍은 이후

2023년 20억 달러로 58% 하락했습니다. 반면 전기차 및 2차전지 소재 산업의 수출액은 고공행진 중입니다. 2차전지 4대 소재(양극활물질, 음극활물질, 전해액, 분리막)는 2022년 121억 달러 수출을 기록하며 전년 대비 112% 증가했습니다. 2023년에도 135억 달러 수출을 기록하며 12% 성장을 이어갔습니다.

2차전지 소부장 업체는 앞으로도 국내 수출을 견인할 것으로 보입니다. 2024년 4월 발표된 산업통상자원부의 '소재·부품·장비 글로벌화 전략'에도 관련 내용이 포함되어 있습니다. 일부 소재 산업의 경우 미국 IRA와 같은 제도에도 불구하고 FTA 요건을 활용함으로써 성장할 수 있다고 전망됩니다. 일부 소재는 셀과 마찬가지로 북미 밸류체인 진출에 집중해야겠으나 국내 수출을 책임질 소재도 존재합니다.

단적으로 같은 시기 정부에서 발표한 '2차전지산업 경쟁력 강화를 위한 국가전략'을 보면 투자 세액공제 혜택 강화, 2차전지 특화단지 조성, R&D 지원 등을 바탕으로 국내 양극재 생산능력을 4배 확대하고, 관련 장비 수출을 3배 이상 확대하겠다는 목표를 제시하고 있습니다. 2022년 기준 국내 양극재 생산능력은 38만 톤으로 전기차 300만 대 이상을 만들 수 있는 규모입니다. 정부는 이를 2027년까지 158만 톤으로 확대해 전기차 1,400만 대에 대응할 수 있는 규모로 성장시키겠다는 목표를 세웠습니다.

2차전지 장비 수출액은 2022년 기준 11억 달러인데 2027년에는 35억 달러 이상을 보고 있습니다. 목표를 달성하기 위한 핵심 역량은 결국 R&D입니다. 2030년까지 민관이 연합해 20조 원 이상의 연구비를 지원하고 기술적인 초격차와 포트폴리오를 완성하는 것을 목표로 하고 있습니다.

다만 이러한 수출 방향성의 핵심은 자국 정책이 아닌 해외 정책에 달려 있습니다. IRA, CRMA 등의 베타적인 전기차 지원 정책이 대세로 떠오르면서 과거처럼 국내 제조 역량을 바탕으로 수출 정책을 짜는 것이 아닌, 주요 전기차 수요국이 원하는 방식으로 공급망을 구축해야 합니다.

미국: 롤백과 롤백의 싸움

    회의론은 항상 더 쉬운 길입니다. 아무리 우리나라 정부와 국민이 열심히 친환경 정책에 따라 노력해도 단기간에 지구의 공기가 맑아질 수는 없고, 온난화를 막을 수도 없습니다. 전 세계에서 팔리는 연간 9천만 대의 자동차 중 한국의 판매량은 고작 180만 대에 불과합니다. 우리의 노력이 미칠 수 있는 영향력은 분명 제한적입니다. 이산화탄소 배출량만 놓고 보면 중국, 미국, 유럽 등이 적극적으로 나서야 합니다. 배출량을 인구수로 나눠도 여전히 선진국의 배출량이 압도적으로 높습니다.

    미국은 1970년대 인구당 이산화탄소 배출량이 23톤을 기록하며 정점을 찍은 후 점진적으로 하락해 2022년에는 인당 15톤을 배출하고 있습니다. 이산화탄소 배출량이 높은 제조업을 북미 인근 국가나 동아시아로 이전했고, 여러 환경 규제를 정비하면서 얻은 결과입니다. 하지만 여전히 높습니다. 세계 평균인 4.7톤 대비 3배 이상 높고, 온실가스 배출의 신흥 강자인 인도와 비교하면 7배가 넘는 수치입니다. 미국의 정책에 이목이 집중되는 이유입니다.

> 미국 정부가 연비 기준을 충족하지 못한 자동차 제조사에 부과하는 벌금을 높인다. 버락 오바마 전 대통령이 도입했지만 도널드 트럼프 전 대통령이 제동을 건 정책을 조 바이든 행정부가 되살렸다. 로이터통신은 "미국 도로교통안전국(NHTSA)이 2022년형 차량부터 기업평균연비(CAFE) 기준을 충족하지 못하면 기존의 두 배가 넘는 벌금을 부과할 예정"이라고 27일(현지시간) 보도했다.

〈연합뉴스〉 2020년 4월 1일 기사입니다. 외형만 보면 미국의 친환경차 환경을 독려하는 방법도 국내와 유사해 보입니다. 기본적으로 연비 또는 온실가스 배출량을 제한하는 방식으로 자동차 제조업체를 압박합니다. 캘리포니아 등 일부 주에서는 무공해차량 정책을 통해 친환경차 구매 비중을 할당하고 있습니다. 강제적으로 공급과 수요를 조정한다는 측면에서 국내 정책과 디테일이 다를 뿐 큰 줄기는 일맥상통합니다.

미국판 연비 규제 문제는 우리에게도 익숙한 주제입니다. 미국 대통령이 바뀔 때마다 항상 언급되는 정책이기 때문입니다. 마치 대한민국이 대선 때마다 부동산 규제나 교육 정책이 들썩이는 것과 같습니다. 한국의 45배에 달하는 광대한 대륙에 살고 있는 미국인에게 교통 정책은 삶에 굉장히 큰 영향을 미치는 요인입니다. 선입견일 수 있지만 한국에서는 자동차가 부동산처럼 자산을 대용하는 과시 수단이라면 미국인에게는 실용적인 신발과도 같습니다.

인터스테이트 하이웨이 시스템(아이젠하워 정부에 의해 계획된 고속도로 체계의 근간)에서 시작된 미국의 도로망은 세계 어디에서도 유래를 찾기 힘들 정도로 큰 규모를 자랑하고 있습니다. 구대륙에서 모든 길이 로마로 통했다면 신대륙에서는 미국으로 통합니다. 실제로 보면 끝이 보이지 않고 길이 무한히 증식하는 것처럼 보입니다. 자동차는 이러한 외로운 이동 과정에서 함께 하는 유일한 동료입니다.

라스베이거스 CES 행사에 참석한 이후 자투리 시간을 활용해 테슬라의 네바다 공장 주변을 둘러본 적이 있습니다. 화려한 라스베이거스 시내에서 벗어나 5분만 지나면 황량한 도로가 500마일 이상 늘어져 있습니다. 네바다에 도착하기까지 8시간 이상이 소요되었습니다. 기억에 남는 것은 끝도 없이 늘어진 길과 오디오에 나오는 스트리밍 음악, 그리고 운전 중인 차량이 주는 안락함이었습니다. 가는 도중 식사를 위해 드라이브 스루 매장에 들린 것을 제외하면 차와 일체화된 느낌으로 끝없는 길을 달렸습니다.

땅이 광활하다 보니 미국인에게 자동차는 아주 중요한 자산입니

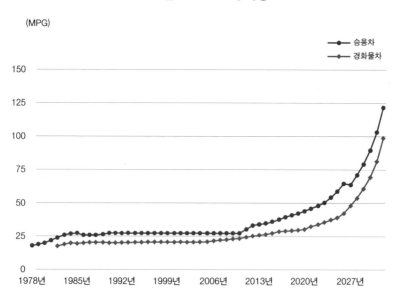

연도별 CAFE 요구사항

(MPG)

승용차
경화물차

다. 이 문제에 정부가 직접적으로 개입하기는 어렵습니다. 환경 규

제라는 간접적인 방식을 요긴하게 쓸 수밖에 없습니다.

　미국의 환경 규제책 중 가장 유명한 것은 CAFE(Corporate Average

Fuel Economy)입니다. '기업평균연비규제제도'라고 부르는 정책입니

다. 미국 도로교통안전국(NHTSA)이 CAFE 수치를 결정하면 자동차

제조업체는 이를 충족해야 합니다. 국내 정책과 마찬가지로 정해진

CAFE를 미달할 경우 다른 크레딧을 충족하거나 미달한 수준에 따

라 벌금을 지불합니다. NHTSA는 자동차를 좋아한다면 익숙한 단

체입니다. 미국 역사에 남을 대규모 소송전 중 상당수가 NHTSA가

결함을 지적하면서 시작되었습니다. 국내에서는 대표적으로 현대차 그룹의 세타2 엔진 결함과 리콜, 민사소송이 있었고, 일본에서는 자동차 부품 산업의 판도를 바꾼 다카타 에어백 결함과 리콜 사태가 있었습니다.

NHTSA는 자동차 산업에서 매우 권위가 높고 상징성 있는 조직입니다. 특히 전기차 산업은 CAFE를 기준으로 시장을 형성하고 있습니다. NHTSA는 2010년 이후 CAFE 기준을 급속도로 상향 조정하며 자동차 업체를 압박했습니다. 승용차 기준 2010년에는 27.5MPG를 적용했으나 2025년에는 55.3MPG로 2배 이상 상승한 수치를 제시했습니다. 자동차 산업의 연비 개선 노력이 완만하게 진행되고 있다는 점을 감안하면 사실상 전기차 판매를 크게 늘려야만 달성할 수 있는 목표라고 볼 수 있습니다.

우여곡절도 많았습니다. 트럼프 행정부는 2018년 CAFE 정책을 무력화할 수 있는 SAFE 정책을 발표했습니다. 기존 연비 규제를 완화하는 새로운 정책을 추진한 것입니다. 2020년 최종적으로 공개된 SAFE는 2026년 목표 연비를 40.4MPG로 제시했습니다. 그러나 모두가 예상한 바대로 바이든 행정부는 트럼프 행정부의 SAFE 규제를 '롤백'합니다. 트럼프 행정부가 내민 최저 연비는 2024년 39.1MPG, 2025년 39.8MPG, 2026년 40.4MPG에 불과한 반면, 바이든 대통령이 다시 수정한 최종안은 2024년 44.3MPG, 2025년 48.2MPG, 2026년 53.5MPG를 요구합니다. 사실상 강력한 전기차 정책으로 회귀한 것이죠. 완성차 업체는 대규모 벌금을 피하기 위해서 고연비 차량 개발과 함께 전기차 판매 비중을 높이는 등 평균적인 연비 개선 활동에 전념해야 합니다.

대선 때마다 전략을 새로 짜야 하니 기업 입장에서는 여간 난감한 것이 아닙니다. 하지만 미국 시장은 자동차 시대의 맹주이고 전기차 시대로 넘어가는 과정에서도 강력한 힘을 가지고 있습니다. 정책 효과로 자국 전기차 보급 속도는 출렁거렸으나 테슬라와 같은 혁신적인 기업이 탄생하는 등 전기차 산업의 큰 흐름을 책임지고 있습니다. 미국의 힘을 보여준 사건이 바로 2022년부터 시작된 IRA 정책입니다. 글로벌 자동차 산업의 지역 분화를 가속화시킨 미국발 정책 이슈를 계속해서 다뤄보겠습니다.

미국: 팃포탯

'팃포탯(tit for tat)'이란 상대가 가볍게 치면 나도 가볍게 친다는 뜻으로 맞대응 전략을 말합니다. 게임이론에서 나오는 '죄수의 딜레마'를 통해 대중에게 유명해진 용어입니다. 경제적 주체들이 서로에게 영향을 주는 상황에서 어떤 선택을 하게 되는지 직관적으로 설명할 수 있는 매우 좋은 예시죠. 죄수의 딜레마의 핵심 안건은 협력과 배신입니다. 상대방과 협력한다면 모두에게 최선의 결과가 나올 수 있지만 항상 배신의 가능성은 열려 있습니다. 내가 협력을 고집하는 가운데 상대방이 배신하면 당연히 모든 이득은 상대방에게 넘어갑니다. 우리가 일상에서 자주 접하게 되는 상황이기도 하죠. 게임이론은 '균형'이라고 하는 상태를 통해 일종의 답을 제시하는데요. 죄

죄수의 딜레마

구분		용의자2	
		부인	자백
용의자1	부인	징역 1년 / 징역 1년	석방 / 징역 10년
	자백	징역 10년 / 석방	징역 3년 / 징역 3년

수의 딜레마에서 균형 상태는 서로가 서로를 배신할 때 완성됩니다. 균형 상태에 도달하면 어느 누가 전략을 수정하더라도 추가적인 이득이 없기 때문에 상태는 고착됩니다.

죄수의 딜레마가 단발성으로 끝나지 않고 반복적으로 발생한다면 어떨까요? 이를테면 국가 간 외교적 마찰을 예로 들 수 있습니다. 중세에서 근대까지 이어진 유럽 역사에서 영국과 프랑스는 다양한 문제로 협력과 배신을 반복했습니다. 딱 한 번 결정하고 말 문제라면 상대방을 배신하는 게 균형 상태로 가는 지름길일 수 있지만 매번 새로운 문제가 대두되는 국제 정세에서는 이게 답일 수 없습니다.

게임이론에서는 반복되는 죄수의 딜레마의 정답지로 '팃포탯' 전략을 제시합니다. 한국어로 번역하면 맞대응 전략으로 갈음할 수 있습니다. 상대방이 협력하면 나도 협력하고, 배신하면 나도 배신하는 즉각적인 대응이 팃포탯 전략입니다. 매우 단순해 보이지만 실제로는 승률이 대단히 높은 전략입니다. 최근 미국의 전기차 전략이 팃포탯의 형태를 보이고 있다는 생각이 듭니다. 미국과 전기차라는 게임판 위에서 주사위를 굴리는 상대방 플레이어는 당연히 중국입니다. 미국의 정책에 관심을 두는 이유는 우리나라 정책의 근간에도 영향을 미치고 있기 때문입니다. 미국이 팃포탯 전략을 통해 공격적으로 전기차 시장을 육성하기로 결정하면서 한국은 최대의 우방이자 고객을 확보하게 되었습니다.

정책의 배경을 좀 더 알아보겠습니다. 미국은 2022년까지도 전기차 시장의 성장이 더뎠습니다. 테슬라라는 역사적인 전기차 회사가 탄생한 곳이지만 정작 자국 시장의 규모는 미약했습니다. 2012년 테슬라가 모델S를 출시한 이후 미국 내 전기차 판매량은 매년 증가했지만 중국과 유럽에 비하면 뒤처진 속도였습니다. 2014년 오바마 정권 당시 글로벌 전기차 판매량은 20만 대에 육박했고 이 중 30%가 넘는 7만 대가 북미에서 팔린 반면, 트럼프 정권 시기인 2020년에는 글로벌 전기차 판매량 200만 대 중 29만 대만이 북미에서 팔렸습니다. 글로벌 전기차 판매량 중 북미 비중은 14%로 절반 이상 감소했습니다.

트럼프 임기 당시 대표적인 이슈는 미국 환경보호청(USEPA)과 NHTSA에서 정한 연비 규제를 되돌려 규제를 완화하는 것이었습니다. 오바마 정부 당시 매년 5%씩 CAFE 규제가 강화되면서 2025년에

2019년 3분기 테슬라 IR 자료

연간 수용력		현재	상황
프리몬트	Model S/X	90,000	생산
	Model 3	350,000	생산
	Model Y	-	건설
상하이	Model 3	150,000	제작 준비 단계
	Model Y	-	개발 중
유럽	Model 3	-	개발 중
	Model Y	-	개발 중
미국	Tesla Semi	-	개발 중
	Roadster	-	개발 중
	Pickup truck	-	개발 중

는 54.5MPG를 목표로 했고, 기준을 달성하지 못해서 발생하는 벌금도 1MPG당 55달러에서 2019년부터 140달러로 상향할 것을 명시했습니다. 매년 천문학적인 벌금이 강제되는 구조입니다. 트럼프 정부는 2020년에 CAFE 규제를 매년 1.5%만 상향하는 것으로 조정했고, 그 결과 2026년에는 43.3MPG로 기준이 하향되었습니다.

이 시기 테슬라는 상하이 기가팩토리 유치를 결정하며 본격적인 외줄타기에 나섭니다. 테슬라가 미국 외 지역에 진출한 첫 번째 사례입니다. 2018년 말 착공한 중국 생산 거점은 2019년 중순부터 IR 자료에 명시되기 시작했습니다. 모델3, 모델Y 등 저가형 차종을 중

2023년 3분기 테슬라 IR 자료

연간 수용력		현재	상황
캘리포니아	Model S/X	100,000	생산
	Model 3/Y	550,000	생산
상하이	Model 3/Y	>950,000	생산
베를린	Model Y	375,000	생산
텍사스	Model Y	>250,000	생산
	Cybertruck	>125,000	시범 생산
네바다	Tesla Semi	-	시범 생산
다수(Various)	Next Gen Platform	-	개발 중
곧 결정(TBD)	Roadster	-	

심으로 착공 1년 만에 양산에 돌입하는 빠른 행보를 보였습니다. 핵심 생산 거점을 미국에서 중국으로 옮기는 전략의 첫걸음이었습니다. 북미는 세미, 로드스터, 사이버트럭 등 차세대 차종의 시범생산 거점으로 활용하고, 양적인 확대는 중국을 활용하는 이원화 전략입니다. 중국 시장의 성장 속도를 생각해보면 당연한 선택입니다.

2014년까지 중국 전기차 시장은 4만 대 규모에 불과했습니다. 당시 글로벌 전기차 시장에서 차지한 비중은 20%입니다. 이 수치는 매년 놀랍도록 성장해 2017년에는 50만 대로 3년 만에 10배 이상 커졌고, 2023년에는 500만 대를 넘어섰습니다. 2023년 기준 글로벌 전기차 시장에서 중국이 차지하는 비중은 55%에 달합니다. 최근에는 중국 전기차 산업의 공급 과잉 우려와 수요 둔화를 걱정하는 목소리가 많지만 2019년 당시 테슬라의 투자는 시의적절했다고 볼 수 있습니다. 이후 테슬라는 중국 시장의 전기차 가속화에 발맞춰 현지 생산 거점을 키웠고, 첫 진출 이후 4년 만인 2023년 3분기에 는 95만 대를 상회하는 대규모 생산능력을 확보하게 됩니다.

전기차 산업에서 중국과 미국의 입장은 우열이 뚜렷합니다. 5년 간 정체된 미국은 전기차 소비 시장이 축소된 가운데 생산 밸류체인 구축도 더딘 상황이 되었습니다. 중국에서는 기존의 여러 로컬 완성 차 업체(지리, 상해기차, GAC)가 공격적으로 전기차 전환을 진행하는 가운데 전기차 전문업체(BYD, 니오, 샤오펑)가 눈부신 성장을 보였고, 무엇보다 생산 공급망의 뿌리인 2차전지 공급망(CATL, CALB, 궈시안 하이테크, 넝파삼삼, 창신신소재)이 무서운 속도로 발전했습니다.

반면 미국은 테슬라를 시작으로 다양한 전기차 스타트업이 시장 에 나타났지만 리비안을 제외한 대부분의 업체는 양산체제 구축까 지 도달하지 못했습니다. 2차전지 공급망 전체를 보면 격차는 더욱 벌어집니다. 실질적으로 전기차용 2차전지를 생산할 수 있는 기반 이 전무한 상황에서 LG에너지솔루션, 파나소닉 등 한국과 일본 업 체에게 생산량을 의존하는 모습입니다.

정치적 불확실성이 미국 전기차 산업의 성장을 가로막았습니다. 바이든 정부는 이러한 상황을 타개하기 위해 더 큰 정치적 선택을 강행했습니다. 바로 2022년 9월 발표된 '인플레이션 감축법(IRA;

미국 IRA 집행예산 계획

(단위: 억 달러)

총수입	7,370	총투자	4,370
15%최저법인세율(최저한세)	2,220	에너지 안보 및 기후위기	3,690
처방약 가격 책정 개혁	2,650	건강보험개혁법(ACA) 연장	640
국세청 과세 집행 강화	1,240	서부지역 가뭄 대응 역량 강화	40
자사주 매입 1% 개별소비세	740		
초과사업손실(EBL) 제한 연장	520		
		총 재정 적자 감축	3,000

자료: 미 의회

Inflation Reduciton Act)'입니다. IRA는 천문학적인 규모인 4,370억 달러의 예산을 포함하고 있는 21세기 최대의 불공정 무역 정책입니다. 사실상 IRA 정책 전후로 전기차 산업의 모든 구조가 변했다고 할 수 있을 정도입니다.

앞서 전기차 산업이 정치적임을 여러 차례 설명했습니다. 정부의 의지가 친환경 정책이라는 동력이 될 때만 전기차 산업은 성장할 수 있습니다. 하지만 IRA 정책은 완전히 새로운 고민을 안겨줍니다. '이 산업의 과실을 누가 갖게 할 것인가?'입니다. 결론적으로 IRA 정책은 미국의 전기차 산업을 다시 활발한 성장 궤도에 올리고, 전기차 시장의 제조·생산 역량을 미국으로 집결시키기 위한 조치입니다.

미국을 '위대한 전기차의 나라'로 만들고 싶어 한다고 볼 수 있습니다. 이 과정에서 미국의 팃포탯 전략을 확인하고 한국 업체들의 생존 전략을 가늠할 수 있습니다.

먼저 IRA 친환경차 세액공제(Section 30D) 지침을 통해 명확한 지향점을 알 수 있습니다. 미국은 자국 내 친환경차 구매자에게 최대 7,500달러의 보조금을 세액공제 형태로 지급할 계획입니다. 구매자는 '핵심광물'과 '배터리 부품' 요건을 달성하는 차량을 구매할 경우에만 각각 3,750달러를 제공받을 수 있습니다. 두 조건을 모두 충족해야만 7,500달러를 온전히 받을 수 있는 구조입니다.

다른 조건도 많이 있습니다. 소비자가 직접 충족해야 할 조건은 소득 제한, 차량 가격 제한 등이 대표적입니다. 신차 구매 시 소득 조건은 미혼의 경우 연봉 15만 달러 이하, 부부 명의일 경우 합산 연봉 30만 달러 이하로 제한을 두고 있습니다. 차량 가격 제한의 경우 국내와 비슷하게 세단의 경우 5.5만 달러, SUV·LT의 경우 8만 달러 이하만 보조금이 지급됩니다. 소비자에게 제시된 조건은 기존 정책과 크게 다르지 않습니다.

문제는 공급자에게 적용되는 지침입니다. 자동차 제조사는 지침에 맞는 전기차를 만들어야 소비자가 보조금을 받게 할 수 있습니다. 핵심광물 요건을 충족하는 방법은 미국이나 미국과 FTA가 체결된 국가에서 채굴 또는 가공된 금속을 사용 또는 재활용하는 것입니다. 2023년에는 비중 40%가 기준이고, 이후 매년 10%p씩 상향해

핵심광물 및 배터리 부품 요건 적용 범위

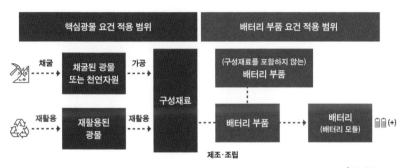

자료: EAI

2027년에는 비중을 80%까지 늘릴 예정입니다. 여기서 숫자가 복잡해집니다. 배터리에 사용되는 핵심광물 중 적격 핵심광물이 40% 이상을 차지해야 하는데 적격 핵심광물을 정의하는 계산이 따로 존재합니다. 적격 핵심광물은 제조 과정에서 부가가치가 미국 또는 미국과 FTA를 체결한 국가에서 50% 이상을 달성해야 합니다. 핵심광물의 모든 가공이 끝나 배터리에 사용되기 직전인 상태를 구성재료로 정의하고 양극활물질의 분말, 음극활물질의 분말, 박, 바인더, 전해질 염, 전해질 첨가제 등을 포함시켰습니다.

핵심광물 요건에서 2가지 조건에 주목할 필요가 있습니다. 미국 뿐만 아니라 FTA 체결국에서 가공해도 된다는 점에서 단순한 보호무역주의 또는 리쇼어링 정책보다 유연한 모습이 엿보입니다. 적격 핵심광물을 선정하는 방식도 부가가치의 50%만 넘기면 된다는 점

2022년 기준 핵심광물 시장점유율 1위 국가

(단위: 억 달러)

구분	생산		가공	
리튬	호주	47%	중국	65%
코발트	콩고민주공화국	74%	중국	76%
니켈	인도네시아	49%	인도네시아	43%
희토류	중국	68%	중국	90%
흑연	중국	70%	중국	100%

자료: 니혼게이자이신문

에서 여지를 남겼습니다. 광물을 조달하는 구조에서 완벽하게 배타적인 방식이 불가능하기 때문입니다. 언론에서는 리쇼어링에서 범위를 넓힌 프렌드쇼어링이라는 단어가 많이 등장했습니다. 핵심광물 시장점유율 자료를 보면 그 이유를 알 수 있습니다. 2차전지 핵심광물 공급망에서 완벽한 미국의 내재화는 사실상 불가능하기 때문입니다.

희유광물은 공급망 구조상 중국 등 특정 국가에 의존할 수밖에 없어 적격 핵심광물 여부를 엄격하게 제한할 수 없습니다. 이를테면 비FTA 국가에서 채굴하고 제련한 금속일지라도 FTA 체결국(한국, 일본 등)에서 최종 가공해서 양극재를 생산할 경우 부가가치 비중을 50% 이상만 창출할 수 있다면 적격 핵심광물로 인정하는 식입니다.

배터리 부품 요건 충족을 위한 4단계

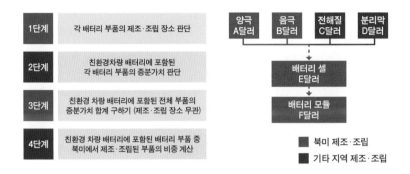

1단계	각 배터리 부품의 제조·조립 장소 판단
2단계	친환경차량 배터리에 포함된 각 배터리 부품의 증분가치 판단
3단계	친환경 차량 배터리에 포함된 전체 부품의 증분가치 합계 구하기 (제조·조립 장소 무관)
4단계	친환경 차량 배터리에 포함된 배터리 부품 중 북미에서 제조·조립된 부품의 비중 계산

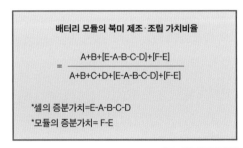

배터리 모듈의 북미 제조·조립 가치비율

$$= \frac{A+B+[E-A-B-C-D]+[F-E]}{A+B+C+D+[E-A-B-C-D]+[F-E]}$$

*셀의 증분가치=E-A-B-C-D
*모듈의 증분가치= F-E

자료: 한국무역협회

적격 배터리 부품 요건은 상대적으로 단순합니다. 북미 지역에서 제조·조립된 부품이 배터리 가치에서 50% 이상을 차지하면 됩니다. 2025년부터 비중이 10%p씩 상향되어 2029년에는 100% 생산이 강제되는 구조입니다. 배터리 부품에는 양극, 음극, 분리막, 전해질, 셀, 모듈 등을 포함하고 있습니다.

방식은 증분가치를 통해서 계산됩니다. 최종 가치에서 부품의 가치를 차감하는 방식으로 제조·조립 과정의 가치를 단순 계산하는 방법입니다. 구성재료는 증분가치를 '0'으로 보기 때문에 구성재료를 토대로 만든 부품은 스스로의 가치가 증분가치입니다. 구성재료를 모아서 만든 A의 가치가 50달러라면 증분가치(50달러-0달러)는 50달러가 됩니다. 반면 A라는 부품을 가공해서 B라는 부품을 만들었는데 가치가 70달러라면 B의 증분가치(70달러-50달러)는 20달러입니다. 이렇게 구해진 배터리 부품의 증분가치 총합 중 북미에서 제조·조립된 부품의 비중이 기준치를 넘기면 적격 배터리 부품이 됩니다. 한마디로 비싸고, 손이 많이 가는 부품은 북미에서 만들라는 이야기입니다.

미국: 쿼드 프로 쿼

'쿼드 프로 쿼(quid pro quo)'는 '무엇을 위한 무엇'이라는 뜻으로 동등한 교환 또는 보상, 보복을 뜻하는 라틴어입니다. 앞서 미국의 전기차 정책을 팃포탯 전략이라고 평가한 이유는 작금의 폐쇄적인 미국의 자국 산업 육성책이 과거 중국이 사용한 자동차 산업 부양 전략과 유사하기 때문입니다. 중국은 장쩌민 총서기 체제였던 1994년에 '자동차공업산업정책'을 발표했습니다. 이때 완성차 산업의 경우 중국에 와서 사업을 하더라도 외국인 지분이 50%를 넘지 못하도록 제한했습니다. 이에 대응해 글로벌 완성차 업체들은 합작사라는 형태를 택합니다. 이를테면 미국 GM은 상해기차와 상해GM, 상해 GM울링 등을 합작사로 운용했습니다.

중국의 폐쇄적인 자동차 산업 형태는 2001년 중국의 WTO 가입 당시에도 문제시되었지만, 최종적으로 해당 규제는 2021년까지 이어집니다. 2022년에 드디어 '자유무역시험구 외국인 투자진입 특별관리조치'에서 자동차가 제외되면서 28년 만에 시장이 완전 개방됩니다. 참고로 자동차는 중국의 제조업 중 가장 마지막까지 외국인 투자가 제한된 업종이었습니다. 중국이 외국계 자동차 자본의 진입을 경계한 이유는 단순합니다. 중국 로컬 완성차 업체들의 경쟁력이 부족했기 때문입니다. 중국 당국은 함부로 문을 개방했을 때 외국 브랜드에게 시장이 잠식될 것을 우려했습니다. 결과적으로 중국 자동차 시장은 정부의 적극적인 비호를 받은 로컬 OEM 중심으로 재편되었습니다. 2023년 전체 판매량 중 로컬계 비중은 56%에 달합니다.

중국은 단순히 외국 기업이 자국 시장에서 성장하는 것만 견제하는 것이 아닌, 해외 자본이 자국 기업에 영향력을 갖는 것도 엄격하게 제한했습니다. 공산당의 기원을 생각해보면 당연한 조치입니다. 중국 자동차 시장은 폐쇄적일 수밖에 없습니다. 2018년 처음으로 미국 기업인 테슬라가 중국에 지분 100%를 갖고 현지 생산체제를 구축하면서 드디어 문이 열리기 시작했습니다. 중국이 전기차 산업에서 강력한 힘을 구축하면서 오히려 유화적인 태도로 변하고 있는 것입니다.

주요 산업에서 자국을 보호하기 위해 가장 적극적으로 활용되고

2023년 기준 전기차 관세 비교

국가 최혜국 대우	관세	예외
미국	2.5%	멕시코: 0% (USMCA)
		캐나다: 0% (USMCA)
		한국: 0% (한미 FTA)
		중국: 27.5% (MFN+2018년 7월 이후 무역전쟁 관세)
EU	10%	한국: 0% (한EU FTA)
		일본: 3.8% (일EU 경제동반자협정)
		캐나다: 0% (EU캐나다 포괄적 경제무역협정)
		멕시코: 0% (EU멕시코 FTA)
중국	15%	미국: 40% (MFN+보복관세)
		한국: 13.5% (아태무역협정)
		일본: 15% (RCEP)

자료: EAI

있는 정책은 관세입니다. 전기차 산업도 기본적으로 관세장벽이 두껍게 형성되어 있습니다. 중국도 높은 관세율로 유명하지만 대부분의 국가가 FTA 체결국이 아닌 경우 자동차 수입 관세를 높게 설정하고 있습니다. 현시점에서 한국은 대부분의 대형 경제권 국가와 FTA 협정이 발효되었고, 농산물을 제외한 상당수의 품목이 개방된 상황입니다. 하지만 1990년대부터 2000년대까지를 떠올려보면 FTA와 자유무역은 국내에서는 생소하거나 거부감이 있는 개념이었습니다. 우루과이 라운드와 한미 FTA 당시 정치적·사회적 논쟁이

첨예하게 대립했습니다.

'자유 개방'이라는 단어에는 경제학에서 보통 효율성이라 부르는 힘의 논리가 숨어 있습니다. 아무런 개입 없이 자유롭게 경쟁해서 생존해야 한다는 의미입니다. 항상 논쟁이었던 농산물 품목이 특히 그렇습니다. 한국의 국토 활용과 산업 규모를 감안하면 국내에서 생산한 쌀은 결코 해외 대규모 농업 국가에서 수입한 쌀과 가격으로 경쟁할 수 없습니다. 물론 품종 개량 등으로 입맛에 더 맞는 쌀을 재배할 수는 있지만 근본적인 경쟁 구조를 뒤집지는 못합니다. 결국 완전한 개방은 국내 쌀 산업의 위축 또는 소멸로 이어질 수밖에 없습니다. 대신 한국산 공산품은 더욱 강력해질 수 있습니다. 대표적인 국내 수출품목인 반도체와 자동차는 높은 가성비를 자랑합니다. 무역장벽 없이 자유경쟁체제가 완성된다면 더욱 강력한 경쟁력을 확보할 수 있습니다. 자유무역이라는 단어는 효율성의 극대화를 의미합니다. 잘하는 분야는 더 좋아지고, 경쟁력이 부족한 분야는 더 힘들어집니다.

미국은 자국의 전기차 산업의 생존을 위해 본인이 묻었던 보호무역주의를 다시 무덤에서 꺼냈습니다. FTA를 시작으로 전 세계에 자유경쟁체제를 판매하던 모습에서 180도 선회한 상황입니다. 기존의 관세장벽도 더욱 강화한 모습입니다. 2024년 5월 바이든 행정부는 중국의 불공정한 무역 관행에 대응하기 위해 주요 전략품목에 대한 관세 인상을 대폭 강행했습니다. 전기차는 기존 25%에서 100%로

미국의 관세 인상률

품목		관세 인상률	적용 시점
철강 및 알류미늄		0~7.5% → 25%	2024년
반도체		25% → 50%	2025년
전기자동차		25% → 100%	2024년
배터리	전기차 배터리	7.5% → 25%	2024년
	비전기차 배터리	7.5% → 25%	2026년
	배터리 부품	7.5% → 25%	2024년
주요 광물		0% → 25%	2024년
천연 흑연 및 영구자석		0% → 25%	2026년
태양전지		25% → 50%	2024년
항만 크레인		0% → 25%	2024년
의료제품	주사기 및 바늘	0% → 50%	2024년
	개인보호장비	0~7.5% → 25%	2024년
	의료용 고무장갑 및 수술용 장갑	7.5% → 25%	2026년

자료: 한국무역협회

4배 상향되었고, 적용 시점도 2024년으로 앞당겼습니다. 전기차용 배터리도 기존 7.5%에서 25%로 즉시 상향했습니다.

다만 단순히 관세장벽만으로는 전기차 산업의 경쟁력을 키울 수 없습니다. 미국은 전통적으로 디트로이트를 기반으로 자동차 산업

2022~2030년 리튬이온전지 제조능력

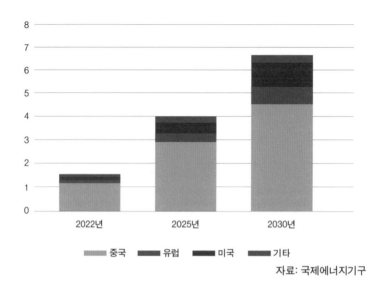

(TWh)

자료: 국제에너지기구

의 밸류체인이 구축되어 있지만 전기차 산업의 밸류체인은 매우 허술했기 때문입니다. 전기차 양산의 핵심은 결국 배터리입니다. 자동차는 이미 1억 대 이상의 생산능력이 전 세계 곳곳에 구축되어 있습니다. 반면 배터리는 생산 거점의 대부분이 동북아 3개국(한중일)에 집중된 상황입니다. 금속 공급망은 특정 국가에 대한 의존도가 더높습니다.

관세장벽으로 자국 산업을 보호하려고 해도 자국 내 산업의 기틀이 약하다면 보호의 의미가 없습니다. 결국 기존과 다른 프렌드쇼어링의 형태로 전기차 산업을 육성하는 전략을 선택합니다. 미국의 전기차용 2차전지 생산능력은 2023년 기준 15~16GW 규모에 불과합니다. 참고로 2022년 글로벌 2차전지 생산능력은 1,500~1,600GWh로 추정되고 있는데, 이 중 중국의 비중은 1,200GWh에 달합니다. 미국과 중국의 규모 차이는 거의 100배에 이른다고 볼 수 있습니다.

프렌드쇼어링의 개념은 냉혹한 자본주의 경쟁에서도 우군이 중요하다는 사실을 알려줍니다. 자국 우선주의를 위한 보호무역은 궁극적으로 글로벌 경쟁 속에서 도태될 수밖에 없습니다. 반대로 섣부른 자유무역은 경쟁력이 부족한 자국의 필수산업이 도태되는 상황이 발생합니다. 결국 균형감각이 중요합니다. 가장 어려운 답이죠.

미국은 프렌드쇼어링을 통해 경쟁과 보호 사이에서 줄다리기를 시작했습니다. 경쟁은 하되 경쟁 대상을 제한하는 방식입니다. IRA 법안을 통해 해외우려기관(FEoC)은 배척하되 동맹국과는 우호적인 공급망을 형성하는 다양한 조항을 포함시켰습니다. 2022년 촉발된 새로운 무역전쟁에서 가장 중요한 개념이 등장한 순간입니다. '너'와 '우리'는 다릅니다. 우리는 자유롭게 경쟁하되 너는 배타적인 방식으로 시장에서 제외할 계획입니다. 여기서 너를 중국이라고 명시하지 않고 해외우려기관이라는 범주를 등장시킨 점이 유일한 외교적인 수사였습니다.

해외우려기관이라는 개념은 기존에도 '인프라 투자 및 고용법

(IIJA)'에서 규정했던 내용입니다. 중국, 러시아, 이란, 북한 등 미국 안보와 관련된 국가의 경우 해당 국가가 소유·통제하는 기관이나 조직은 미국 내 핵심 투자에 참여할 수 없습니다. IRA에서는 해외우려기관에서 가공·추출·제조한 부품이나 광물을 사용할 경우 보조금 지급 대상에서 제외하는 방식을 사용했습니다.

미국: 권리와 의무

 IRA 정책으로 미국은 우군들과 함께 폐쇄적인 전기차 산업의 부흥을 천명했습니다. 중국이 배제된 새로운 전기차 가치 사슬은 한미일 동맹의 투자로 확장될 전망입니다. 미국 자동차 산업은 이미 역량이 고도화되었기 때문에 한국과 일본은 배터리 공급망에 대한 투자에 집중하게 됩니다. 중국을 배제하는 과정에서 까다로운 조건이 생겨났고, 정책 초기에는 북미 완성차 업체들도 보조금을 완벽하게 받기 힘든 상황이 연출되었습니다. 2023년 4월 IRA 규정으로 보조금 전액(7,500달러)을 확보한 전기차 차종(축전지 전기차만 포함)은 불과 13개로 기존 28개에서 대폭 축소되었습니다. 급진적인 정책의 여파가 바로 확인된 것입니다.

보조금 전액을 받는 축전지 전기차 차종의 수

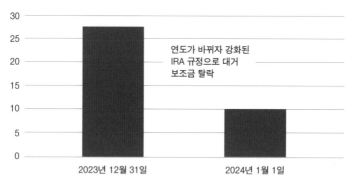

(종)

연도가 바뀌자 강화된
IRA 규정으로 대거
보조금 탈락

자료: 국제에너지기구

완성차 업체들이 북미 공장설비를 전기차용으로 전환하고 적격 제품 확보에 서두르면서 2023년 연말에는 다시 보조금 전액을 받을 수 있는 차종이 28개로 늘어났습니다. 그러나 2024년 1월 다시 공시된 리스트를 보면 보조금 전액을 확보한 전기차가 10개로 급감한 것을 볼 수 있습니다. 미국 정부가 보조금을 줄 돈이 없어서 갑자기 차종을 제외한 것은 아니겠죠. 연초에 갑작스럽게 보조금 대상이 줄어든 이유는 해외우려기관 규정을 적용했기 때문입니다. 2024년부터 해외우려기관의 배터리 부품을 사용할 경우 보조금 대상에서 배제한다는 내용이 적용된 여파입니다.

미국 정부가 단순히 보조금을 뿌려 시장 규모를 키우는 것보다 중국을 배제한 상태로 생태계를 육성하는 데 집중하고 있음을 알 수 있습니다. 2024년 5월 다시 확인해보면 차종이 23개로 늘어났음을 알 수 있습니다. 글로벌 완성차 업체와 셀 업체가 최대한 현지 생산으로 돌리고 해외우려기관 대상 부품을 열심히 제외한 결과입니다. 한국과 일본 2차전지 업체 입장에서는 미국이라는 거대한 시장이 열림과 동시에 자발적으로 중국 등 해외우려기관을 배제해야 한다는 숙제가 생겼습니다.

가장 먼저 셀부터 보겠습니다. 셀은 IRA 정의상 배터리 부품에 속합니다. 북미 현지에서 직접 제조해야 보조금을 받을 수 있는 구조입니다. 사실 IRA 규정이 아니더라도 현지 생산이 유리합니다. 전기차에서 셀은 가장 크고 무거운 부품입니다. 전기를 저장하고 있다는 특성상 운송에 어려움이 따릅니다. 수요처인 완성차 업체의 조립공장 인근에서 생산하는 것이 유리한 구조입니다.

자동차 산업의 제조 특성상 적시생산방식(JIT; Just-In-Time) 또는 직서열생산방식(JIS; Just-In-Sequence)으로 생산 공정이 타이트하게 진행됩니다. 자동차 주문이 발생하면 실시간으로 부품의 생산과 모듈화가 이뤄져 재고를 최소화하는 방식입니다. 셀이 생산되는 과정과 시간을 고려하면 최대한 자동차 업체와 인접해서 생산 일정을 동기화할 필요가 있습니다. 다만 이러한 구조 때문에 생기는 문제는 대규모 투자 부담입니다. 자동차와 셀은 모두 긴 생산 조립 공정을 포함하고 있어 공장의 규모도 크고 비용도 높습니다.

셀 업체의 역할을 보면 단순히 투자비용만 높은 것이 아님을 알 수 있습니다. 완성차 업체들이 2만~3만 개의 부품을 모아서 자동차를 조립하듯이 셀 업체 역시 배터리 소재와 부품을 모아서 2차전지 완성품을 만듭니다. 이 복잡한 생산 과정에서 셀 업체가 단순히 조립만 하는 것은 아닙니다. 각 소재를 적절한 시점에 구해오고 소재와 부품 간의 균형을 잡아서 배터리 성능을 확보하는 등 관리자 역할도 필요합니다. 이 관리자에게는 완성품(2차전지)을 완벽하게 만들어서 납품하고 정해진 성능을 제공해야 한다는 책임이 존재합니다.

IRA 친환경차 세액공제 지침에 따라 배터리 셀은 북미 현지 생산된 제품을 일정 비율 이상 사용해야 혜택을 받을 수 있습니다. 한국 배터리 업체들은 북미에 생산 거점이 존재합니다. LG에너지솔루션의 미시간 공장과 SK온의 조지아 공장이 대표적입니다. 물론 북미 수요를 대응하기에는 규모가 작지만 현지 생산체제를 구축하고 있다는 점은 큰 장점입니다. 북미에서 향후 생성될 전기차 수요는 모두 현지 배터리 생산을 촉구하고 있고, 국내 배터리 업체는 북미 생산능력 확대에 대한 강력한 동인을 확보했습니다.

글로벌 환경단체 EDF에 따르면 2028년까지 미국 내 2차전지 생산능력은 1,037GWh까지 성장할 전망입니다. 또 미국 에너지부(DOE)에 보고된 2차전지 셀 관련 투자는 55건에 달합니다. 10억 달러 이상의 대규모 투자만 29건입니다. 참고로 29건 중 국내 셀 업체의 투자는 15건이고, 중국 자본의 투자는 6건입니다. 향후 중국 투

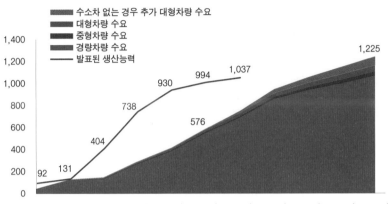

미국 전기차 배터리 수요 예상 및 배터리 생산능력

(GWh)

- 수소차 없는 경우 추가 대형차량 수요
- 대형차량 수요
- 중형차량 수요
- 경량차량 수요
- 발표된 생산능력

1,400
1,200
1,000
800
600
400
200
0

92 131 404 738 930 994 1,037 576 1,225

2022년 2023년 2024년 2025년 2026년 2027년 2028년 2029년 2030년 2031년 2032년

자료: EDF

자의 대부분이 지연되거나 취소될 가능성이 크다는 점을 감안하면 한국 자본의 높은 점유율이 계산됩니다.

이러한 강력한 수요는 강한 책임도 유발합니다. IRA 세액공제 지침의 또 다른 측면인 핵심광물 요건이나 해외우려기관 배제 요건은 조달 측면에서 매우 어려운 과제입니다. 단순히 배터리 생산공장을 미국에 짓는 것만으로는 관련 내용을 완벽하게 이행할 수 없습니다. 배터리 제조 과정의 관리자인 셀 업체는 다양한 소재·부품 업체를 자극해 관련 요건을 충족하기 위한 노력을 지속해야 합니다. 셀 업체에게 주어진 의무사항의 난이도가 높은 만큼 미국 정부에서도 추가적인 유인책을 마련했습니다. '첨단제조생산 세액공제(AMPC;

Advanced Manufacturing Production Credit)'입니다.

IRA의 새로운 세액공제 조항에는 미국 내에서 첨단기술로 태양광·풍력 부품 및 인버터, 배터리 부품 및 핵심광물을 제조해서 판매할 경우 세액공제 혜택을 제공할 것을 명시하고 있습니다. 기존의 세액공제 지침이 소비자에게 보조금 형식으로 지원되는 형태라면 해당 지침은 온전히 공급자에게 돌아가는 정책입니다. 2023년 시작되어 2032년까지 적용되는 법안이기 때문에 대규모 보조금이라고 볼 수 있습니다.

소비자 대상의 세액공제 지침에서는 보조금을 받기 위해 다양한 조건을 통과해야 했지만 공급자 대상의 세액공제 지침은 기준이 상대적으로 단순합니다. 미국에서 생산하고, 세금을 내고, 비특수관계인에게 판매한다는 조건을 지키면 됩니다. 조건이 단순한 대신 보조금이 지급되는 품목 자체를 한정하고 있습니다. 대표적으로 전기차 공급망에서는 배터리 셀과 모듈, 전극활물질 정도가 보조금 대상입니다. 미국에서 공장을 직접 지어야 하는 산업 중 '탈중국'에 대한 압력이 높은 산업입니다.

셀의 경우 미국에서 생산한 용량(kWh)당 35달러, 모듈은 용량당 10달러, 전극활물질은 생산비용의 10%를 환급받을 수 있습니다. 배터리 셀의 가격에 변동성이 있지만 kWh당 100~200달러였다는 점을 감안하면 보조금의 규모가 대단히 큰 것을 확인할 수 있습니다. 2030년부터 보조금 규모가 축소되어 2033년에 일몰되는 구조

배터리 및 핵심광물 관련 AMPC 세액공제 비율

부품명		2023~ 2029년	2030년	2031년	2032년	2033년
배 터 리	배터리 셀 ($/kWh)	35.00	26.25	17.50	8.75	0
	배터리 모듈 ($/kWh)	10.0 (45.0)	7.5 (33.75)	5.0 (22.5)	2.5 (11.25)	0 (0)
	전극 활물질	비용의 10%	비용의 7.5%	비용의 5.0%	비용의 2.5%	0%
주요 광물	핵심광물	생산비용의 10%				

※배터리 셀과 모듈의 용량 출력비는 100:1 이하 요함, 배터리 셀을 사용하지 않는 배터리 모듈은 괄호 안 금액 적용

자료: 한국무역협회

지만 10년 가까이 수익을 보전받을 수 있는 정책입니다. 당근과 채찍이 명확하다는 점에 주목할 필요가 있습니다.

미국 정부가 만들어놓은 무대에서 한국과 일본 배터리 업체가 주연배우가 되었습니다. 물밑에서 전기차 산업을 장악하려고 했던 중국은 완벽하게 소외된 무대입니다. 하지만 중국이 전기차 산업에서 가지고 있는 기득권은 결코 무시할 수 없습니다. 중국을 배제한 공급망 구축은 첫 단추부터 삐걱거림이 있었습니다. 대표적으로 연초 대거 보조금 리스트에서 탈락하는 전기차 업체의 명단만 보더라도

중국의 잔재를 지우기가 쉽지 않음을 알 수 있습니다. 꾸준한 투자로 해외우려기관의 소재·부품을 줄이고 있지만 노력의 강도는 매년 강해져야 합니다. AMPC 등 다양한 보조금이 존재하지만 미국 현지 생산이 마냥 쉽지만은 않습니다. 이러한 부담은 당연한 부분입니다. IRA는 전기차 산업 육성에 대한 의지이기도 하지만 자국의 제조업 부흥과 고용 증진을 근간에 두고 있습니다.

미국 정치권에서 자주 인용되는 비영리단체 EFI의 연구에 따르면 IRA 효과로 기대되는 일자리 창출 효과는 146만 명으로 추산됩니다. 문제는 임금입니다. 미국 노동통계청에 따르면 2023년 평균 임금이 낮은 주는 4만 달러(웨스트버지니아), 높은 주는 6만 달러(매사추세츠)에 달했습니다. 완성차 및 배터리 업체가 주로 진출하는 앨라배마, 미시간, 오하이오, 테네시 역시 4만 달러 중후반의 임금을 자랑하고 있습니다. 사업 조건이 녹록치 않음이 짐작됩니다.

여러 부담 속에서 정책을 우회하려는 일부 기업의 노력은 어찌 보면 당연한 현상입니다. 미국 시장에 간접적으로나마 진출하고 싶어하는 중국 기업과 협력하거나 아니면 외부 공급처를 구하려는 움직임도 일부 존재합니다. 에너미쇼어링이라는 기상천외한 신조어가 탄생한 배경입니다. 특히 원가 부담을 느끼고 있는 완성차 업체들이 CATL 등 대형 중국 업체들과 협력하려는 움직임을 보이고 있습니다. 다음은 〈비즈니스포스트〉 2023년 11월 22일 기사입니다.

포드가 중국 CATL(닝더스다이)과 협력한 미국 배터리 공장 건설을 재개한다는 외신 보도가 나왔다. 포드는 중국 배터리 기업과 협력을 우려하는 미 정치권의 여론을 의식해 최근까지 2달여 동안 건설을 중단했다. 건설은 다시 시작하지만 전기차 수요가 둔화하면서 원래 계획보다 공장 규모를 축소할 것으로 보인다.

마지막으로 2024년 5월 발표된 IRA 최종 가이드라인을 살펴보고 미국의 입장을 정리해보겠습니다. 다양한 내용이 추가되고 변경되었는데요. 가장 직관적으로 와 닿는 범주만 살펴보겠습니다. IRA 초안 및 세부안에서는 핵심광물과 구성재료를 정의하고 2025년부터 해외우려기관 규정을 적용하기로 결정했습니다. 마찬가지로 배터리 부품도 정확하게 종류를 명시한 후 2024년부터 해외우려기관 규정을 적용해 촘촘하게 리쇼어링을 강요하고 있습니다. 다만 이러한 강력한 규제는 완성차 업체들이 중국과 우회적으로 사업을 확대하려하는 풍선효과를 야기했습니다.

IRA 최종안은 정부가 문제를 인식하고 실제로 기업이 공급망에 대응할 수 있도록 현실적인 유예기간을 부여했습니다. 대표적으로 흑연이나 전해질 염의 경우 핵심광물 또는 구성재료에 속해 매우 빠르게 탈중국화가 필요한 소재였습니다. 최종안에서는 '추적 불가능한 소재'로 분류해 2년간 해외우려기관 규정에서 유예를 줬습니다. 결국 2026년까지는 중국산 소재를 사용해도 되는 상황으로 유연성

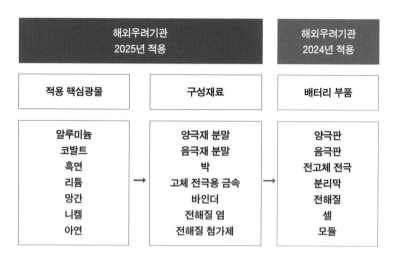

IRA 초안 및 세부안

해외우려기관 2025년 적용		해외우려기관 2024년 적용
적용 핵심광물	구성재료	배터리 부품
알루미늄 코발트 흑연 리튬 망간 니켈 아연	양극재 분말 음극재 분말 박 고체 전극용 금속 바인더 전해질 염 전해질 첨가제	양극판 음극판 전고체 전극 분리막 전해질 셀 모듈

이 생겼습니다.

'배터리 재료'도 최종안에서 새롭게 구성된 분류입니다. 배터리 제작에 필요하나 핵심광물을 사용한다고 볼 수 없는 품목은 구성재료에서 빠지고 배터리 재료로 새롭게 분류되었습니다. 해당 항목은 사실상 해외우려기관 규정 적용에서 배제될 것으로 보입니다. 즉 미국이 정말 중요하다고 여기는 핵심광물에 대해서는 강력한 규제를 적용하되 그렇지 않은 물질은 유연하게 대응한 것입니다. 이러한 정책 변화가 중국에 대한 유화적인 태도라고 볼 수는 없습니다. 핀포인트로 정책을 정리한 것으로 보는 편이 합리적입니다.

국제 정세 속에서 영원한 아군도 적군도 없습니다. 한국 2차전지 산업은 미국의 중국 배제 정책으로 인해 미국 전기차 산업을 선점

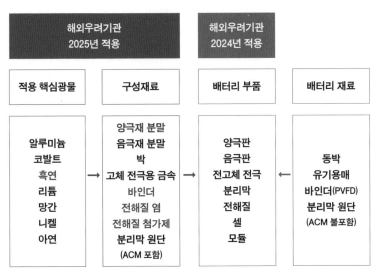

IRA 최종안

해외우려기관 2025년 적용		해외우려기관 2024년 적용	
적용 핵심광물	구성재료	배터리 부품	배터리 재료
알루미늄 코발트 흑연 리튬 망간 니켈 아연	양극재 분말 음극재 분말 박 고체 전극용 금속 바인더 전해질 염 전해질 첨가제 분리막 원단 (ACM 포함)	양극판 음극판 전고체 전극 분리막 전해질 셀 모듈	동박 유기용매 바인더(PVFD) 분리막 원단 (ACM 불포함)

※붉은색은 추적 불가능한 소재

할 수 있는 기회를 잡았으나 언제든지 또 다른 변수는 발생할 수 있습니다. 현시점에서 미국 정책이 중국 전기차 산업의 경쟁력 둔화에 전념하고 있는 것은 분명해 보입니다. 앞으로의 동향을 면밀하게 지켜보며 대응해야 지금의 선점효과를 이어갈 수 있을 것입니다.

EU: 뒤처질 수 없다는 절박함

　산업통상자원부의 자료를 보면 관세 철폐를 중심으로 둔 FTA가 '경제통합' 단계의 초입임을 알 수 있습니다. FTA 체결조차 다양한 진통을 낳았으니 경제통합이라는 것이 얼마나 지난한 과정인지 알 수 있습니다. 이러한 험로를 뚫고 완전한 경제통합을 이룩한 공동체가 있으니 바로 EU입니다. 이제는 너무 익숙한 존재라 쉽게 간과할 수 있지만 EU의 완성은 켜켜이 쌓인 역사가 만들어낸 기적과 같은 결과물입니다.

"위기에 직면했을 때 필요를 깨닫고, 필요를 느낄 때 비로소 변화가 생긴다."

단계별 경제통합 단계

STEP 4
단일통화, 공동의회 설치 등
정치·경제적 통합
(예: EU)

STEP 3
회원국 간 생산요소의
자유로운 이동 가능
(예: EEC)

STEP 2
역외국에 대한 공동
관세율 적용
(예: MERCOSUR)

STEP 1
회원국 간
관세 철폐 중심
(예: NAFTA)

			초국가적 기구 설치·운영
			역내 공동경제정책 수행
		역내 생산요소 자유이동 보장	역내 생산요소 자유이동 보장
	역외 공동 관세 부과	역외 공동 관세 부과	역외 공동 관세 부과
역내 관세 철폐	역내 관세 철폐	역내 관세 철폐	역내 관세 철폐
자유무역협정 FTA	관세동맹 CUSTOMS UNION	공동시장 COMMON MARKET	완전경제통합 SINGLE MARKET

자료: 산업통상자원부

유럽 통합의 주역인 프랑스 외교관 장 모네의 발언입니다. 세계 대전이라는 상처, 그리고 미국 중심의 세계 질서 개편으로 유럽인은 절치부심 단결을 통한 재건에 중지를 모을 수 있었습니다. 실제로 EU가 출범한 것은 1993년입니다. 경제통합의 과정이 40년 이상 소요되었다고 할 수 있습니다. 이 역사적인 통합으로 유럽은 강력한 경제권으로 재도약에 성공했습니다. 명실상부 미국과 서구권을 양분하는 세력이 되었고, 유로화 통합을 통해 화폐에 대한 주도권도 어느 정도 복구하게 됩니다.

물론 EU는 다양한 만성질환에 시달리고 있습니다. 2020년 발생한 브렉시트는 EU의 통합 환경이 녹록치 않음을 반증합니다. 세계

EU, 미국, 중국 GDP 추이

(조 달러)

■■■ EU　　■■■ 미국　　■■■ 중국

자료: 세계은행그룹

은행그룹에서 추산한 GDP 추이를 보면 브렉시트의 여파가 명확하게 확인됩니다. 한때 미국을 추월해 세계 최대 경제 규모를 자랑했던 EU의 GDP는 2021년에는 중국에도 뒤처진 상황입니다. 여전히 글로벌 경제의 3개 축 중 하나를 담당하고 있지만 무게감은 많이 낮아졌습니다. EU 출범 당시 글로벌 GDP에서 차지하던 비중은 30%에 달했으나 2022년에는 19%까지 하락했습니다.

EU의 위상과 무관하게 전기차·2차전지 산업에서 유럽의 중요성은 여전히 높습니다. 사실상 전기차 전환 전략의 시발점을 EU가 촉발했기 때문입니다. 고질적인 남부유럽의 경제 불황과 브렉시트, 유로화 경쟁력 약화 등으로 통합경제권의 이점을 일부 상실하고 있지만 유럽 각국은 반등을 노리며 새로운 무기로 21세기를 공략하고 있습니다. 그들의 새로운 무기는 '대의명분'입니다. 바로 기후변화에 대응하기 위한 대대적인 ESG 정책입니다.

전기차 시대는 2019년 '유럽 그린딜' 발표를 기점으로 새로운 장에 진입했습니다. 2050년까지 기후중립이라는 목표 달성을 위해 사회 전 분야에서 다양한 정책을 펼치기로 결정한 것입니다. 친환경 정책은 팬데믹을 극복하는 과정에서 필요한 대규모 정부 지원책과 관련 투자가 엮인 대규모 경기 회복 수단이기도 합니다. 핵심적인 내용은 EU 전체가 2050년까지 기후중립이라는 목표를 법제화하고 이행 여부를 점검하는 데 있습니다. 다만 기존보다 전격적인 친환경 전환에 관한 지원책이 포함된 점이 중요합니다. 향후 10년간 1조 유로 이상의 재정 지원을 담보하고, 민간·공공부문 투자 프레임워크를 구축하고, 공공과 민간을 위한 맞춤형 지원 체계 구축을 핵심 과제로 제시했습니다.

유럽 그린딜에서 '딜'은 돈을 풀어서 경기를 부양시키겠다는 뉴딜 정책을 의미합니다. EU도 미국처럼 대대적인 정책 지원과 자금 확보가 향후 헤게모니 확보의 핵심인 것을 인정한 셈입니다. 유럽 그린딜의 핵심인 재정 지원 체계는 EU 다년예산(5,030억 유로), 인베스트EU 기금(2,790억 유로), 공정전환체제(1,430억 유로), 회원국 공동 투자(1,140억 유로), EU-ETS 기금(250억 유로) 등으로 구분되어 있습니다.

유럽 그린딜은 큰 그림을 그려놓은 일종의 총론입니다. 지속가능한 경제를 추구하며 유럽의 경쟁력을 복구하기 위한 첫걸음입니다. 이후 각론인 다양한 후속 조치를 통해 유럽의 전동화 전환 의지가 이어지고 있다는 점에 주목해야 합니다. EU에게 ESG 정책은 절박한 전환점입니다. 금융 패권을 완벽하게 가져간 미국이 다시 제조업 기반까지 흡수하려고 하고 있고, 선진국의 다양한 견제에도 중국은 제조업 패권을 잃지 않고 있습니다. 이 틈새에서 다시 목소리를 내기 위해 ESG 정책의 주도권을 가져오려는 노력이 다양하게 진행되고 있습니다. 뒤에서 확인할 EU의 다양한 정책을 보면 한국과 미국의 정책처럼 직접적인 지원이나 배제가 수단이 아님을 알 수 있습니다. EU가 원하는 것은 명분의 확보이기 때문입니다. 유럽 그린딜의 의지가 어떻게 전개되고 있는지를 쫓아가면서 전기차 산업의 방향성을 짚어보겠습니다.

EU: 정책 디테일 찾기

유럽은 기후중립 달성을 위한 다양한 정책을 쏟아냈습니다. 그중에서 유럽 그린딜과 연계해 봐야 할 정책은 크게 유럽기후법(2021년 6월), 핏포55(2021년 7월), 그린딜 산업계획(2023년 2월)입니다. 우여곡절 끝에 제정된 유럽기후법은 유럽 그린딜의 법적 기반을 후행적으로 완성했습니다. 2030년까지 EU 온실가스 순배출량을 1990년 대비 50~55% 감축하고, 2050년까지 탄소중립을 달성해 파리협약을 지킨다는 목표를 명시했습니다. 이제는 기후중립이라는 목표에 법적인 구속력까지 생겨난 것입니다. 앞서 국내 정책에서도 친환경 자동차법이라는 큰 법적인 테두리로 목표를 설정하고 세부 정책으로 계획을 실행하는 모습을 확인했습니다. EU도 유럽기후법과 유럽

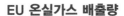

EU 온실가스 배출량

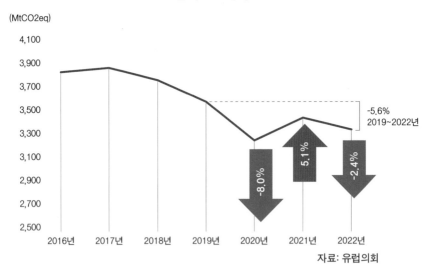

자료: 유럽의회

그린딜의 상호조화 속에서 기후 정상화를 위한 실질적인 실천을 실행할 수 있게 되었습니다. 법적 구속력을 확인할 수 있는 대목은 이행 목표에 대한 점검입니다. EU 각국은 온실가스 배출 감소 목표를 결정하고 5년마다 점검하게 됩니다. 첫 번째 점검은 2023년에 진행되었고 EU가 발표한 〈기후행동에 대한 진행보고서〉를 통해 확인할 수 있습니다.

보고서의 첫 번째 항목에서 온실가스 배출 현황을 확인할 수 있습니다. 팬데믹 여파로 일부 등락은 있었지만 추세상으로는 감축 목표대로 이행되고 있습니다. 2022년 배출량은 2019년 대비 -5.6% 감축을 달성했습니다. 다만 항목별로 보면 차이가 존재합니다. 산업과

부문별 EU 온실가스 배출량 변화

■ 토지이용 및 임업 ■ 폐기물 ■ 농업 ■ 건축 ■ 운송 ■ 산업 ■ 에너지

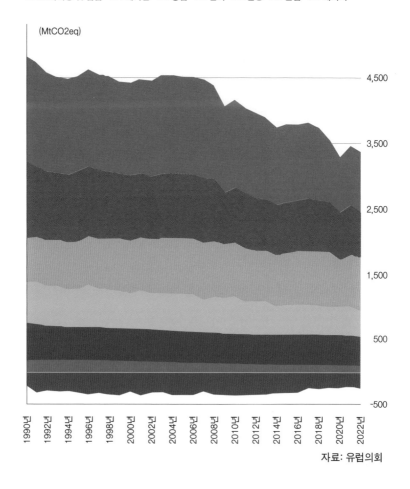

건축에서의 온실가스 배출량은 팬데믹의 영향이 아니어도 꾸준한

하락 추세가 확인되는 반면, 에너지와 운송 영역에서는 팬데믹 회복

구간에서 급속도로 배출량이 늘어났습니다. 농업과 폐기물 분야의 경우 배출량이 10년 전과 비슷할 정도로 변화가 더디게 진행되고 있습니다.

핵심은 에너지와 운송입니다. 에너지는 이미 1990~2022년 동안 대규모 배출량 감축에 성공했지만 여전히 가장 많은 비중을 차지하고 있습니다. 향후 2030년까지 배출량을 절반으로 줄이겠다는 추가 감축 목표도 가장 공격적입니다. 그다음으로 중요한 목표는 운송 시장입니다. 특히 운송은 과거 32년간(1990~2022년) 배출량이 증가한 유일한 분야라는 점이 중요합니다. 실제로 다양한 EU의 탈탄소 관련 정책 조치 중 23%가 운송, 22%가 에너지 소비, 21%가 에너지 공급에 집중되어 있습니다.

운송 분야의 온실가스 저감을 위한 가장 확실한 카드는 이산화탄소 규제입니다. 이미 EU뿐만 아니라 다양한 국가에서 채택된 정책이기도 합니다. 유럽환경청에 따르면 EU 내 전체 온실가스 배출량 중 운송 분야가 차지하는 비중은 20%입니다. 육상 운송에서 발생하는 온실가스의 70%는 승용차와 밴 차종 때문입니다. 대중적인 2개 차종에 대한 강력한 규제만이 운송 분야의 배출량을 경감시킬 수 있는 유일한 방법인 셈입니다.

EU의 이산화탄소 규제는 5년 단위로 진행되고 있습니다. 승용차 기준으로 2020년부터 2024년까지는 1km당 115g 이하의 이산화탄소만 배출하도록 제한한 바 있습니다. 다행히 EU 평균 배출치

승용차의 평균 이산화탄소 배출량(점)과 EU의 목표(선)

(gCO2/km)

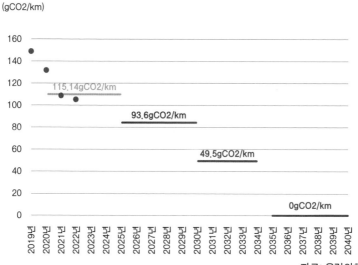

자료: 유럽의회

밴의 평균 이산화탄소 배출량(점)과 EU의 목표(선)

(gCO2/km)

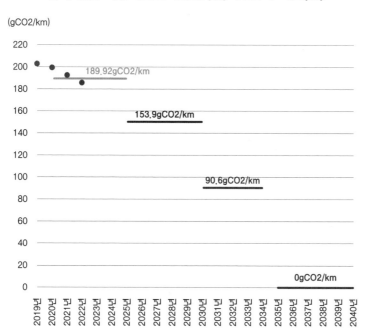

자료: 유럽의회

는 2021년부터 목표치를 달성한 상황입니다. 문제는 2025년부터 2029년까지 5년간 새롭게 정해질 목표치입니다. 1km당 93.6g 이하의 이산화탄소 배출이 강제됩니다. 기존 대비 15%가량 배출량이 줄어야 달성할 수 있습니다. 대부분의 기업이 현시점의 차종으로는 달성이 불가능한 목표입니다. 획기적으로 이산화탄소 배출량이 감소하는 엔진을 개발하면 좋겠지만 클린 디젤의 몰락으로 달성하기 어려워졌습니다.

다른 방법은 상대적으로 이산화탄소 배출량이 적은 경량화·소형 차량 중심으로 판매를 늘리는 것입니다. 이를테면 자연흡기 엔진을 탑재한 '포르쉐 911'보다는 준중형 해치백인 '폭스바겐 골프'를 판매하는 것이 배출량 감소에 도움이 되겠죠. 하지만 이 방법도 한계는 뚜렷합니다. 이미 유럽은 충분히 소형 차종 중심으로 시장을 형성하고 있습니다. 최근에는 더 크고 무거운 차량을 선호한다는 소비심리도 문제입니다. 결국 내연기관 자동차만 팔아서는 이산화탄소 배출량 규제를 달성하는 것이 불가능한 상황입니다. 전기차 판매를 통해 평균값을 낮추는 선택을 해야 합니다.

유럽 그린딜이 성공하기 위해서는 회원국 모두의 공조가 필요합니다. 보고서에서는 국가별로 정해진 할당량과 진행속도도 비교하고 있습니다. 마치 학교에서 성적표를 공개적인 게시판에 올려놓는 것과 같습니다. 알아서 잘 지키라는 압박이죠. 특히 인구당 온실가스 배출량은 직관적으로 이해하기 쉽습니다. 국가별 산업구조가 온

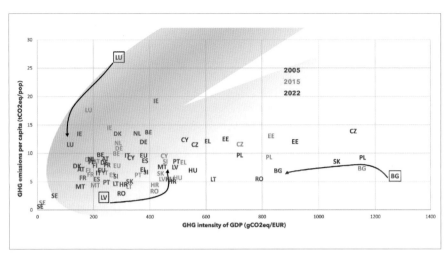

온실가스 감축 국가별 할당량과 진행속도 (자료: 유럽의회)

실가스 배출이 과다한 형태인지 아닌지 비교하기 쉬운 지표입니다. GDP당 온실가스 배출량은 환경과 관련된 효율성이라고 판단할 수 있습니다. 일반적으로 GDP는 경제 주체들의 생산활동의 합을 의미하므로 제조업 기여가 높을수록 온실가스 배출량이 늘어날 가능성이 높습니다. 따라서 GDP당 온실가스 배출량은 해당 국가의 산업구조와 무관하게 경제가 성장하는 과정에서 얼마나 온실가스 배출을 효율적으로 제어했는지 보여주는 지표입니다.

1차 보고서에 EU 회원국의 십수 년간의 노력이 잘 정리되어 있습니다. 2005년 대비 2022년 대부분의 국가가 GDP당 온실가스 배출량을 크게 감소시켰고, 인구당 온실가스 배출량의 경우 크게 낮아지진 않았으나 전반적으로 억제하고 있습니다. 블랙코미디의 일환으로 환경오염의 최대 원인은 인간이므로 인류의 수를 줄여야 환경을 개선시킬 수 있다는 농담이 있죠. EU의 노력과 결과물을 보면 살을 깎는 노력은 필요하겠지만 인구를 감축시키지 않아도 목표 달성이 가능해 보입니다. 환경 개선을 위해 인구당 환경오염의 강도를 낮추는 데 집중해야 합니다. 다른 국가의 정책도 그러한 대전제 아래 진행되고 있습니다.

앞서 미국이 IRA 정책을 통해서 친환경 정책에서 변곡점을 맞이한 것처럼, 유럽 그린딜도 2023년 2월 그린딜 산업계획을 통해 변곡점을 맞이합니다. 친환경 산업을 육성하기 위한 정책을 고도화하고 자생적인 생태계를 구축하기 위한 노력입니다. 경쟁국이 배타적인 방식으로 친환경 산업을 육성하자 관련 시장을 선점하고 고용 창출 효과를 EU에 귀속시키기 위한 목적으로 보입니다. 결국 아무리 좋은 대의명분도 성장의 과실이라는 결과 없이는 다수를 설득하기 어렵습니다. 유럽의회는 미국이 IRA를 통해 공정하지 못한 방식으로 EU가 선점하려는 시장을 뺏어간다고 판단했고, 중국의 부당한 보조금 정책 등도 재차 강조했습니다.

그린딜 산업계획에서 핵심이 되는 줄기는 규제 환경의 개선, 원활한 자금 조달, 숙련된 인력 확보, 교역 활성화로 압축할 수 있습니다. 탄소중립을 달성하기 위한 다양한 노력 속에 부담스러운 규제 사항을 '탄소중립산업법(NZIA)' '핵심원자재법(CRMA)' 등으로 빠르게 해결하려고 노력하고 있습니다. 기업과 소비자로 하여금 예측 가능한 규제 환경을 만들고 관련 절차와 비용을 간소화하는 데 집중 했습니다. 이 밖에도 유럽의 정책은 다양하지만 다음 장에서는 가장 중요한 CRMA 중심으로 살펴보겠습니다.

EU: 같은 산을 올라도 코스는 다르다

미국의 IRA 이후 발표된 유럽의 정책 중 시장의 관심도가 가장 높은 것은 CRMA입니다. 미국이 전기차 등 첨단산업을 자국으로 귀속시키려는 정책을 확장하자, 중국은 이에 맞대응해 자국이 보유한 첨단산업의 공급망을 무기화하려는 노력을 지속했습니다. 유럽은 이런 줄다리기 속에서 실리를 찾을 필요가 있었습니다. 특히 첨단산업의 핵심원자재를 선제적으로 확보해야 할 필요성이 커졌습니다.

2023년 3월에 발표된 CRMA를 요약해보면 친환경·디지털 전환 속에서 장기적인 경쟁력을 갖추기 위해 지정학적 환경까지 고려한 정책을 지속할 것을 천명하고 있습니다. 동시에 유럽이 직면한 여러 가지 어려움도 설명합니다. 2차전지에 필수적인 금속인 코발트는 콩고에서 63%가 채굴되고, 중국에서 60%의 제련이 이뤄집니다. 전기차와 친환경 발전에 필수적인 영구자석의 경우 필요한 희토류 100%가 중국에서 제련되고 있습니다.

유럽의 상황은 미국과 비슷하지만 해결책은 조금 다릅니다. EU 는 우선 무엇이 가장 급한지부터 구별해야 했습니다. EU는 기존부터 경제적으로 중요성이 높고 공급망에서 지정학적 리스크가 큰 품목을 따로 관리하고 있었습니다. 이를 '핵심원자재(Critical Raw Materials)'라고 부르며 3년마다 리스트를 지정합니다. 2023년에 갱신된 리스트에는 34개 품목이 핵심원자재로 지정되었습니다. 기존에는 없었던 비소, 장석, 헬륨, 망간, 구리, 니켈이 명단에 추가되었고 대신 인듐과 천연고무가 제외되었습니다. 추가된 면면이 익숙합니다. 대부분 2차전지 산업의 핵심 원재료입니다.

이에 더해 '전략원자재(Strategic Raw Materials)'라는 항목이 추가되었습니다. 친환경·디지털 전환과 관련성이 높고 생산량 증가에 대한 난이도가 높아 선제적으로 확보해야 하는 핵심원자재 중 더욱 중요한 원자재만 따로 분류한 것입니다. 향후 정책이 전략원자재를 기반으로 진행되기 때문에 해당 리스트는 더욱 중요합니다. 총 16종으로 2차전지 및 영구자석에 필요한 품목이 다수 포함되어 있습니다.

향후 전략원자재를 최대한 자급하거나 특정 국가에 대한 의존도를 낮추는 것이 EU의 목표입니다. 다만 EU 중심의 공급망 구축은 어려운 일이기 때문에 대외협력을 통한 다변화와 공급망 모니터링

EU 전략원자재 목록

(a) 비스무트	(i) 망간-배터리 등급
(b) 붕소-야금등급	(j) 천연흑연-배터리 등급
(c) 코발트	(k) 니켈-배터리 등급
(d) 구리	(l) 백금족 금속
(e) 갈륨	(m) 자석용 희토류 원소
(f) 게르마늄	(n) 실리콘메탈
(g) 리튬-배터리 등급	(o) 티타늄메탈
(h) 마그네슘 메탈	(p) 텅스텐

자료: 유럽의회

을 강조하고 있습니다. 수치적으로 보면 2030년까지 전략원자재의 연간 소비량 중 최소한 10% 이상을 EU 내에서 채굴하는 것이 목표입니다. 정제 및 가공 과정은 같은 기간 동안 40% 이상을 확보해야 합니다. 지속가능한 공급망 구축의 핵심인 재활용도 15% 이상은 역내에서 생산해야 합니다. 미국과 다르게 역내 생산 조건은 느슨한 편입니다.

다른 조건도 살펴볼까요. 전략원자재 수입의 경우 특정 국가에 대한 의존도를 65% 이하로 제한할 것을 명시했습니다. 역내 생산을 강제하거나 특정 국가를 배제하는 명시적인 차별 조항은 거의 없는 정책입니다. 핵심원자재 품목별로 수입량이 가장 큰 국가는 단연 중국입니다. 자그마치 25개 품목을 수출하는 국가가 중국입니

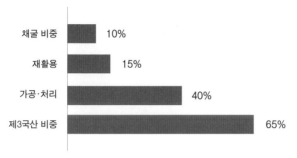

CRMA 2030년 기준 공정별 역내 목표치

- 채굴 비중 — 10%
- 재활용 — 15%
- 가공·처리 — 40%
- 제3국산 비중 — 65%

자료: EU 집행위원회

다. 그다음으로 남아프리카 지역이 6개 품목을 차지했고 미국, 호주, 콩고, 튀르키예가 각각 2가지 품목을 과점하고 있습니다. 다만 품목별 수치를 보면 중국의 25개 품목 중 65% 이상의 의존도를 보이는 품목은 11개에 불과합니다. 2008년부터 '원자재 이니셔티브(Raw Materials Initiative)'를 통해 EU의 공급망 관리가 진행되면서 일정 부분 중국에 대한 의존도가 완화된 것으로 보입니다.

IRA가 역내 전기차 생산 목표를 달성하기 위해 강력한 보조금 정책으로 무장했다면, CRMA는 역내 원자재 공급망을 강화하기 위해 행정 간소화와 공급망 모니터링 시스템 강화를 내세웠습니다. 세부적인 보완책은 '공동이해관계 프로젝트(IPCEI)' '공급망실사법(CSDDD)' 등을 통해 보완되었습니다.

CRMA에서 확정된 내용만 다루자면 EU의 강도 높은 규제가 수입산 제품에도 동일하게 적용될 가능성이 커졌고, 향후 EU에서 사업을 전개하거나 제품을 판매하기 위해서는 환경발자국 정보와 같은 지속가능성에 대한 입증이 중요해졌습니다. 결국 유럽은 기존과 비슷하게 환경 보호나 지속가능성 등을 해외 기업에게 강요하는 방식으로 자국 산업을 보호할 것으로 보입니다.

부록

[　**2장 참고문헌**　]

- 무공해차 통합누리집(ev.or.kr): 전기차 구매 지원금 확인 및 가까운 충전소 찾기 기능 제공

- 미국 에너지부(www.energy.gov): 미국에서 진행 중인 신재생에너지 프로젝트 리스트 제공

- 산업통상자원부(www.motie.go.kr): 보도자료 통해 수출입 동향 제공

- 유럽의회(www.europarl.europa.eu): EU 기후활동 동향 자료 제공

- 한국지질자원연구원(www.kigam.re.kr): 주요 희유금속의 무역 통계 제공

- 현대차(www.hyundai.com): 친환경차 판매량 및 관련 정보 제공

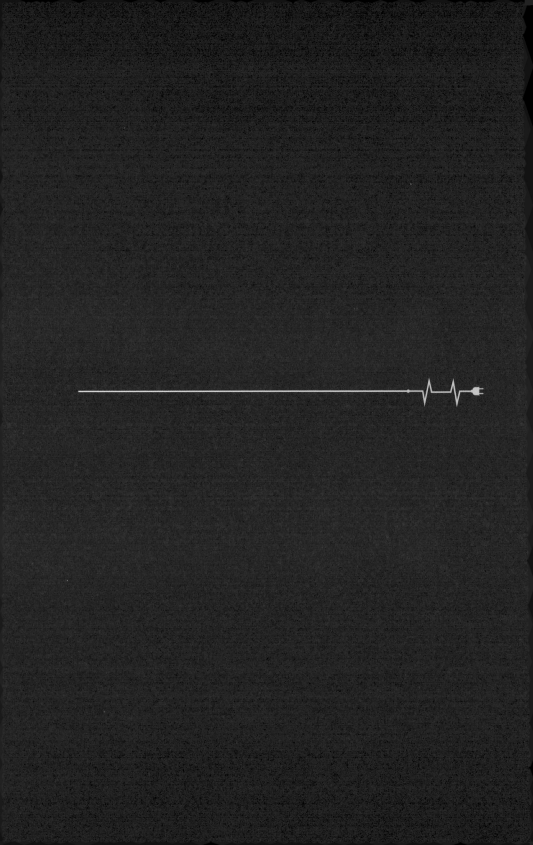

3장

2차전지 투자자를 위한 최소한의 지식

이번 장에서는 고등학교 화학시간에서 볼 법한 용어가 많이 나올 예정입니다. 전기화학 반응에 대한 지식은 범위를 줄이기가 쉽지 않습니다. 2차전지를 이해하는 데 있어 필수적인 내용에만 시간을 할애해도 굉장히 방대합니다. 이번 장을 외우거나 완벽하게 이해할 필요는 없습니다. 전반적인 흐름을 아는 것이 가장 중요하고, 최소한 2차전지라는 제품이 전기화학 반응에 의해 작동한다는 점을 인지하는 게 목표입니다. 쉽게 설명하기 위해 정확한 학문적 정의보다는 이해하기 편한 편법을 사용한 부분도 있으니 양해 바랍니다. 전기화학 분야를 보다 심도 있게 이해하고 싶다면 서울대학교 오승모 박사님의 『전기화학』 또는 텍사스대학교 앨런 바드 교수님의 『Electroanalytical Chemistry』 등의 교재를 권합니다.

투자자 또는 산업계 종사자와 만나 전기차와 2차전지에 대한 이야기를 나누면 중첩되는 몇 가지 질문이 있습니다. 대표적으로 '전기차가 정말 대세가 될 수 있나요?' 'LFP나 전고체 배터리가 커지면 NCM 배터리는 사라질까요?' '중국 전기차는 정말 2천km를 주행할 수 있나요?' 등입니다. 각각의 질문에는 생각에 따라 각각의 다른 대답이 존재합니다. '정치'라는 프레임을 지우고 제가 경험으로 터득한 범주 내에서 보면, 자동차 산업의 시각과 IT 산업의 시각과 화학 산업의 시각 중 어느 곳에 초점을 두느냐에 따라 해석은 상이합니다.

자동차 산업의 시각이 강한 분은 정책 기반으로 해석하는 경향이 있습니다. '프라이스 패리티(내연기관 차와 전기차의 가격이 동일해지는 시점)' 등 완성차의 동향에 대해서도 관심을 보입니다. IT 산업의 시각이 강한 분은 소비자 관점에서 매력적인지 여부에 집중합니다. 확장성과 콘텐츠에 대한 궁리도 많은 편입니다. 화학 산업으로 이해하는 분은 밸류체인의 형성과 경쟁력에 대해 질문합니다. 어떤 시각으로 보는지에 따라 단순한 질문도 답변이 달라집니다.

전기차는 정말 대세가 될까요? 자동차 산업의 시각에선 전기차가 충분히 저렴해져야 한다고 답변할 수 있습니다. IT 산업의 시각에선 소비자로 하여금 전기차가 충분히 매력적으로 느껴져야 긍정적이라고 답변할 수 있습니다. 화학 산업의 시각에선 공급망 형성과 수요와 공급의 추이를 지켜볼 필요가 있다고 답변할 수 있습니다.

이처럼 다양한 접근법이 존재하는 이유는 2차전지 산업 자체가 통합적이기 때문입니다. 이번 장에서는 주로 전기화학적 이해를 바탕으로 산업에 접근해보려 합니다. 그 흐름을 숙지하면 다양한 프레임을 통합할 수 있는 근본적인 뿌리가 될 수 있다고 보기 때문입니다.

전지의 발전사

10년 전에는 유명 맛집 블로거의 글을 보고 가고 싶은 식당을 정하는 경우가 많았습니다. 요즘에는 인스타그램을 보고 맛집을 많이 찾는 것 같습니다. 유행이 빠르게 변하다 보니 소위 '핫'한 장소는 수시로 바뀌곤 합니다. '연트럴파크' '힙지로'와 같은 별칭이 이제는 익숙하게 느껴집니다. 더불어 과거에 유명했지만 요즘은 시들해진 몇몇 거리도 떠오릅니다. 너무나 빠른 사회죠. 반면 이런 유행과 상관없이 사람들의 인식 속에 깊게 뿌리내린 장소도 있습니다. 명실상부한 랜드마크입니다. 예를 들어 여의도 직장인은 점심시간이 되면 '여백(여의도백화점)'에서 모이자는 표현을 자주 씁니다. 건물명이 맨하탄빌딩으로 바뀐 지 오래지만 말이죠.

전 세계에서 랜드마크라는 단어와 가장 잘 어울리는 건물이 있습니다. 파리의 에펠탑입니다. 세계에서 가장 높은 건축물이라는 타이틀은 이미 100년도 전에 뺏겼고, 하늘을 꿰뚫는 다른 마천루가 즐비한 시대입니다. 에펠탑의 높이는 딱 300m인데 잠실 롯데월드타워가 555m이고, 여의도 파크원도 334m에 달합니다. 하지만 마르스 광장의 넓은 풍경 속에 우뚝 솟은 에펠탑만큼 인상 깊은 건물은 아직까지 드뭅니다.

최근 에펠탑 관련 뉴스를 보신 분이라면 '부식'이라는 단어가 떠오를 것입니다. 전반적으로 부식이 심각한 상황인데 관광 수입 감소를 걱정한 시의회가 페인트 덧칠이라는 임시방편으로 대응한다는 소식입니다. 에펠탑의 설계자인 구스타브 에펠은 철골교의 권위자로 다수의 거대한 철골 구조물을 만들었습니다. 그의 또 다른 걸작은 미국에 설치된 자유의 여신상이죠. 그가 자유의 여신상 내부의 철골 구조물 설계를 담당했습니다. 자유의 여신상도 부식으로 홍역을 겪은 기록이 있으니 부식은 거대한 철골 구조물의 구조적인 문제로 보입니다. 자유의 여신상은 122톤의 철근과 74톤의 구리로 지탱되는 구조입니다. 외부는 구리와 조각상이 결합되어 있고, 내부는 철근이 무게를 잡고 있습니다. 문제는 철(Fe)과 구리(Cu)가 닿아 있는 부분입니다.

18세기 이탈리아 과학자 갈바니는 '갈바니 부식'이라는 현상을 발견했는데요. 전위가 서로 다른 금속이 맞닿아 있으면 전위차에 따

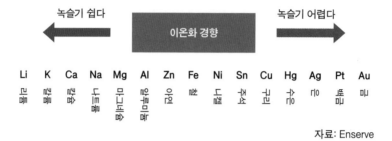

이온화 경향에 따른 부식 순위

녹슬기 쉽다 ← 이온화 경향 → 녹슬기 어렵다

Li	K	Ca	Na	Mg	Al	Zn	Fe	Ni	Sn	Cu	Hg	Ag	Pt	Au
리튬	칼륨	칼슘	나트륨	마그네슘	알루미늄	아연	철	니켈	주석	구리	수은	은	백금	금

자료: Enserve

라 전자가 이동하고 전위가 낮아 양극이 된 금속이 부식되는 현상입니다. 금속은 타고난 반응성이 있습니다. 이온화 경향이라고도 말하는데 부식되거나 산화되기 쉬운 성질을 의미합니다. 부식이 잘되는 금속은 전자를 내놓고 이온화되려는 성향이 강한데, 부식에 강한 금속과 닿아 있으면 지속적으로 전자를 넘기고 부식이 가속화됩니다. 자유의 여신상의 경우 이온화 경향이 큰 철과 이온화 경향이 작은 구리가 만나 철의 전자가 구리로 넘어가면서 부식이 발생된 케이스입니다.

'전위차에 따라 전기가 이동한다.' '이온화 경향에 따라 양극과 음극이 형성된다.' 어디서 많이 들어본 표현입니다. 금속 간에 발생하는 갈바니 부식은 2차전지가 전기를 충전·방전하는 구조와 동일합니다. 갈바니는 '갈바니 전지(볼타 전지)'의 발견자로도 유명합니다. 발명자가 아니고 발견자인 이유는 갈바니 전지의 과학적 이론 정립과 개발은 이탈리아 과학자 알레산드로 볼타가 완성했기 때문입니다. 두 과학자가 첨예하게 대립한 동물전기와 금속전기 이슈도 흥미로운 이야기지만 지면 관계상 넘어가기로 하겠습니다.

앞서 설명한 다양한 용어는 전부 전기화학이라는 학문에 근간을 두고 있습니다. 전지라는 것을 만들기 위해 필요한 가장 필수적인 지식이라고 생각하면 됩니다. 전기화학 교재를 찾아보면 많은 책이 산화·환원 반응으로 교육을 시작합니다. 계속해서 복잡한 단어가 나오고 있습니다. 산화와 환원은 그 단어를 정의한 과정 자체가 화학의 발전사와 맥을 함께 할 정도로 역사가 깊고 어려운 내용입니다. 이 책에서는 깊게 다루지 않을 생각입니다.

상식적인 수준에서만 보면, 먼저 '산화(oxidation)'라는 단어를 단순히 어느 물질이 산소와 결합하는 것으로 이해하면 내용을 파악하는 데 한계가 있을 수 있습니다. 산화 과정을 화학적으로 금속과 산소가 결합하는 반응이라고 볼 수 있지만, 좀 더 전기화학 반응으로 이해하면 금속이 전자를 잃고(방출) 산소와 결합한다고 볼 수 있습니다. 산소보다 전자에 초점을 두면 금속의 전자 방출이 산화임을 알 수 있습니다. 꼭 산소와 결합하지 않더라도 전자를 뱉어내는 모든 과정을 산화라고 표현하겠습니다.

알레산드로 볼타는 본인의 금속전기 이론을 증명하기 위해 최초의 화학전지인 볼타 전지를 만들었습니다. 구성은 단순합니다. 서로 다른 금속을 선택합니다. 당시에는 아연과 구리(또는 은)를 사용했습니다. 두 금속을 겹겹이 쌓아 산성용액에 담급니다. 양쪽 끝을 전

최초의 화학전지 볼타 전지 사진

선으로 연결해 회로를 구성합니다. 아연은 산에 녹는 성질이 있습니다. 산성용액과 반응해 아연금속이 아연이온(Zn^{2+})으로 변하면서 전자를 방출하고 양이온으로 산화됩니다. 우리가 흔히 녹슨다고 표현하는 현상과 비슷합니다. 아연이 이온화되는 과정에서 방출된 전자는 전선을 타고 구리로 향합니다. 아연금속이 녹는(산화되는) 과정에서 전자의 흐름이 발생합니다. 전기가 탄생하는 순간입니다. 아연이 전부 녹으면 전자의 방출도 끝납니다. 결국 필요할 때 전기를 뽑아 쓸 수는 있지만 전기의 양이 아연금속의 양과 비례하고 다시 재충전되지 않습니다. 이러한 구조의 전지를 '1차전지'라고 부릅니다.

볼타 전지는 인류가 전기를 인공적으로 사용하는 시발점이 되었습니다. 다만 발생하는 전기의 양이 많지 않고, 아연 등을 사용하는 양극금속의 소모가 심합니다. 이후 다양한 금속의 전기화학 반응을 활용해 고성능 전지가 개발되기 시작됩니다. 최초로 개발된 방전과 충전이 가능한 2차전지는 납축전지입니다. 금속의 산화·환원 반응을 이용해 필요할 때 전기를 방출하고, 외부에서 전류를 공급하면 원래 모습으로 돌아가 재사용이 가능합니다.

납축전지는 볼타 전지와 거의 동일한 구성입니다. 대부분의 전지가 이온화 경향이 다른 2개의 금속(양극과 음극)을 전해액(전기가 통하는 용매)에 담근다는 구성을 따릅니다. 납축전지는 양극에 산화된 납을 사용하고, 음극에는 그냥 납을 사용합니다. 전해액은 황산입니다. 복잡한 전기화학 반응에 대한 설명을 제외하고 결과만 보면 납축전지의 산화납과 납은 황산을 만나 황산납으로 변하면서 전기를 방출합니다. 반대로 전류를 공급하면 황산납이 산화납과 납으로 돌아옵니다. 방전과 충전이 가역적으로 발생하기 때문에 2차전지로 사용할 수 있습니다. 개발된 지 150년이 넘었지만 안정성이 뛰어나고 경제성이 높아 최근까지도 사용되고 있습니다. 대표적인 케이스가 자동차용 시동 배터리입니다. 운전하는 분이라면 '로케트배터리'나 '아트라스BX'라는 명칭으로 익숙한 제품입니다.

앞서 설명한 전지들은 100여 년의 역사를 갖고 있습니다. 여전히 유용하게 사용되고 있지만 우리가 주목할 대상은 아닙니다. 왜냐하면 향후 전기사회에 핵심이 될 2차전지는 리튬전지이기 때문입니다. 개발된 지 50년밖에 되지 않았지만 전지 시장은 리튬전지를 중심으로 재편될 전망입니다. 리튬전지는 산업 측면에서는 전기차에 사용되면서 폭발적인 성장세를 기록하고 있고, 학술적으로는 2019년 리튬전지 개발 및 상용화의 주역들(존 굿이너프, 스탠리 휘팅엄, 요시노 아키라)이 노벨화학상을 수상하면서 위상이 높아졌습니다.

리튬전지의 특징은 2가지로 압축할 수 있습니다. 전지는 쉽게 말해 금속의 전기화학 반응을 이용해서 전기를 충전하고 방출하는 구조입니다. 성능의 핵심은 전기를 얼마나 잘 저장하고 내보내느냐에 달려 있습니다. 리튬은 금속 중 비교적 가볍고 전자를 방출하려는 성질이 매우 강합니다. 금속의 특징 자체가 전지에 적합합니다.

더 중요한 특징은 '인터칼레이션(intercalation)' 반응에 있습니다. 인터칼레이션 반응은 금속의 층상구조에 리튬이온이 삽입되고 탈리되는 과정을 의미합니다. 금속으로 만든 작은 방에 리튬이온이 들어갔다 나오는 장면을 연상해보면 이해가 쉬울 것입니다. 인터칼레이션 반응이 중요한 이유는 기존의 전지가 대부분 산화·환원 과정(전지의 방전·충전 과정)에서 전극에 부담을 주고 성능 저하가 발생했기 때문입니다. 리튬전지의 경우 양극과 음극이 금속으로 만들어진 방 역할을 하고 리튬이온이 이동하면서 전기를 발생하므로 가역적이고 구조적으로 우수합니다. 가볍고, 전기가 많이 저장되고, 오래 쓸 수 있어 기존의 다른 전지를 압도하고 있습니다.

전기와 화학의 브리지

산화·환원, 이온화 경향, 인터칼레이션 등 2차전지 산업의 기술적·원론적 이해를 위해 가장 중요한 화두를 이야기했습니다. 화학적 지식의 기반이 없는 분이라면 직관적으로 이해하기 힘든 내용입니다. 이번에는 최대한 쉽고 일반적인 언어로 2차전지의 작동 원리를 설명하겠습니다.

가장 근본적인 질문에서 시작해보겠습니다. 전기란 무엇일까요? 전기란 전자의 흐름이 만드는 에너지입니다. 첫 도입에서 가장 중요한 단어는 '흐름'입니다. 전기를 시각화하면 해리포터의 이마에 새겨진 번개 문양이나 전선을 타고 흐르는 빛줄기가 떠오릅니다. 그러다 보니 마치 어떤 빛이나 열과 같은 에너지를 전기라고 생각하기

물과 전기의 유사성

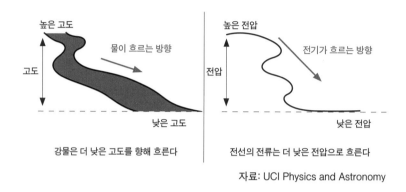

강물은 더 낮은 고도를 향해 흐른다   전선의 전류는 더 낮은 전압으로 흐른다

자료: UCI Physics and Astronomy

쉽습니다. 이런 인식을 갖게 될 경우 흔한 착각이 발생합니다. 전기를 마치 전자를 소진하는 개념으로 보기 때문입니다. 무언가를 태워서 열을 얻는 것처럼 전자가 소진되거나 변환되면서 어떤 에너지를 얻는 것으로 오해할 수 있습니다. 이런 인식을 교정하기 위해 가장 많이 사용되는 예시가 물줄기입니다. 전기란 물줄기처럼 도도한 전하의 흐름에서 발생되는 에너지입니다. 물줄기에서 에너지를 얻는 방식은 물을 소모하는 게 아닌 흐름을 활용하는 것이죠. 물레방아나 터빈을 떠올려볼 수 있습니다.

다시 말해 전자가 이동하는 모든 환경에서 전기에너지가 생성된다고 볼 수 있습니다. 하늘에 가득 찬 수증기에서 발생한 전자가 지표면으로 방전되는 과정에서 번개가 발생하듯 전자의 이동은 전기에너지를 수반합니다. 이제 전기를 저장하는 방법은 자명해졌습니다. 전자를 이동할 수 없는 정지된 상태에서 보관하다가 적시에 이동할 수 있게 풀어주는 것. 이것이 필요한 시점에 전기에너지를 사용할 수 있는 방법입니다. 전기가 무엇인지 정의하고 나니 전지의 작동 원리가 분명해졌습니다.

전지란 전자를 담는 항아리가 아닌 전자를 고정시켰다가 필요할 때 흐르게 만드는 댐에 가깝습니다. 댐이라는 비유에서 전자의 뭉텅이를 필요할 때 흘려보내기 위해 무엇이 필요한지 인지할 수 있습니다. 댐에서 저절로 물이 흘러나오기 위해서는 적절한 압력이 필요합니다. 이때 전자에 작동하는 압력을 '전위(electric potential)' 또는 '전압(voltage)'이라고 부릅니다. 전위라는 단어가 좀 더 직관적인 의미를 담고 있습니다. 전위차가 발생하면 마치 높은 곳에 위치한 공이 중력의 영향으로 아래로 내려오듯, 전위가 높은 곳에 있는 전자는 자발적으로 전위가 낮은 곳으로 흘러갑니다. 전위라는 개념을 좀 더 쉽게 이해하기 위해서 앞서 언급한 갈바니 부식을 다시 살펴볼 필요가 있습니다.

전위차가 발생하는 이유는 여러 가지입니다. 갈바니 부식에서는 서로 다른 금속이 갖는 이온화 경향의 차이를 원인으로 꼽습니다. 금속은 제각기 갖고 있는 전위가 다릅니다. 이 고유한 특성의 차이만큼, 즉 전위의 차이만큼 전압이 발생해 전자가 흘러갑니다. 이온화 경향이 큰 금속은 전자를 내놓고 이온화 경향이 작은 금속은 전자를 갖게 됩니다. 이 과정에서 전자가 이동하면서 전기에너지를 생

The Periodic Table of the Elements

Group→	1	2	3	4	5	6	7	8	9	10	11	12	13	14	15	16	17	18
↓Period																		
1	1 H																	2 He
2	3 Li	4 Be											5 B	6 C	7 N	8 O	9 F	10 Ne
3	11 Na	12 Mg											13 Al	14 Si	15 P	16 S	17 Cl	18 Ar
4	19 K	20 Ca	21 Sc	22 Ti	23 V	24 Cr	25 Mn	26 Fe	27 Co	28 Ni	29 Cu	30 Zn	31 Ga	32 Ge	33 As	34 Se	35 Br	36 Kr
5	37 Rb	38 Sr	39 Y	40 Zr	41 Nb	42 Mo	43 Tc	44 Ru	45 Rh	46 Pd	47 Ag	48 Cd	49 In	50 Sn	51 Sb	52 Te	53 I	54 Xe
6	55 Cs	56 Ba		72 Hf	73 Ta	74 W	75 Re	76 Os	77 Ir	78 Pt	79 Au	80 Hg	81 Tl	82 Pb	83 Bi	84 Po	85 At	86 Rn
7	87 Fr	88 Ra		104 Rf	105 Db	106 Sg	107 Bh	108 Hs	109 Mt	110 Ds	111 Rg	112 Cn	113 Nh	114 Fl	115 Mc	116 Lv	117 Ts	118 Og

Lanthanides	57 La	58 Ce	59 Pr	60 Nd	61 Pm	62 Sm	63 Eu	64 Gd	65 Tb	66 Dy	67 Ho	68 Er	69 Tm	70 Yb	71 Lu
Actinides	89 Ac	90 Th	91 Pa	92 U	93 Np	94 Pu	95 Am	96 Cm	97 Bk	98 Cf	99 Es	100 Fm	101 Md	102 No	103 Lr

주기율표

성합니다. 전자를 내놓은 금속은 산화 반응을 하기 때문에 '산화전극(anode)'이라고 부릅니다. 반대로 전자를 받는 금속은 환원 반응에 해당해 '환원전극(Cathode)'라고 통칭합니다.

좀 더 원론적인 이야기를 하기 위해서는 주기율표를 봐야 합니다. 왜 금속은 전자를 내놓거나 받을까요? 왜 금속별로 이러한 성향의 차이가 생길까요? 주기율표는 다양한 원소를 나열한 표입니다. 원소를 나눈 기준은 바로 양성자의 수입니다. 주기율표의 1번 원소인 수소는 1개의 양성자 주위를 1개의 음성자(전자)가 회전하는 구조입니다. 2번 원소인 헬륨은 2개의 양성자를 배경 삼아 2개의 전자가 회전하고 있습니다. 중고등학교 화학 수업을 떠올리면 이 전자가 적당하게 위치해 껍데기를 이루면 안정적이고, 전자의 숫자가 많거나 적

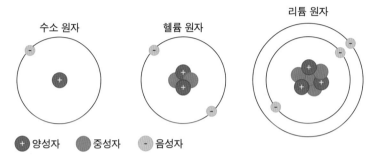

수소, 헬륨, 리튬의 구조

수소 원자   헬륨 원자   리튬 원자

⊕ 양성자   ● 중성자   ⊖ 음성자

자료: SparkFun Learn

으면 불안정하다는 점이 떠오를 것입니다. 헬륨은 2개의 전자가 안
정적인 껍데기를 이루고 있습니다. 화학적으로 안정적이고 변화가
잘 이뤄지지 않습니다. 반면 3번째 원소인 리튬은 3개의 전자를 갖
고 있는데, 이 중 2개가 껍데기를 이루면 1개의 전자가 남아서 최외
각에 배치됩니다. 이 홀로 남은 전자는 껍데기에서 벗어나 다른 곳
으로 떠나려는 성질이 강합니다. 불안정한 전자 껍데기를 갖고 있는
리튬과 같은 원소는 반응성이 큰 특징을 갖고 있습니다.

전극은 전지의 전부

전지의 작동 원리를 군이 복잡한 전기화학 용어까지 공부하면서 보는 이유는 전지라는 제품을 정확하게 이해하기 위함입니다. 전지의 작동 원리가 댐을 쌓아 전자를 가둔 후 두 금속의 전위차를 활용해 필요할 때 전자를 흘려보내 전기를 만든다는 점을 이해하면 한 가지 자연스러운 추론이 가능합니다. 전지의 성능은 곧 두 금속(양극과 음극)의 전위가 결정한다는 것을요.

이번에는 예시를 조금 바꿔서 댐이 아닌 공놀이로 비유해볼까요. 야구에서 공을 던지는 투수와 포수의 조합을 배터리(battery)라고 부릅니다. 우연의 일치지만 투수와 포수의 모습은 전지의 작동구조와 거의 동일합니다. 상상해보죠. 높이가 있는 마운드 위로 투수가 올라갑니다. 자연적으로 높은 위치에너지를 확보할 수 있습니다. 언덕 밑에 위치한 포수에게 가볍게 공을 놓으면 중력에 따라서 공은 포수에게 떨어질 것입니다. 위치의 차이로 인해 큰 힘을 주지 않아도 자발적인 반응으로 공이 이동합니다. 여기서 언덕 위 투수는 전위가 높은 양극이고, 반대로 포수는 전위가 낮은 음극입니다. 공(전자)의 이동은 곧 전류입니다. 공이 이동하며 전기가 형성되었음을 의미합니다.

물론 이 조악한 비유에는 대단히 큰 화학적 오류가 존재합니다. 전자의 자발적인 반응은 전위가 낮은 곳에서 높은 곳으로 흐릅니다. 마치 크리스토퍼 놀란 감독의 영화 〈테넷〉처럼 바닥에 있던 공이 언덕 위로 솟아오르는 모습이 자연스럽다는 의미입니다. 이는 전류의 방향과 전자의 방향이 거꾸로 정의되었기 때문에 발생한 문제지만 자세한 설명은 넘어가도록 하겠습니다.

2차전지의 핵심적인 작동 원리를 알고 보니 왜 전지의 소재 중 두 전극이 중요한지 알 수 있습니다. 전극이 갖고 있는 고유의 특성인 전위의 차이가 전압을 만들고 이를 통해 전기라는 자발적 반응이 이뤄지기 때문입니다. 2차전지의 성능 중 전압이 전극 소재에 따라 확정적임도 알 수 있습니다. 2차전지의 성능을 나타내는 지표는 전압 외에도 여러 가지가 있습니다. 용량, 에너지 밀도, 충전 전압, 저항, 무게, 부피, 정상 작동 온도 등입니다. 이 중에서 우리가 가장 관심을 갖는 지표는 에너지 밀도입니다. 동일한 부피 또는 질량을 갖는 배

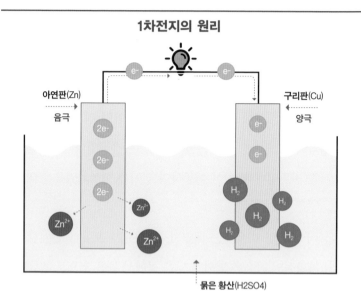

1차전지의 원리

아연판(Zn)
음극

구리판(Cu)
양극

묽은 황산(H2SO4)

터리에 얼마나 많은 전기가 저장될 수 있는지를 나타내는 지표입니다. 2차전지의 가장 기본적인 원리를 알게 되었으니 에너지 밀도가 어떻게 결정되는지도 예측할 수 있습니다.

다시 1차전지인 볼타 전지를 예로 들면 구리는 수소보다 이온화 경향이 낮아 산에 녹지 않고, 아연은 수소보다 이온화 경향이 높아 산에 녹습니다. 산화되려는 성질이 상대적으로 높은 아연은 전자를 방출하고 구리판으로 넘어가면서 전기가 통하게 됩니다. 이처럼 전기를 발생시키는 방전 과정에서 산화전극은 전자를 방출합니다. 전위차에 의해 전극에 포함되어 있던 전자들이 환원전극을 향해 이동하고, 환원전극에서 반응을 통해 석출되거나 안정화될 것입니다. 충

2차전지의 원리

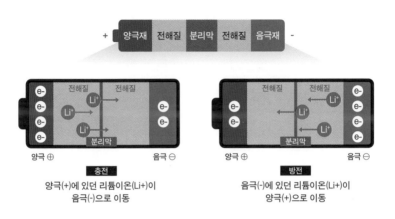

충전
양극(+)에 있던 리튬이온(Li+)이
음극(-)으로 이동

방전
음극(-)에 있던 리튬이온(Li+)이
양극(+)으로 이동

분한 시간이 흐르면 어떻게 될까요? 산화전극은 내보낼 수 있는 전자를 전부 배출할 것이고, 환원전극은 최대치의 전자와 반응을 끝낼 것입니다. 이제 더 이상의 전자의 이동은 발생하지 않습니다. 과거 우리가 사용했던 1차전지는 이런 자발적 반응이 끝나면 폐기해서 버려야 했습니다. 결과적으로 2차전지가 만들어내는 전기에너지의 총량은 산화전극이 쏟아낼 수 있는 전자의 양과 비례합니다. 볼타 전지의 경우 아연 전극이 녹는 양과 비례해 전자를 배출합니다. 아연 전극이 녹아서 나오는 전자를 받아줄 수 있는 구리 전극의 양도 비례합니다.

리튬전지의 경우 일반적으로 산화전극이 포함하고 있는 리튬의 양에 비례하는 전자를 배출합니다. 배출되는 전자와 리튬이온을 환

Category			Power Cell		Energy Cell		
Model			P41	JP3	E101A	N2.2	E72B
Chemistry			NCM/ Graphite	NCM/ Graphite	NCM/ Graphite	NCM/ Graphite	NCMA/ Graphite+SiO
Performance	Capacity (Min, 25℃, 0.3C)	Ah	40.8	62.4 (Min, 25℃, 0.5C)	101.8	64.8	72.2
	Nominal Voltage	Vdc	3.63	4	3.67	3.634	3.67
	Energy	Wh	148	229.6 Wh (Min.)	374	235	264
	Energy Density (Min)	Wh/L	486	389 Wh/L (Min.)	637	556	625
		Wh/kg	226	184 Wh/kg (Min.)	287	266	287
	Pulse Charge Max Current(A)* (10sec, SoC 50%, 25℃, BOL)		380	192	395	146	316
	Pulse Discharge Max Current(A)* (10sec, SoC 50%, 25℃, BOL)		380	192	590	146	550
	Continuous Discharge Performance* (SoC 100%→0%)		5C, 12min, 25℃	-	-	-	3C, 10.1min, 25℃
	Max Discharge Power (W)	10sec, SoC 50%, 25℃	1241	706.5	1174	531	1540
	Internal Resistance (mΩ)	10sec, SoC 50%, 25℃	1.28	0.88 ± 0.25 mOhm	1.05-1.45 (10sec, SoC 28% (Shipping), 23℃)	1.2-1.9 (10sec, SoC 28% (Shipping), 23℃)	1.09
	Power to	W(Power 10sec, SoC 50%, 25℃)	8.3	-	3.1	2.3	5.8

LG에너지솔루션 상용차용 배터리 제품 정보

원전극이 받아줄 텐데요. 양쪽 전극의 용량이 결국 전자의 배출량을 결정합니다. 양쪽 전극의 화학적 특성이 에너지 밀도를 결정한다고 말할 수 있겠습니다. 정확히는 산화전극의 용량과 환원전극의 용량 중 더 작은 용량이 에너지 밀도를 결정합니다.

LG에너지솔루션에서 제공하고 있는 사용차용 배터리 제품 정보를 보겠습니다. 가장 중요하다고 생각하는 핵심 스펙인 전압과 용량을 퍼포먼스(performance) 상단에 표시했습니다. 어떤 전극(NCM·NCMA 양극재와 흑연·실리콘 음극재의 조합)을 사용하는지에 따라 달라지는 케미스트리(chemistry)가 핵심 스펙을 결정한다고 생각하면 됩니다.

2차전지의 역사는 다양한 소재를 통해 이어져왔습니다. 모든 금속은 서로 다른 전위값을 갖기 때문에 금속 조합에 따라 다양한 2차전지를 만들 수 있습니다. 이 조합을 전기화학적으로 해석하면 대략적인 배터리 성능을 예측할 수 있습니다. 납축부터 니켈카드뮴, 니켈수소 등 조합에 따라 서로 다른 특징과 성능을 보입니다.

대표적으로 과거 많이 사용됐던 니켈카드뮴 전지는 안정적인 성능을 갖고 있어 충전 가능한 건전지라는 형태로 2차전지 보급에 큰 역할을 했습니다. 다만 한 가지 치명적인 단점으로 '메모리 효과'에 있습니다. 아마 2000년대 초반까지 무선기기를 활용해본 분이라면 '완전방전' '완전충전'이라는 문구를 기억하실 것입니다. 니켈계 2차전지는 완전방전이 이뤄지지 않은 상태에서 충전을 진행하면 최대 용량이 감소하는 치명적인 단점이 있습니다. 결국 사용자는 인위적으로 사용 후 충전지를 최대한 방전시켜야 했고, 이때의 기억 때문에 아직까지도 납축전지나 리튬계 2차전지를 사용할 때도 완전방전, 완전충전에 연연하는 경우가 있습니다.

다양한 2차전지 중에서 리튬계 2차전지에 주목해야 하는 이유는 무엇일까요? 대다수의 2차전지의 경우 전자의 이동이 발생하는 산화·환원 반응이 전극에서 직접 이뤄집니다. 납축전지의 경우 전극이 납으로 이뤄져 있고 황산과 반응하는 과정에서 납 자체가 전자를 방출하고 흡수하게 됩니다. 니켈카드뮴 전지도 니켈 전극과 카드뮴 전극이 직접 반응해 전자를 이동시킵니다. 전극이 직접 반응하기 때문에 다수의 충·방전이 진행될 경우 전극의 변형이나 부반응이 있을 개연성이 높습니다. 반면 리튬계 2차전지는 인터칼레이션이라는 반응을 사용하기 때문에 전극이 직접 산화·환원 반응에 작동하지 않습니다. 아주 과감하게 간략화해 설명하면 리튬전지는 전극 위에 금속으로 만들어진 집을 짓고, 집 안에 리튬을 보관하는 형태입니다. 산화·환원 반응은 리튬에서 발생하고, 이 반응을 통해 이온화된 리튬이 양쪽 전극 위의 금속 저장소를 드나드는 구조입니다.

리튬은 가볍고 작은 금속에 속합니다. 인터칼레이션 반응을 통해 양쪽 전극에 다수의 리튬을 보관할 수 있습니다. 부피와 질량에 비례해 이동할 수 있는 전자가 정해지기 때문에 리튬계 2차전지는 높은 에너지 밀도를 갖출 수 있습니다. 전극이 직접 반응하지 않고, 튼튼한 금속 구조체(층상구조의 흑연)를 기반으로 리튬이온만 이동하기 때문에 가역성 측면에서 장점이 큽니다. 전극의 변형이나 부반응이 없어 다른 금속으로 만든 2차전지의 한계를 획기적으로 개선한 바 있습니다. 전기사회에서 2차전지가 갖춰야 할 가장 중요한 덕목을 리튬계 2차전지가 만족시킬 수 있다는 점에 주목해야 합니다.

좀 더 구체적인 구조를 보면 리튬계 2차전지의 양극은 양극 집전체인 알루미늄 금속판에 양극활물질이 도포되는 형태입니다. 뉴스에서 흔히 볼 수 있는 NCM, LCO, LFP 등 복잡한 용어의 제품이 양극활물질에 해당합니다. 양극활물질은 견고한 층상구조, 스피넬구조, 올리빈구조를 갖고 있습니다. 이런 금속 구조 안에 리튬이 저장됩니다. 높은 전위를 갖고 있어 방전 과정에서 전자를 받는 역할을

양극의 구성

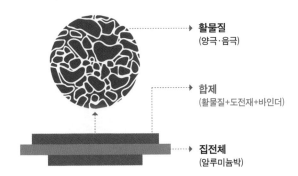

→ **활물질**
(양극·음극)

→ **합제**
(활물질+도전재+바인더)

→ **집전체**
(알루미늄박)

자료: 삼성SDI

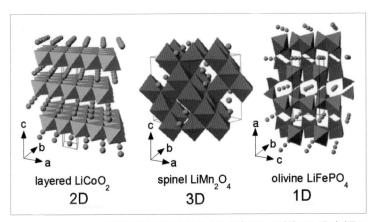

양극활물질의 구조. 차례대로 층상구조, 스피넬구조, 올리빈구조
(자료: Semantic Scholar)

합니다. 추가적으로 전극의 원활한 작동을 돕기 위한 부소재들이 있습니다. 도전재와 바인더 등이 집전체와 양극활물질을 단단하게 연결시켜 줍니다.

음극은 음극 집전체인 구리 금속판에 음극활물질이 도포됩니다. 양극과 비슷한 형태로 도전재와 바인더 등과 함께 연결됩니다. 음극활물질의 특징은 전위가 낮고, 전자를 잘 방출해야 합니다. 금속 중에서 리튬의 전위가 가장 낮기 때문에 리튬과 비슷한 전위를 갖는 금속으로 구성할 수밖에 없습니다. 리튬메탈, 흑연, 실리콘 등을 음극활물질로 사용하는 이유입니다. 이 중 안정적인 구성을 갖고 있고 가격도 싼 흑연이 많이 활용됩니다. 리튬과 전위 차이가 0.1V 이하이기 때문에 흑연 구조체 안에 리튬이 저장될 경우 화학적으로 안정적일 수 있습니다. 흑연은 탄소 원자 6개가 벌집 형태로 구성되었을 때 리튬이온 1개를 저장합니다. 이러한 화학적 구성을 보면 흑연계 음극활물질의 에너지 밀도에 한계가 존재함을 이해할 수 있습니다.

2차전지를 표현하는 다양한 비유 중에 언론에서 선호하는 말이 '제2의 반도체'라는 표현입니다. IT 산업의 기반 소재가 반도체였다면 향후 전기사회와 전기차 산업에서는 2차전지가 기반 소재이기 때문입니다. 두 산업의 성장성이나 시장 규모를 비교하는 이야기도 종종 거론되곤 합니다. 작동 원리 관점에서 보면 반도체와 2차전지는 전혀 다른 형태로 진보하는 산업입니다. 반도체 산업의 핵심은 미세화와 속도입니다. 유명한 '무어의 법칙'을 보면 이해하기 쉽습

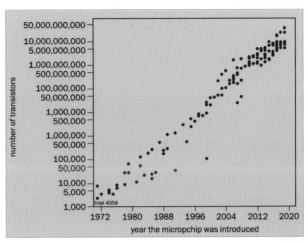

무어의 법칙
(자료: Physics World)

니다. 무어의 법칙은 매년마다 반도체 성능이 2배씩 증가한다는 경향을 말합니다. 반도체의 미세화 공정을 통해 같은 공간에 더 많은 칩을 집적할 수 있기 때문에 더 작게 만들면 더 빨라집니다.

반면 2차전지는 저장의 논리입니다. 전자를 같은 공간에 많이 저장해야 용량이 큰 전지를 만들 수 있습니다. 저장할 전자의 크기가 더 작아질 수는 없습니다. 결국 100이라는 공간에 지금까지는 50만 활용해서 전자를 저장했다면 소재와 화학 반응을 개선해 60~70으로 공간을 넓히는 과정입니다. 이 경우 기술의 성장 속도는 어떨까요? 반도체의 미세화 공정은 지수함수적인 성능 개선을 의미합니다. 반면 2차전지의 에너지 밀도 성장은 로그함수의 형태입니다. 용량의 60%만 활용하던 전지가 70%를 활용하면 실제 에너지 용량의

2차전지 에너지 밀도 성능 개선

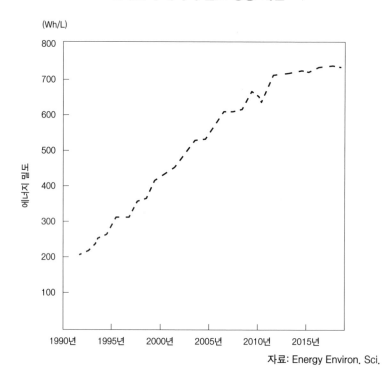

(Wh/L)

에너지 밀도

자료: Energy Environ. Sci.

개선은 17%에 불과합니다. 80%에서 90%로 개선될 경우 개선 폭
은 13%로 더욱 축소됩니다.

트랜지스터 집적에 따른 반도체 성능 개선의 속도를 나타낸 무어
의 법칙과 2차전지 에너지 밀도의 개선을 그래프화한 자료를 비교
해보겠습니다. 둘 다 45도 각도로 비슷하게 성장하는 것처럼 보이
지만 축을 보면 차이를 알 수 있습니다. 반도체는 지수함수의 축입
니다. 너무나 가파르게 성장하기 때문에 축을 조정한 것이죠. 이러

한 차이를 설명하는 이유는 IT 산업은 발전이 빠르다 보니 신기술이 기존 기술을 대체하기 쉽지만, 전기화학 산업인 2차전지는 발전이 상대적으로 더디다 보니 기존 기술과 신기술이 공존할 수밖에 없다는 점을 설명하기 위해서입니다.

전지의 마지막 필수 요소, 전해질

앞서 두 금속의 전기적 성질의 차이가 전자를 저장하고 내보내는 역할을 한다는 점을 배웠습니다. 문제는 이런 반응은 자발적이라는 점입니다. 예로 들었던 부식을 생각해보면 반응이 자발적이라는 말의 의미가 와 닿을 것입니다. 우리가 아무리 녹슬지 않도록 관리하고 기름칠을 해도 시간이 흐름에 따라 전자가 두 금속을 이동하면서 녹이 발생합니다. 이렇게 자연 상태에서 반응이 일어나면 활용하기가 어렵습니다. 필요할 때만 전자가 이동할 수 있도록 유도해야 합니다.

전자의 자발적 이동을 막기 위해서 필요한 중간재가 바로 전해질입니다. 전해질은 전기가 잘 흐르지 않는 용매입니다. 양극과 음극

전해질의 역할

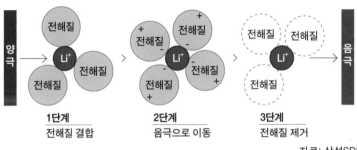

자료: 삼성SDI

을 전해질 안에 위치해두면 전자의 이동이 막혀 있기 때문에 전자가 전극에 위치한 상태로 산화·환원의 반응 없이 유지됩니다.

전기가 필요한 시점에 방전은 어떻게 작동될까요? 양극과 음극 사이를 잇는 회로(전선)를 사용합니다. 막혀 있던 전선을 연결해주면 전선을 통해 전압이 형성되고 전자는 흐르게 됩니다. 전자만 이동할 수 있는 일종의 우회통로입니다. 이 과정에서 산화전극은 전자의 방출과 함께 양이온도 내보내게 됩니다. 전선을 통해 배출된 전자의 양과 동일한 수치의 양이온이 환원전극과 만나야 전기의 작동이 완전히 이뤄졌다고 할 수 있습니다. 이런 이온의 이동통로가 전해질입니다. 부도체인 전해질이지만 이온 상태의 물질은 이동할 수 있습니다.

그림으로 보면 전자가 외부 전선을 통해 흐르는 동안 이온이 어떻게 전해질을 통해 이동하는지 알 수 있습니다. 전자와 이온의 흐름

배터리 내 SEI층의 역할

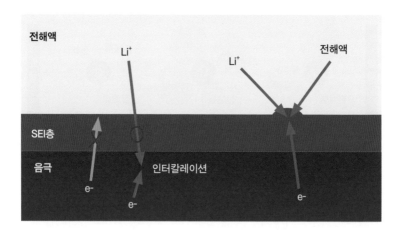

이 분리되었다는 점에 주목해야 합니다. 우리가 전기를 쉽게 쓸 수 있는 이유니까요. 리튬이온이 자유롭게 이동하기 위해 전해질은 이온 전도도가 높아야 합니다.

전해질의 중요한 특징은 전자의 이동은 막고, 리튬이온의 이동은 원활하게 지원하는 것입니다. 이러한 특성을 기반이 되는 것이 바로 SEI(Solid Electrolyte Interphase)입니다. SEI는 리튬전지를 구성하고 첫 충전을 진행하는 과정에서 생겨나는 현상입니다. 충전 과정에서 양극은 리튬이온과 전자를 방출하고, 음극은 리튬이온과 전자를 받게 됩니다. 첫 충전 과정에서 음극 내 전해질과 리튬이온이 부반응을 일으켜 음극재 표면에 얇은 막을 형성하게 되는데요. 이 고체막을 SEI라고 부릅니다. SEI층은 전자는 통과하기 힘들고 리튬이온은 통과하기 쉬운 특징을 갖고 있습니다. 전해질에 필수적으로 필요했던 특성이 바로 SEI층에서 발원된 것입니다.

다만 SEI층은 몇 가지 문제도 야기합니다. 고체막이기 때문에 지나치게 두꺼우면 리튬이온의 이동까지 방해할 수 있습니다. 또 전해질과 리튬이온이 결합해서 만들어지기 때문에 활물질에서 우리가 사용해야 할 리튬이온이 일부 감소합니다. 우리가 2차전지를 사용하기 위해 100의 리튬이온을 활물질에 저장했다면 SEI층을 생성하는 과정에서 5~7에 가까운 리튬이온을 사용하게 됩니다.

일반적으로 전기차용 2차전지에 사용되는 전해질의 구성물질은 3가지입니다. 유기용매, 리튬염, 첨가제가 그것입니다. 리튬염을 유기용매에 녹여 전자는 이동하지 못하고 리튬이온만 이동할 수 있는 액체를 만듭니다. 이후 추가적인 기능을 위해 첨가제를 더합니다. 유기용매라는 액상을 기본적인 틀로 활용하기 때문에 대부분의 전해질은 전해액으로 불리기도 합니다. 문제는 유기용매의 특성상 인화성이 존재한다는 점입니다. 2차전지는 높은 성능 구현 시 발열이 뒤따르기 때문에 유기용매의 화재로 이어질 수 있습니다. 이를 보완한 차세대 전해질이 '전고체 배터리'입니다.

전고체 배터리의 발상은 단순합니다. 기존에 전해액이 하던 역할을 고체로 대체하려는 연구입니다. 과거 안전이 가장 우선시되는 우주선 사업 등에서 활용되기도 했지만 낮은 이온 전도도와 높은 생산단가 문제로 상업화에는 실패한 바 있습니다. 최근에는 한국과 일본

2차전지 셀 업체와 해외 스타트업을 중심으로 높은 진척률을 보이고 있습니다. 저도 빠른 시일 안에 완성된 제품을 볼 수 있기를 기대하고 있습니다. 무엇보다 중요한 건 안전이니까요.

분리막은 필수 아닌 필수

지금까지 설명한 2차전지의 메커니즘에 의하면 적당한 구조의 두 전극과 전해질만 있으면 2차전지의 기본적인 성능은 확보됩니다. 전자를 자발적으로 내보내고 다시 흡수하는 과정을 반복할 수 있기 때문입니다. 그러나 리튬전지에는 치명적인 단점이 존재합니다. 높은 에너지 밀도와 '리튬 덴드라이트(lithium dendrite)' 현상 등 다양한 요인으로 화재의 위험성이 높습니다. 리튬 덴드라이트 현상이란 리튬전지를 충전할 때 리튬이 음극 표면에서 결정(crystal)을 만드는 현상으로 결정이 돌기와 같은 모양이라는 의미에서 '덴드라이트'라는 이름이 붙었습니다. 이 결정은 전지의 안정성을 저해하는 주요 원인으로 꼽힙니다.

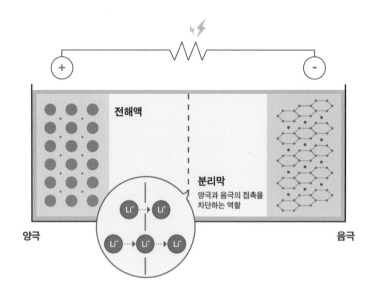

배터리 내 분리막의 역할

전해액

분리막
양극과 음극의 접촉을
차단하는 역할

양극   음극

리튬전지는 상기한 3가지 필수 소재(음극, 양극, 전해질) 외에도 반드시 안전을 위해 분리막을 추가해야 합니다. 그래서 흔히 음극, 양극, 전해질, 분리막을 배터리의 4대 요소라고 부릅니다.

분리막은 일종의 벽이자 통로입니다. 전해질이 전자를 막는 벽이자 리튬이온을 옮겨주는 통로라면, 분리막은 전해질보다 더 직접적인 '벽'의 역할을 합니다. 양극과 음극이 서로 접촉할 가능성을 막는 것이죠. 다만 전해질처럼 리튬이온은 충분히 드나들 수 있어야 합니다. 분리막은 구멍을 작게 뚫어서 리튬이온만 이동할 수 있게 얇게 편 플라스틱 막입니다. 단순히 안전판 역할만 하는 것은 아닙니다. 최근 분리막은 다양한 기술 개발을 통해 일정 온도 이상 도달 시 리튬이온을 차단해 열을 식히고, 물리적인 충격에서 전지를 보호하는 역할까지 수행하고 있습니다.

실생활 속 충전

결국 2차전지는 전자를 모아놨다가 두 금속에서 발생하는 전위차를 활용해 전자를 이동시키는 물질입니다. 이 전기에너지가 발생하는 과정을 방전이라고 부릅니다. 그럼 거꾸로 충전은 어떻게 가능할까요?

전위차가 위치에너지였다는 점을 떠올려보면 전자를 거꾸로 낮은 위치(저전위)에서 높은 위치(고전위)로 거슬러 올려두면 됩니다. 충전 전압은 기존의 2차전지 내에 형성된 전압과 반대 반향으로 펌프질을 해 인위적으로 전자를 '끌어올리는' 과정입니다. 양극재와 음극재의 전위차로 인해 전자는 자연스럽게 음극재에서 양극재로 흘러가게 됩니다. 외부에서 전류를 주입하면 이 전위차를 억지로 바꿀 수 있는데, 이렇게 강제로 양극재에 있던 전자를 음극재로 돌려보내는 과정을 충전이라고 부릅니다.

우리가 쉽게 볼 수 있는 휴대폰 충전기를 살펴보면 몇 가지 스펙이 적혀 있습니다. 충전 규격이 복잡해지면서 충전 타입이나 PD 지원 여부 등도 담겨 있지만 가장 중요한 스펙은 결국 출력입니다. 15W, 25W 등의 출력이 적혀 있을 텐데 작동 방식은 단순합니다. 강한 힘으로 전자를 돌려보낼수록 빠르게 충전된다고 볼 수 있습니다. 단순 계산해보면 60W의 에너지가 저장된 2차전지는 15W의 충전기로 4시간을 충전하면 완충될 것입니다.

하지만 실제 충전의 과정은 생각보다 복잡하고 충전속도의 변화가 큽니다. SoC(State of Charge), 즉 잔존 용량을 통해서 2차전지 내부 상태를 보겠습니다. SoC는 휴대폰에서 보는 충전율 50%, 60% 등의 숫자와 같은 의미입니다. 각 SoC에서 배터리 내부의 전압은 어떨까요? SoC 100%는 전기에너지가 꽉 찬 항아리입니다. 연결되면 전자가 음극에서 양극으로 쏟아질 준비가 잔뜩 되어 있죠. 당연히 전압도 높을 것입니다. 반면 에너지를 소진한 상황에서는 어떨까요? SoC가 50%이거나 30%, 최종적으로 0%에 다다르면 전자는 더 이상 이동할 필요가 없습니다. 내부 전압도 낮아지게 됩니다. SoC의 반대 용어로는 DoD(Depth of Discharge)가 있습니다. SoC가 충전율이라면 DoD는 방전율이라고 할 수 있습니다. 즉 SoC가 60%인 배터리는 DoD가 40%입니다.

CC/CV 곡선

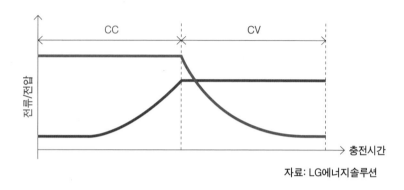

자료: LG에너지솔루션

충전에 대해 좀 더 생각해보겠습니다. 휴대폰이나 전기차처럼 배터리 잔량에 민감한 제품을 써본 분이라면 공감하실 내용입니다. 배터리 잔량이 낮을 때(SoC가 낮고 DoD가 높을 때)는 고속으로 충전이 이뤄집니다. 반면 일반적으로 80% 이상 충전된 이후에는 충전속도가 더뎌집니다. 이는 2차전지의 안전을 위해 과전압을 방지하는 방식, 즉 'CC/CV' 충전 방식이 사용되기 때문입니다. 충전을 시작하면 CC가 진행되고, 그다음 차례로 CV가 이뤄집니다.

CC(Constant Current) 모드는 전류량이 일정함을 의미합니다. 배터리 잔량이 부족한 상황에서는 전류를 일정하게 유지하면 전압이 상승합니다. 이후 충전이 어느 정도 이뤄지면 CV(Constant Voltage) 모드로 전환됩니다. 이때부터는 과전압을 막기 위해 전압 상승이 멈추고 자연적으로 전류량이 감소합니다. 2차전지의 작동 원리는 단순하게 정의할 수 있지만 사용법에 따라 다양한 노하우가 집적되었음을 알 수 있습니다.

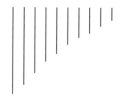

잔존하는 우려

2차전지를 이야기할 때 항상 따라오는 화제가 있습니다. 바로 위험성 문제입니다. 과거 전기차 구매를 망설이게 했던 최대 허들은 짧은 주행거리와 느린 충전속도 문제였습니다. 이 부분은 2차전지 성능이 비약적으로 개선되면서 많은 부분이 해결되었습니다. 최근에는 전기차의 높은 비용과 안전 문제가 허들이 되고 있습니다. 리튬전지의 특성을 감안하면 전기차 보급이 늘어날 경우 관련 사고가 빈번해지는 것은 불가피합니다. 화재 위험을 이유로 전기차를 리콜한다는 소식도 드물지 않습니다.

포르쉐가 LG에너지솔루션의 배터리를 단 고성능 전기차 타이칸을 배터리 과열 및 화재 위험이 있다며 리콜에 들어갔다. 대상 차량은 2010년 10월부터 지난해 11월까지 생산된 타이칸, 타이칸 4S, 타이칸 GTS 등 329대다. 포르쉐코리아는 12일 제작 결함 공고를 내고 "(해당 모델은) 고전압 배터리 단락으로 배터리가 과열되고 화재가 일어날 가능성이 확인됐다"며 리콜을 공지했다.

〈한국경제〉 2024년 4월 12일 기사입니다.

불안감을 키우는 요인은 크게 2가지입니다. 전기차가 기존의 내연기관보다 화재의 위험이 빈번하거나, 더 치명적인 것으로 보이기 때문입니다. 화재의 빈도에 대해서는 아직까지 설왕설래가 많은 상황입니다. 단순히 국내 차량 화재 빈도만 보면 전기차의 위험성이 더 높지는 않습니다. 화재 빈도를 운행대수로 나눈 값을 비교해보면 내연기관 자동차가 더 자주 화재 사고를 겪고 있습니다. 2022년 기준 국내 내연기관 자동차의 화재 비율은 0.018%이고, 전기차는 0.011%입니다.

아직까지 전기차의 보급대수가 충분하지 않기 때문에 신뢰할 수 있는 표본은 아니지만 전기차의 화재 사고가 더 빈번하다고 보기는 어렵습니다. 그럼에도 전기차 화재에 대한 우려가 지속되는 이유는 충돌 등의 외부 변수에 의한 화재가 아닌 2차전지 자체 결함에 의한 화재 가능성 때문입니다. 과거 여러 리콜 사태에서 확인된 것처럼 외부 충격이 아닌 충·방전 과정에서 2차전지의 결함으로 발생하는 화재의 경우 대처도 어렵고 위험성이 높다고 볼 수 있습니다. 최

내연차와 전기차의 화재 통계

구분	차량 등록			화재건수 (1만 대당 발생비율)		
	계	내연기관	전기차	계	내연기관	전기차
2017년	22,528,295	22,503,187	25,108	4,971 (2.20)	4,971 (2.20)	1 (0.40)
2018년	23,202,555	23,146,799	55,756	5,067 (2.18)	5,065 (2.18)	2 (0.36)
2019년	23,677,366	23,587,448	89,918	4,710 (1.98)	4,707 (1.98)	3 (0.33)
2020년	24,365,979	24,231,017	134,962	4,558 (1.87)	4,547 (1.87)	11 (0.82)
2021년	24,911,101	24,679,658	231,443	4,530 (1.81)	4,506 (1.83)	24 (1.04)
2022년	25,503,078	25,113,223	389,855	4,669 (1.83)	4,625 (1.84)	44 (1.12)

자료: 소방청

근 테슬라의 BMS 결함에 의한 화재 가능성 제기에 시장이 술렁인 배경입니다.

또 다른 위협은 전기차 화재의 위험도입니다. 국립소방연구원의 전기차 화재 관련 연구에도 '전기차의 화재 비율은 높지 않지만 소화가 현저히 곤란하다.'는 표현이 들어가 있습니다. 전기차에 탑재된 2차전지에서 외부의 충격이나 자체적인 결함으로 화재가 발생했을

내연차와 전기차의 화재 사고 평균 피해액

구분	내연차		전기차	
	사고	평균 피해액 (천 원)	사고	평균 피해액 (천 원)
2017년	4,156	6,164	1	55
2018년	4,227	6,051	3	4,382
2019년	3,850	6,445	7	38,576
2020년	3,761	6,978	11	32,795
2021년	3,639	6,829	24	36,587
2022년	3,782	17,024	43	21,241
2023년	3,816	8,280	72	20,333
총	27,231	8,192	161	24,220

자료: 소방청

때 '열폭주' 현상이 이어질 수 있고, 기존의 소화약제로는 진압이 어렵다는 문제가 있습니다. 기본적으로 화재 진압의 원리는 산소를 차단해 불씨를 끄는 것인데 전지에서 화재가 발생할 경우 분해 반응에서 산소가 발생하기 때문입니다. 열폭주는 특정 2차전지에서 발생한 화재가 급속도로 주변으로 번지면서 화재를 가속화하는 현상입니다. 문제가 발생한 셀은 온도가 800~1천 도까지 급격히 상승합니다. 주변에 위치한 셀에도 열을 가해 열폭주가 연쇄됩니다. 그래서 평균 피해액으로 보면 내연기관 자동차보다 전기차의 피해액이 3배가량 높은 수준입니다.

　전기차 화재 위협에 대해 정리하면, 외부 충격에 따른 화재 가능성은 지금까지 확보된 표본상 내연기관 자동차보다 위험이 크진 않습니다. 하지만 내부 결함에 따른 화재 가능성이 문제입니다. 아직까지 명확한 원인 분석이나 사례가 없어 위험의 크기를 가늠하기는 어렵지만 소비자의 신뢰를 확보하긴 위한 노력이 더욱 필요합니다. 특히나 전기차 화재는 아직까지 소화 진압에 대한 명확한 기준이나 방법이 없습니다. 현시점에서 가장 유력한 방식은 수조를 활용한 화재 진압입니다. 조립식 수조를 이용해 전기차를 완전히 물에 잠기게 만드는 방식입니다. 진압 과정이 복잡하고 시간이 많이 소모되어 향후 보완이 필요해 보입니다.

부록

[3장 참고문헌]

- 국립소방연구원(nfire.go.kr): 전기차 화재 대응 안내서 제공

- LG에너지솔루션 배터리인사이드(inside.lgensol.com): 산업 뉴스 및 기초서

  (엔솔피디아) 제공

- 삼성SDI(www.samsungsdi.co.kr): 칼럼 형식으로 산업 기초 자료 제공

- 한국전기연구원(www.keri.re.kr): 배터리 이용 가이드북 제공

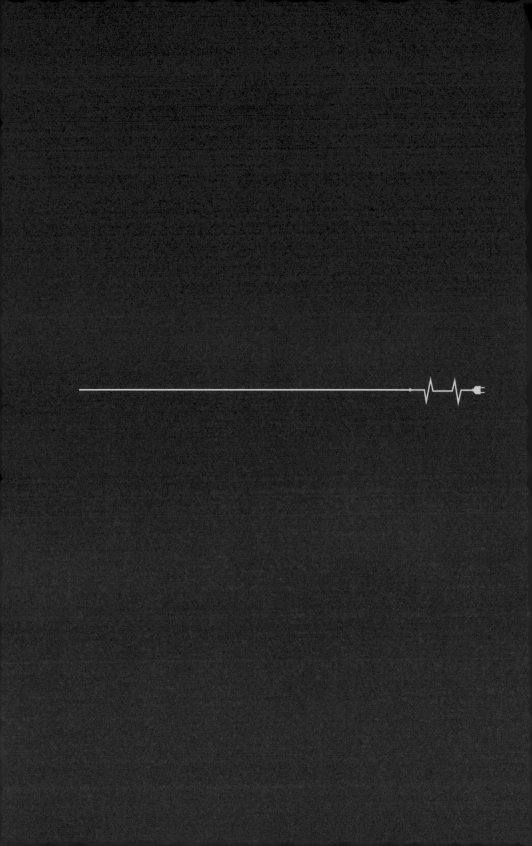

4장

2차전지
투자 매트릭스

들어가며

지금까지 전기차·2차전지 성장의 맥락을 살피고, 지루할 수 있는 전기화학 반응에 대해서도 알아봤습니다. 마지막 장에서는 결론으로 이어져야 할 것입니다. 산업의 방향성과 해석 툴을 만든 다음에는 어떤 과정을 통해서 기업을 평가해야 할까요? 산업을 보는 방식과 기업을 보는 방식에는 차이가 있을 수밖에 없습니다. 이번 장은 어떤 기업이 산업 내에서 활동하고 있는지 스크리닝하고, 향후 추적하기 위한 툴을 만드는 데 목적이 있습니다. 이 책은 투자를 권하는 책이 아닌 기본서이기에 제 주관과 판단은 최대한 배제했습니다.

증시에 상장되어 있는 기업을 설명하는 방식에는 다양한 방법론이 존재합니다. 연혁, 지배구조, 재무, 기술력, 제품 포트폴리오, 고객 구성, SWOT 분석 등은 저와 같은 기업분석 애널리스트가 흔히 사용하는 정보와 툴입니다. 이번 장에서 주요 기업을 서술하는 방식은 가장 공개적이고 공신력 있는 정보에 바탕을 두고자 합니다. 바로 공시입니다. 흔히 다트(DART)라고 불리는 국내 전자공시시스템은 세계적으로 우수한 투명성을 갖고 있고 양질의 정보를 제공하고 있습니다.

　기업에 대해 알아보고자 할 때 다양한 접근이 가능합니다. 사이트를 둘러보거나 뉴스를 찾는 것이 일반적입니다. 대기업일 경우 인터넷 검색을 통해 잘 정리된 정보를 접할 수 있고, SNS에도 다양한 정보가 존재합니다. 주변 지인 중 관련 업무에 종사하는 사람을 찾거나 '블라인드'와 같은 현직자 커뮤니티를 활용하는 방법도 있습니다. 여의도 펀드매니저 중 몇몇은 자동차 구매 시기가 되면 자동차 애널리스트로 활동한 저에게 찾아와 할인 정책 등을 문의하곤 합니다. 이것도 기업을 분석하는 방법과 유사한 방편 중 하나겠죠. 여러 방법 중 공시사항에 주목한 이유는 정해진 규칙에 따라 기업이 직접 제공하는 정보이기 때문입니다. 공시사항은 금융감독원에 의해 관리되고 있어 일반적으로 접할 수 있는 정보 중 가장 신뢰할 만합니다.

　우리는 정보가 범람하는 세상에 살고 있고, 오늘날 기업의 정보를 찾는 일은 결코 어렵지 않습니다. 더 중요한 사항은 올바른 정보를 가려내 기준을 세우는 것입니다. 2차전지의 주요 소재별 투자의 핵심 지표를 살펴본 후 개별 기업의 공시사항을 시간순으로 짚어보겠습니다. 기업에 대해 파악할 수 있는 중요한 내용 위주로 정리하겠습니다.

현명한 투자를 위한
나만의 세이버메트릭스

가끔 투자의 성과가 운에 불과하지 않은가라는 생각이 들 때가 있습니다. 미국의 경제학자 나심 탈레브가 주장한 것처럼 투자의 성과는 지적 활동의 결과물이 아닌 행운의 작동 여부에 달린 것처럼 느껴집니다. 특히 코로나19 사태가 발발했던 2019년부터 2022년까지의 주식 시장은 엄밀한 가격 논리나 투자 통념이 작동하기보다는 동물적 기세나 기업의 내러티브가 주로 개입된 시장이었습니다. 하지만 운조차도 준비된 사람에게 유리하게 작동한다고 보는 것이 맞다고 봅니다.

기억은 항상 편향적입니다. 아무런 준비 없이 운으로 성공한 사람을 알게 되면 마치 운이 투자의 전부인 것처럼 느껴집니다. 하지만

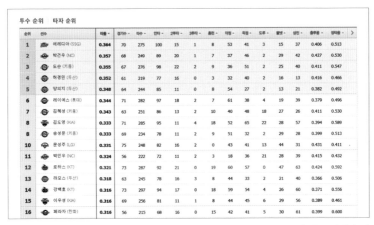

투수 순위	타자 순위															
순위	선수	타율	경기수	타수	안타	2루타	3루타	홈런	타점	득점	도루	볼넷	삼진	출루율	장타율	>
1	에레디아 (SSG)	0.364	70	275	100	15	1	8	53	41	3	15	37	0.406	0.513	
2	박건우 (NC)	0.357	68	249	89	20	1	7	37	46	2	29	42	0.427	0.530	
3	도은 (키움)	0.355	67	276	98	22	2	9	36	51	2	25	40	0.411	0.547	
4	허경민 (두산)	0.352	61	219	77	16	0	3	32	40	2	16	13	0.416	0.466	
5	양의지 (두산)	0.348	64	244	85	11	0	8	54	27	2	13	21	0.382	0.492	
6	레이예스 (롯데)	0.344	71	282	97	18	2	7	61	38	4	19	39	0.379	0.496	
7	김혜성 (키움)	0.343	63	251	86	13	2	10	40	48	18	27	26	0.411	0.530	
8	김도영 (KIA)	0.333	71	285	95	11	4	18	52	65	22	28	57	0.394	0.589	
8	송성문 (키움)	0.333	69	234	78	11	2	9	51	32	2	29	28	0.399	0.513	
10	문성주 (LG)	0.331	75	248	82	16	2	0	43	41	13	44	31	0.431	0.411	.
11	박민우 (NC)	0.324	56	222	72	11	2	3	18	36	21	28	39	0.415	0.432	
12	로하스 (KT)	0.321	73	287	92	21	0	19	60	57	0	47	63	0.424	0.592	
13	라모스 (두산)	0.318	63	245	78	16	3	8	44	33	2	21	40	0.366	0.506	
14	강백호 (KT)	0.316	73	297	94	17	0	18	59	54	4	26	60	0.371	0.556	
15	이우성 (KIA)	0.316	69	256	81	11	1	8	44	45	6	29	56	0.389	0.461	
16	페라자 (한화)	0.316	56	215	68	16	0	15	42	41	5	30	61	0.399	0.600	

네이버 스포츠에서 제공하는 국내 야구 타자 순위

투자에 성공한 사람의 면면을 돌아보면 일생에 몇 번 오는 운을 잡기 위해 끈질기게 공부하고 노력했음을 알 수 있습니다. 그럼 어떤 지식이 있어야 투자에 유리할까요?

야구를 좋아한다면 '세이버메트릭스'라는 전략을 아실 것입니다. 브래드 피트가 주연으로 출연한 영화 〈머니볼〉을 통해 유명해진 통계를 기반으로 한 야구 전략입니다. 선수들의 성과를 정량적으로 측정하고 기계적으로 게임에 적용하는 방식입니다. 이러한 통계적 접근법은 사람이 기존에 가지고 있던 통념에 반하는 결과를 가져올 때가 있습니다. 세이버메트릭스에 따르면 '타율이 높은 타자가 좋은 선수다' 하는 당연한 관점은 통계적으로 반박당하고 '출루율이 높은 타자가 좋은 선수다'임을 깨닫게 합니다.

세이버메트릭스의 등장으로 구단들의 운영방침과 연봉을 측정하는 지표도 달라졌습니다. 네이버 스포츠에서 제공하는 야구 타자 순위를 보면 다양한 지표를 통해 상위 선수를 가려냄을 알 수 있습니다. 이제는 팬들도 애정하는 선수의 세부지표를 확인하고 응원하는 시대입니다. 세이버메트릭스를 언급하는 이유는 빌 제임스의 세이버메트릭스 운영 방식이 마치 좋은 주식을 싸게 사서 비싸게 파는 투자와 일맥상통하기 때문입니다.

그러한 전략을 바탕으로 2차전지 산업에 진출하고 있는 다양한 기업에 대한 이야기를 풀어갈 계획입니다. 현시점의 성과나 주가에 대한 해석보다는 2차전지 사업을 하는 업체를 향후 어떤 방식으로 추적하고 평가할지에 대한 내용 위주로 다루겠습니다. 이번 기회를 통해 2차전지 산업에서 출루율과 같은 핵심 지표를 찾아낼 수 있다면 포트폴리오 구성에 큰 도움이 될 것입니다.

산업 분석:
셀

첫 타자는 2차전지를 만드는 최종 생산자 셀(Cell) 업체입니다. 셀 업체란 전기를 저장할 수 있는 다양한 형태의 2차전지를 생산하고 전기차, ESS, IT 업체에 납품하는 기업을 말합니다. 국내에 상장된 기업으로는 LG에너지솔루션, 삼성SDI가 있고 비상장 기업으로는 SK온, 코캄 등이 대표적입니다. 2차전지 산업의 성장성이 분명한 가운데 글로벌 시장에서 큰 영향력을 갖는 다수의 업체가 상장 시장에 있거나 간접적으로 존재합니다. 한국 증시에 투자하는 분이라면 매우 큰 기회의 장이라 할 수 있습니다. 아무리 좋은 산업과 회사를 발견해도 상장되어 있지 않다면 일반 투자자 입장에선 접근할 방법이 제한적입니다. 다행히 국내 다수의 2차전지 업체가 상장되어 있어 직접투자 또는 ETF 등을 통한 간접투자가 가능합니다.

셀 업체는 일종의 조립공장입니다. 휴대폰 회사나 완성차 업체를 떠올리면 이해가 쉽습니다. 휴대폰 업체는 주요 부품인 디스플레이, AP, 램, 통신칩 등을 외부에서 구매해 최적화된 제품으로 조립합니다. 완성차 업체 역시 엔진은 상당수 내재화되어 있지만 변속기, 공조 시스템, 구동·제동 시스템 등은 대부분 1·2차 부품사를 통해 들여오는 구조입니다. 셀 업체도 비슷합니다. 주요 소재인 음극재, 양극재, 전해질, 분리막 등을 내외부에서 구매해 완성품으로 조립합니다.

최첨단 기술을 갖춘 다른 산업의 업체와 비교해보면 '조립'이라는 단어가 중요성이 떨어지거나 부가가치가 없는 것처럼 느껴질 수도 있습니다. 2차전지의 핵심 성능을 소재가 결정한다고 누누이 이야기했기에 언뜻 조립을 하는 셀 업체의 비중이 낮아 보이기도 합니다. 하지만 대규모 산업에서 조립과 양산은 가장 중요한 역할 중 하나입니다.

자동차 업계를 예로 들면 좋은 엔진, 변속기, 구·제동 제품을 파는 부품사는 다수 존재합니다. 일부 완성차 업체는 경쟁자가 개발한 엔진을 사용하기도 합니다. 과거 쌍용차는 자사의 제품에 벤츠 'OM602' 엔진을 탑재했다고 홍보하기도 했습니다. 그렇다면 좋은 부품을 사와서 만든 차가 좋은 차일까요? 여러 가지 반론이 존재할수 있습니다. 브랜드 가치, 감성, 품질 등은 단순히 좋은 부품을 구해온다고 뚝딱 만들어지는 것이 아닙니다. 대량 생산에서 정말 중요한 부분은 밸런스입니다.

앞서 설명한 핸드폰, 자동차, 2차전지는 모두 복잡한 소재를 하나로 엮어 성능을 최적화해야 하는 산업입니다. 이를테면 양극재와 음극재가 성능의 핵심적인 역할을 하지만 어떤 양극재와 음극재를 조합하느냐에 따라 결과는 상이합니다. 이 부분은 최종 제품을 양산하는 셀 업체가 결정해야 합니다. 제품 전체의 균형을 책임지는 것과 더불어 양산 자체도 난이도가 높습니다. 중국의 반도체 굴기를 떠올려보겠습니다. 다수의 경력직 엔지니어를 채용하고, 최첨단 반도체 장비를 구입했지만 중국의 반도체 업체들은 미세화 공정의 수율 확보에 실패를 거듭했습니다. 예민한 제품을 최적의 상태로 대량으로 양산하는 데는 그만큼 많은 노하우가 필요합니다.

최근에는 공급망 관리의 중요성도 부각되고 있습니다. 2차전지 셀을 제조해 완성차 업체에게 적시적소에 공급하기 위해서는 다양한 소재를 차질 없이 확보해야 합니다. 완성차 업체들이 전기차 투자에 적극적으로 임하면서 핵심 소재의 부족함이 심해지고 있습니다.

셀 업체를 평가하는 널리 알려진 지표로는 미래의 '생산능력(capacity)'이 있습니다. 2차전지 산업의 성장성은 자명합니다. 따라서 셀 업체가 빠르게 고객을 확보하고 공격적으로 투자를 진행하면 향후 성공적인 성과를 거둘 것이라고 가정하는 시각이 강합니다. A라는 셀 업체가 5년 뒤 100GWh 규모의 생산능력을 목표로 하고 있다면, 동기간 50GWh를 목표로 하는 B라는 업체보다 2배 큰 회사

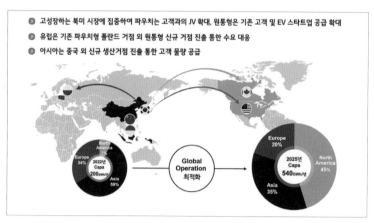

LG에너지솔루션 2022년 2분기 실적 자료

라고 볼 수 있습니다. 업체 간 기술력 격차, 양산 성과, 제품 포트폴리오 등을 일절 배제하고 지나치게 간략화한 방식이지만, 간단한 만큼 직관적으로 이해하기 쉽고 활용도 단순합니다.

그럼 셀 업체들이 목표로 하고 있는 생산능력부터 확인해볼까요? 공식적인 방법은 기업의 IR 자료를 확인하는 것입니다. LG에너지솔루션의 경우 공식 자사 사이트(www.lgensol.com)에 IR 카테고리가 따로 존재합니다. 그중 'IR 활동'으로 들어가면 매월 진행한 기업의 IR 행사가 정리되어 있습니다. 2022년 7월 자료를 보면 2분기 실적설명회가 기재되어 있습니다. 첨부된 자료의 '지역 포트폴리오 전략'을 보면 2025년 540GWh의 생산능력을 목표로 투자를 진행하고 있고 지역별 배분은 북미 45%, 아시아 35%, 유럽 20%임을 알 수 있습니다. 최근 국내 기업의 IR 태도가 선진화되면서 IR 자료가 풍성해지

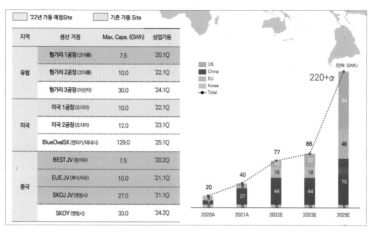

SK온 2022년 2분기 실적 자료

고 있습니다. LG에너지솔루션의 경우 애널리스트 대상의 Q&A 원
문도 실적 자료에 함께 첨부하고 있어 다양한 내용을 확인할 수 있
습니다.

비교 대상을 찾아볼까요. SK그룹의 2차전지 셀 업체 SK온은 아직
비상장 상태입니다. 대신 상장사인 SK이노베이션이 지분 100%를
보유하고 있어 모회사를 통해 간접적인 투자가 가능합니다. SK이노
베이션 사이트(www.skinnovation.com)에도 역시 IR 카테고리가 존재합
니다. 동일한 기간인 2022년 7월 진행된 실적발표 자료를 확인해보
면 배터리 생산능력 목표치를 확인할 수 있습니다. SK온의 목표는
2025년까지 '220GWh+α'의 생산능력을 확보하는 것입니다. 지역
별 배분은 북미 43%, 아시아 35%, 유럽 22%입니다.

단순히 미래 생산능력의 규모만 비교해보면 LG에너지솔루션이

SK온 대비 2배 이상 큰 회사임을 알 수 있습니다. 물론 지나치게 축약된 정보입니다. 많은 정보를 쳐내고 덩어리만 남겨서 보는 것과 같습니다. 이제 덩어리에 정보를 더해서 좀 더 상세한 부분을 비교해보려고 합니다.

첫 번째 구분은 지역 배분입니다. 흔히 기업의 지역 포트폴리오라고 부르는 영역입니다. 앞서 주어진 정보로 계산해보면 2025년 북미 생산능력은 LG에너지솔루션 243GWh, SK온은 94GWh에 해당합니다. 북미의 격차가 가장 큽니다. LG에너지솔루션이 미국 시장에 보다 적극적임을 알 수 있습니다. 사실 2022년 초까지만 하더라도 북미 투자계획의 격차는 크지 않았습니다. 2022년 1월 초 금융감독원 전자공시시스템(dart.fss.or.kr)에 LG에너지솔루션의 투자설명서가 올라와 있습니다. IPO(기업공개)를 진행하면서 투자자들에게 기업을 설명하는 자료입니다. 기존 상장 시장에서 정보를 구할 수 없었던 회사였기 때문에 IPO를 진행하는 업체는 최대한 방대한 자료를 제공해야 합니다. 그래서 투자설명서는 기업을 이해하는 데 있어 가장 중요한 지침서 중 하나입니다.

투자설명서의 유일한 단점은 지나치게 방대한 정보를 담고 있어 원하는 내용을 찾기 어렵다는 점입니다. 지금 필요한 내용으로 바로 안내하자면 '제1부 모집 또는 매출에 관한 사항'에서 'V. 자금의 사용목적'을 열람하면 됩니다. 조금만 밑으로 내려가면 '(2) 운영자금'에 대한 항목이 있습니다. 여기서 기업의 IPO 목적과 향후 투자계획에 대한 전반적인 사항을 알 수 있습니다. 그 내용 중 일부는 다음과 같습니다.

> 당사는 북미 지역에 2024년까지 총 5.6조 원을 투자하여 (1) 미시간주 홀랜드(Holland) 공장의 EV, ESS용 배터리 생산능력을 2025년까지 약 25GWh로 확대하고, (2) GM과의 합작법인인 Ultium Cells LLC에 대한 추가 투자를 통해 2025년까지 합작법인의 생산능력을 80GWh로 확대하고, (3) 북미 지역 내 신규 생산 거점 확보 및 OEM과의 신규 합작법인 설립을 통해 55GWh 이상의 생산능력을 추가로 확보함으로써 2025년까지 북미 지역에 총 160GWh 이상의 생산능력을 확보할 계획입니다.

IPO를 통해 얻는 공모자금의 일부를 활용해 북미 지역에 대한 투자를 확대할 것이라 명시하고 있습니다. 총 5.6조 원 투자해 2025년까지 미시간주 홀랜드에 25GWh, GM과의 합작사인 얼티엄셀즈에 80GWh, 신규 거점 확보로 55GWh 생산능력 확보를 계획하고 있습니다. 합하면 총 160GWh 이상을 북미에서 확보할 수 있습니다.

보통 투자설명서에 나오는 공모자금 활용 계획은 상당히 신뢰도가 높은 내용입니다. IPO 기업의 투자설명서가 중요하다고 강조한 이유이기도 합니다. IPO를 통한 기업공개는 기관과 개인을 아우르는 투자자에게 돈을 받고 기업의 지분을 나눠주는 구조입니다. 향후 비전과 계획이 있으니 투자해달라고 공식적으로 증시에 나서는 것이죠. 투자자 다수는 IPO를 준비 중인 기업에 대해 미리 알기가 어렵습니다. 자세한 계획과 정보 공개가 중요하고, 상장 이후에도 기존의 목표를 잘 달성하고 있는지 여부가 주가의 향방을 결정합니다. 당연히 IPO를 준비하면서 기업은 달성 가능한 목표를 설정해야 하고 투자자를 설득해야 합니다.

투자설명서에 명시되어 있는 LG에너지솔루션의 북미 생산능력 160GWh 달성은 설득력 있는 목표에 해당하며 내부적으로도 신뢰도가 높은 수치일 것입니다. 투자설명서가 공개된 2021년 12월 29일 이후 7개월이 지난 후 LG에너지솔루션은 북미 생산능력 계획을 243GWh로 상향 조정했습니다. 그만큼 자신감이 있다는 뜻입니다. 이런 변화의 흐름을 감지하는 것이 주식 투자에서는 중요합니다. 변화를 감지할 수 있는 단초는 이미 여럿 있었습니다.

<비즈니스포스트(2022년 3월 23일)>, 'LG에너지솔루션 스텔란티스와 합작법인 캐나다에 설립, 1조8천억 투자'
<머니S(2022년 6월 24일)>, 'LG에너지솔루션, 내년부터 日닛산에 '전기차 배터리' 공급'
<동아일보(2022년 7월 22일)>, 'LG에너지솔루션, 美 포드 전기차 배터리 공급 확대… 폴란드공장 생산라인 증설 추진'

2022년 3월에는 미국·프랑스 주요 완성차 업체인 스텔란티스와

합작법인 설립을 공개했고, 6월에는 일본 완성차인 닛산의 북미 전기차 전략과 동행하는 모습을 보였습니다. 7월에는 미국 완성차 업체 3강 중 하나인 포드와 북미 물량 증설을 추진하는 기사가 나옵니다.

앞서 투자설명서에는 확신이 있고 신뢰가 가는 계획을 담아 투자자들을 설득해야 한다고 이야기했습니다. 너무 거창하거나 달성하기 어려운 목표를 제시하면 신뢰를 얻기 어렵기 때문입니다. IPO를 진행하는 기업 입장에서는 주가를 높이기 위해 계획을 부풀리거나, 신뢰를 얻기 위해 보수적인 계획을 전달해야 하는 양자택일의 상황을 겪기 마련입니다. LG에너지솔루션의 경우 후자로 보입니다. 상장을 준비하던 당시에는 최대한 보수적으로 공모자금을 통해서 진행할 수 있는 계획만 공개했습니다. 이후 다양한 완성차 업체와 계약을 맺고, 납품을 확정하면서 기존의 계획보다 훨씬 공격적인 모습으로 중장기 계획을 상향 조정합니다. 특히 최근 셀 업체들의 투자 동향은 완성차 업체들과의 'JV(Joint Venture)' 구조가 주를 이루고 있습니다.

JV는 합작법인이라고도 불립니다. 쉽게 말해 둘 이상의 대상이 공동으로 사업을 영위하는 신규 사업체를 설립하는 방식입니다. 자영업자 사이에서 '공동사업'이라는 말은 부정적인 어감이 강한 편입니다. 책임소재가 불투명한 경우가 많기 때문인데요. 기업 간의 협력인 JV도 정과 반이 분명합니다. 어떤 회사가 주도권을 잡는지도 중요하고, 향후 협력의 형태나 기술 유출에 대한 의혹도 존재합니다. 그럼

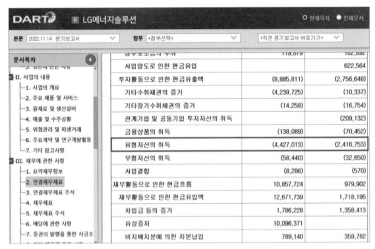

	119,879	102,692
사업양도로 인한 현금유입		622,564
투자활동으로 인한 현금유출액	(8,885,811)	(2,756,648)
기타수취채권의 증가	(4,239,725)	(10,337)
기타장기수취채권의 증가	(14,258)	(16,754)
관계기업 및 공동기업 투자자산의 취득		(209,132)
금융상품의 취득	(138,089)	(70,452)
유형자산의 취득	(4,427,013)	(2,416,753)
무형자산의 취득	(58,440)	(32,650)
사업결합	(8,286)	(570)
재무활동으로 인한 현금흐름	10,857,724	979,902
재무활동으로 인한 현금유입액	12,671,739	1,718,195
차입금 등의 증가	1,786,228	1,358,413
유상증자	10,096,371	
비지배지분에 의한 자본납입	789,140	359,782

LG에너지솔루션 2022년 11월 14일 '분기보고서'

에도 최근 글로벌 셀 업체들이 JV라는 형태를 선호하는 이유가 있습니다.

첫 번째로 글로벌 투자가 확대되면서 투자비가 급증하고 있습니다. 앞서 셀 업체의 투자와 설비 규모가 해당 업체의 시가총액을 대변한다고 말한 바 있습니다. 전기차 산업의 성장으로 셀 업체가 대형화되면서 향후 투자의 규모도 기하급수적으로 증가하고 있습니다. 예시로 중요한 공시 자료를 살펴보겠습니다. 주식 투자를 하고 있다면 사업보고서의 중요성을 잘 아실 것입니다. 기업의 재무적 정보가 담긴 자료입니다. 이 중 분기보고서에서 기업의 투자에 대한 부분을 확인할 수 있습니다. LG에너지솔루션이 2022년 11월에 공시한 2022년 3분기 보고서를 살펴보겠습니다.

'Ⅲ. 재무에 관한 사항'에서 '2. 연결재무제표'를 찾아가면 하단에서 '현금흐름표'를 확인할 수 있습니다. '투자활동으로 인한 현금유출액' 항목을 보면 2022년 1월부터 9월까지는 약 8.9조 원을 사용했고, 2021년 1월부터 9월까지는 약 2.8조 원을 사용했습니다. 다만 이러한 전체 액수에는 회계적으로 다양한 변수가 섞여 있어 하위 항목인 '유형자산의 취득'을 가장 중요하게 볼 필요가 있습니다. 보통 '자본적지출(CAPEX)'이라고 부르는 항목이죠. 건물, 장비 등 일반적인 설비 투자에 들어가는 항목의 총합이라고 보면 됩니다. 2021년 1월부터 9월까지는 약 2.4조 원을 사용했으나 2022년 1월부터 9월까지 약 4.4조 원을 사용해 크게 늘어난 것을 알 수 있습니다.

조 단위로 투자비가 폭증했다는 것은 2차전지 셀 업체가 보유한 인적·물적 자원의 크기 대비 전기차 산업의 성장 속도가 빠름을 의미합니다. 조 단위의 투자를 매년 집행할 수 있는 업체는 많지 않습니다. 국내에서도 삼성전자나 현대차와 같은 굴지의 대기업만 가능한 수치입니다. 아직 초입 단계인 전기차 산업의 경우 조 단위 대규모 투자가 필수적이기 때문에 자본적 진입장벽이 발생합니다. 규모를 키우고 싶은 셀 업체는 완성차와 합작을 통해 투자비를 축소하고 규모를 키울 유인을 만듭니다. 일반적으로 완성차 업체와 셀 업체 간 JV의 경우 현금 창출능력이 우월한 완성차 업체가 자금의 상당분을 책임지는 형태가 많습니다.

대신 새롭게 고민해볼 문제가 있습니다. 기존에는 전기차 산업의 고성장세가 지속되었기에 셀 업체가 만들 2차전지가 모두 팔릴 것이라 가정하고 공격적으로 투자하는 것이 가능했습니다. 그래서 미래의 생산능력이 기업의 가치로 직결되었죠. JV의 경우 완성차와의 관계를 통해 공격적인 투자가 가능하고 미래 생산능력이 폭증하는 모습으로 나타나지만, JV로 만든 공장의 경우 고객사가 협력사로 귀속된다는 문제가 발생합니다. 과거와 달리 JV로 확보한 2차전지 생산능력은 특정 완성차 업체의 능력 문제로 이어집니다. A라는 셀 업체가 B라는 완성차 회사와 새로운 공장을 지었는데 B사의 전기차 브랜드가 예상보다 부진하면 어떻게 될까요? 자연스럽게 B사와 설립한 JV의 성과도 부진할 수밖에 없습니다.

2023년 중순부터 2024년까지 지속되고 있는 전기차 수요 둔화 현상을 보면 어떤 고객을 얼마나 확보했느냐에 따라 차별화된 실적을 기록하고 있습니다. 셀 업체의 투자 방식에 JV 형태가 새롭게 나타나면서 이제 단순히 미래 생산능력만 보기보다는 어떤 고객을 얼마나 확보하고 성장하고 있는지가 중요해졌습니다.

기업 공시 ①
LG에너지솔루션

2022년 1월 14일 공시된 LG에너지솔루션의 투자설명서에는 회사에 대한 거의 모든 사항이 포함되어 있습니다. 회사의 개요를 시작으로 사업의 내용과 재무, 주주 현황, 임직원 등 투자활동에서 중요한 내용이 대부분 담겨 있습니다. 그도 그럴 것이 해당 투자설명서는 LG에너지솔루션이라는 기업이 금융 시장에 처음 등장한 일종의 데뷔무대였기 때문입니다. 2020년 12월 LG화학의 2차전지 사업부가 물적분할해 탄생한 LG에너지솔루션은 1년이 조금 지난 시점에 IPO를 추진했습니다. 향후 막대한 투자 재원이 필요한 상황에서 기업공개를 통해 가치를 평가받고, 새로운 주주를 모집해 자본금을 확충하기 위해서입니다. 새로운 얼굴이 시장에 진입하기 위해서

(단위 : 주, 원)

증권의 종류	증권 수량	액면가액	모집(매출) 가액	모집(매출) 총액	모집(매출) 방법
기명식보통주	42,500,000	500	300,000	12,750,000,000,000	일반공모

인수인		증권의 종류	인수수량	인수금액	인수대가	인수방법
공동대표주관회사	KB증권	기명식보통주	9,350,000	2,805,000,000,000	19,635,000,000	총액인수
공동대표주관회사	모간스탠리인터내셔널증권회사 서울지점	기명식보통주	8,075,000	2,422,500,000,000	16,957,500,000	총액인수
공동주관회사	대신증권	기명식보통주	4,675,000	1,402,500,000,000	9,817,500,000	총액인수
공동주관회사	신한금융투자	기명식보통주	4,675,000	1,402,500,000,000	9,817,500,000	총액인수
공동주관회사	골드만삭스증권회사 서울지점	기명식보통주	4,675,000	1,402,500,000,000	9,817,500,000	총액인수
공동주관회사	메릴린치인터내셔날엘엘씨증권 서울지점	기명식보통주	4,675,000	1,402,500,000,000	9,817,500,000	총액인수
공동주관회사	씨티그룹글로벌마켓증권	기명식보통주	4,675,000	1,402,500,000,000	9,817,500,000	총액인수
인수회사	미래에셋증권	기명식보통주	425,000	127,500,000,000	892,500,000	총액인수
인수회사	신영증권	기명식보통주	425,000	127,500,000,000	892,500,000	총액인수
인수회사	하나금융투자	기명식보통주	425,000	127,500,000,000	892,500,000	총액인수
인수회사	하이투자증권	기명식보통주	425,000	127,500,000,000	892,500,000	총액인수

청약기일		납입기일	청약공고일	배정공고일	배정기준일

LG에너지솔루션 투자설명서 '모집 또는 매출에 관한 일반사항'

는 다양한 통과의례와 신고식이 필요한 법입니다. 투자자에게 기업을 설명하기 위해 공시되는 투자설명서는 기업의 가치를 해석하는 뼈대와 같습니다.

투자설명서의 목차를 보면 제1부로 '모집 또는 매출에 관한 일반사항'이 보입니다. 가장 첫 번째 위치한 내용이니 가장 중요할 확률이 높습니다. 자료를 열면 '공모개요'라는 제목으로 내용이 시작됩니다. 증권의 종류는 기명식 보통주이고, 수량은 4,250만 주나 됩니다. 모집가액이 30만 원이라면 모집총액은 12.75조 원이라는 액수가 나옵니다. '0'이 10개나 들어간 어마어마한 액수입니다.

좀 더 쉽게 해설하면 LG에너지솔루션이라는 주식회사를 주식 시장에 공개할 것이고, 이 회사의 주주가 되고 싶은 사람에게 보통주 4,250만 주를 판매할 계획이며, 주당 가격은 30만 원이라는 의미입니다. 완판 시 총 12.75조 원 규모가 팔리게 됩니다. 당시 언론에서 단군 이래 최대 규모의 IPO라고 불린 기록적인 대형 딜입니다. 아마 수년간 깨질 걱정은 없을 것입니다. 워낙 유명했기 때문에 독자 중에도 상당수는 당시 증권계좌를 통해 청약을 신청했을 것입니다. 상장 첫날(2022년 1월 27일) 주가 50만 5천 원에서 마감되었으니 청약을 통해 진입했다면 쏠쏠한 수익을 기록했겠죠.

이 책에서는 자세하게 다루지 않겠지만 공모 과정과 관련된 내용을 읽고 아래로 내려오면 '투자위험요소'로 시작하는 내용이 나옵니다. 향후 기업의 전망이 모든 면에서 장밋빛일 수는 없습니다. 예상되는 다양한 어려움이 있을 텐데요. 어떠한 위협요인이 존재하고 기업에게 작용하는지 요약한 내용이 담겨 있습니다. 해당 주식에 투자할 때 필요한 개념과 툴이 잘 정리되어 있으니 꼼꼼하게 읽어보면 좋습니다.

개괄적으로 어떤 요인을 꼽았는지만 살펴보겠습니다. LG에너지솔루션은 자신이 영위 중인 사업에 영향을 미칠 수 있는 요인으로 코로나19 확산, 2차전지 성장성의 둔화 가능성, 전방 산업의 수요가 감소할 위험, 주력 제품인 리튬전지의 화재와 관련된 우려, 산업의 경쟁 심화에 따른 기업의 재무적 영향, 완성차 업체의 전기차용 2차전지 내재화 가능성, 대규모 설비 투자에 따른 위험 부담, 제조 공정 과정에서 발생할 수 있는 비효율들, 구조적인 공급 과잉 가능성, 2차전지 가격이 하락할 경우, 공급망의 수급 현황과 가격 변동성, 지적재산권(IP) 관련한 분쟁 여부, 주요국 환경 규제 강화에 따른 영향, 핵심 전문 인력의 유출 및 이탈을 꼽았습니다.

이렇게 정리해보니 마치 곧 망할 회사처럼 보이죠. 사방에 위험이 가득한 것 같습니다. 하지만 상기한 위험요소가 모두 부정적인 변수인 것은 아닙니다. 이를테면 '전방 산업의 수요가 감소할 위험'의 경우 정책·기술적 요인이 영향을 미쳐 전기차 시장의 개화가 늦어질 가능성이 존재함을 알려주고 있습니다. 전방 산업의 수요가 중요하다는 점을 강조하는 내용입니다. 거꾸로 전방 수요가 예상보다 증가한다면 어떨까요? 2021년 당시 예측한 전기차 수요 전망치에 대한 내용을 살펴보겠습니다. LG에너지솔루션은 글로벌 전기차(축전지 전기차만 포함) 시장이 2022년 294만 대, 2023년 386만 대에 달할 것으로 예측했습니다. 하지만 해당 값은 코로나19의 충격으로 지나치게 과소 추정된 전망치입니다. 실제 전기차 시장은 2022년 768만 대를 넘었고, 2023년 1천만 대에 육박하는 998만 대를 기록했습니다.

코로나19 공포 국면이 끝난 이후 전기차 시장은 빠르게 성장했고 2022~2023년 주가 상승 랠리로 이어졌습니다. 이 부분에서 주목해야 할 점은 '투자위험요소'라는 단어에서 투자와 요소라는 부분만 발췌해야 한다는 것입니다. 투자설명서에 기술된 13개 항목은 모두 2차전지 및 LG에너지솔루션의 업황에 크게 영향을 미칠 수 있는 사항입니다. 그 영향은 좋을 수도, 나쁠 수도 있습니다. 수요와 공급에 다양한 영향을 동시에 미치고 있기 때문입니다. 이러한 영향을 분석

글로벌 EV 시장 전망

(단위: 천 대)

구분	2022년	2023년	2024년	2025년	2026년	2027년	2028년	2029년	2030년
전기차	4,035	5,436	6,944	8,497	11,009	14,134	17,371	21,399	25,803
축전지	2,936	3,862	4,972	6,109	7,908	10,147	12,483	15,484	19,032
플러그인 하이브리드	1,099	1,574	1,972	2,388	3,101	3,986	4,888	5,915	6,711
연료전지	17	21	25	30	36	43	50	58	66
내연기관	70,313	72,798	74,527	75,806	75,737	74,353	72,816	70,341	67,400
합계	74,365	78,255	81,497	84,334	86,782	88,529	90,237	91,798	93,270
침투율	5.4%	6.9%	8.5%	10.1%	12.7%	16.0%	19.3%	23.3%	27.7%

자료: LG에너지솔루션 투자설명서

함에 앞서 어떤 요소가 중요한지 판별하고 싶다면 투자설명서가 아주 긴요한 교과서의 역할을 하게 됩니다.

실제로 2023년 중순부터 2024년 전기차 시장은 다시 판매 부진에 빠졌습니다. LG에너지솔루션이 2021년에 추정한 수치보다는 여전히 높지만 2023년에 기대했던 눈높이에는 미치지 못하는 형국입니다. 이러한 기대치와 실제 수치의 차이가 주가를 움직이는 만큼 지금 시장이 바라는 기대치가 어느 정도인지 가늠하는 것이 중요합니다.

'투자위험요소'에 대한 내용 다음에 이어지는 항목은 '인수인의 의견'입니다. 투자자라면 가장 관심이 갈 공모가격과 밸류에이션이 결정되는 부분입니다. IPO 및 투자설명서에서 사용하는 밸류에이션의 방법론은 유통 시장에서 일반 투자자가 쓰는 방식과 미묘하게 다릅니다. 대표적으로 보통 주식에 투자할 경우 단기적으로는 1~2년 또는 중장기적으로는 4~5년 뒤의 실적을 예상하고 적정한 밸류에이션을 적용해 주가를 산정하는 반면, IPO 당시의 밸류에이션은 지금까지 확정된 과거의 실적에 기반합니다. 이러한 차이를 이해하고 읽을 필요가 있습니다.

LG에너지솔루션의 상장 공모가격은 경쟁사 비교를 통해 이뤄졌습니다. 방식은 EV/EBITDA입니다. 감가상각비 비중이 높고, 해외 기업도 포함해서 비교할 경우 가장 적절한 방식입니다. 비교군은 국내에는 삼성SDI, 해외에는 CATL이 선정되었습니다. 글로벌 상위권의 2차전지 업체이고, 전체 매출에서 2차전지 비중이 50% 이상인 업체가 드물기 때문에 소거법을 적용한 결과입니다.

당시에는 2021년 3분기까지의 실적이 확정된 상황이었습니다. 따라서 연환산한 실적을 기반으로 삼성SDI와 CATL의 밸류에이션을 구하면 EV/EBITDA 51.4배가 나옵니다. 연환산법은 연초부터 지금까지의 실적이 연말까지 유지된다고 가정했을 때 추정한 1년간의 실적입니다. 이를테면 2분기까지 실적이 나왔다면 1~2분기 실적이 3~4분기에도 연속된다고 가정하고 1~2분기 실적에 2배를 곱해서 연간 실적을 추정합니다. 이번처럼 3분기 실적까지 알고 있다

비교회사 선정 절차 및 결과(분석 기준일 2021년 11월 30일)

구분	세부 검토 기준	대상 회사
모집단 선정	① BNEF가 선정한 2020년도 주요 2차전지 제조 업체 7개사 중 상장회사 및 ② SNE리서치 발간 "Global EVs and Battery Monthly Tracker"상 2021 년 연간 글로벌 전기차용 배터리 사용량 상위 10개 사 중 상장회사	총 6개사: CATL, BYD, Guoxuan, Panasonic, SK이노베이션, 삼성SDI
재무 유사성	① 분석 기준일 현재 기업 가치(Enterprise Value) 100억 달러 이상인 회사인 동시에 ② 최근 사업연도 기준 EBITDA 5억 달러 이상인 회사	총 4개사: CATL, BYD, Panasonic, 삼성SDI
사업 유사성	최근 사업연도 기준 배터리 부문 매출액이 전체 매 출액 비중의 50% 이상인 회사	총 2개사: CATL, 삼성SDI
일반 기준	최근 6개월 간 분할/합병, 신규 상장, 중대한 영업 양/수도, 거래정지, 감사의견 거절, 관리종목 지정 등 기업 가치에 중대한 영향을 주는 사건이 발생하 지 않은 회사	총 2개사: CATL, 삼성SDI

자료: LG에너지솔루션 투자설명서

면 1~3분기 실적에 4/3를 곱합니다. 산업의 계절성이나 재무 변수 등을 무시한 방식이지만 계산의 용이성을 위해 사용하곤 합니다.

LG에너지솔루션의 2021년 1~3분기 실적에 4/3를 곱해서 연환 산 실적(2021년 예상 실적)을 구하고, EV/EBITDA 51.4배를 적용해 기업 가치를 구합니다. 산출 결과에 따르면 시가총액은 112조 원입 니다. 이를 발행주식 수로 나누면 주당 가치를 구할 수 있겠죠. 결

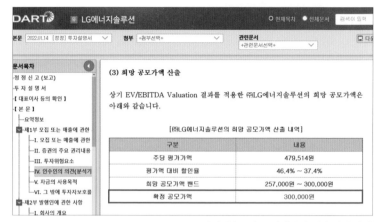

(3) 희망 공모가액 산출

상기 EV/EBITDA Valuation 결과를 적용한 ㈜LG에너지솔루션의 희망 공모가액은 아래와 같습니다.

[㈜LG에너지솔루션의 희망 공모가액 산출 내역]

구분	내용
주당 평가가액	479,514원
평가액 대비 할인율	46.4% ~ 37.4%
희망 공모가액 밴드	257,000원 ~ 300,000원
확정 공모가액	300,000원

LG에너지솔루션 투자설명서 '인수인의 의견'

과는 47만 9,514원입니다. 아직 한 가지 절차가 더 남아 있습니다. IPO의 경우 기업 가치를 산출하고 공모주 평가 할인이라는 절차를 거칩니다. 기업공개의 흥행을 위해 산출된 기업 가치보다 저렴한 가격에 공모를 진행하는 것인데요. LG에너지솔루션은 37.4%의 할인을 적용해 30만 원이라는 공모가가 나왔습니다.

지금까지는 IPO라는 과정을 통해 LG에너지솔루션이 어느 정도의 돈을 모았는지 살펴봤습니다. 필요한 돈의 크기가 곧 공모의 규모고, 새로운 주주들이 주식을 얻기 위해 써야 할 금액입니다. 이제 그렇게 확보한 돈을 어떻게 쓰겠다는 것인지 살펴볼 차례입니다. 일부 기업의 경우 자금의 사용에 대한 부분이 중요하지 않은 사례도 있습니다. 단순한 재무 개선이나 기존 주주의 엑시트(매각)가 주요 이유인 경우가 대표적입니다. 반면 대부분의 2차전지 주식의 경우 이후 다룰 '자금의 사용목적'이 투자 판단의 중요한 척도가 됩니다. 우리가 투자하는 목적과 일치해야 하기 때문입니다. 2차전지 투자자의 목적은 향후 꾸준하게 성장할 2차전지 시장에 진입하는 것입니다. 따라서 우리가 주식을 구매함으로써 기업에 제공한 자금은 당연히 2차전지와 관련된 부분의 성장을 위해 쓰여야 합니다.

투자설명서에서 '자금의 사용목적'을 보면 LG에너지솔루션의 경우 IPO를 통해 확보한 자금 12조 7,500억 원에서 비용을 제외하고 총 10조 원 규모의 사용처를 밝히고 있습니다. 6,451억 원은 시설자금으로, 1.6조 원은 운영자금으로 사용됩니다. 가장 큰 7.9조 원 규모가 타법인 증권의 취득자금으로 사용될 계획입니다. 하나씩 뜯어볼까요. 시설자금은 국내 오창 공장에 대한 설비 투자금액입니다. 오창 공장은 2004년부터 가동된 국내 대표적인 2차전지 생산공장입니다. 전기차 산업이 커지면서 전기차 및 2차전지 공급망의 해외 현지화가 가속화되고 있지만 연구개발, 차세대 제품의 양산화는 국내 오창 공장을 중심으로 진행되는 경우가 많습니다. 특히 최근 수요가 급증하고 있는 전기차용 원통형 전지에 대응하기 위해 오창 공장에 설비를 추가 증축할 계획입니다. 후일 IR 및 언론을 통해서도 여러 차례 언급되었지만 시장의 관심도가 높았던 차세대 원통형 전지인 '4680'의 거점이 바로 오창 공장이었습니다.

여기서 주목해야 할 부분은 7.9조 원에 이르는 타법인 증권 취득 자금의 용도입니다. 대부분의 투자 재원이 활용되는 만큼 눈여겨볼

타법인 증권 취득자금 세부 사용계획

구분	2022년	2023년	2024년	합계	비고
(가) 북미 지역 생산능력 확대를 위한 현지 법인 투자	500,000	288,100	-	788,100	EV, ESS용 배터리 생산능력 확대를 위한 미시간주 홀랜드(Holland) 공장 증설 목적의 북미 현지법인(LG Energy Solution Michigan Inc.) 투자
	826,290	535,759	-	1,362,049	GM과의 합작법인(Ultium Cells LLC)의 EV용 배터리 생산능력 확대를 위한 제1 합작공장(Ohio), 제2 합작공장(Tennesse) 증설 목적의 북미 현지법인(LG Energy Solution Michigan Inc.) 투자
	300,108	943,250	1,424,340	2,667,698	북미 지역 내 신규 생산거점 확보 및 OEM과의 신규 합작법인 설립
소계	1,626,398	1,767,109	1,424,340	4,817,847	-
(나) 유럽 지역 생산능력 확대를 위한 현지 법인 투자	778,193	137,244	60,210	975,648	EV용 배터리 생산능력 확대를 위한 폴란드 브로츠와프(Wroclaw) 공장 증설 목적의 폴란드 현지법인(LG Energy Solution Wroclaw sp. z o.o.) 투자
	-	203,056	658,904	861,960	유럽 지역 내 신규 생산거점 확보
소계	778,193	340,300	719,114	1,837,608	-
(다) 중국 지역 생산능력 확대를 위한 현지 법인 투자	581,434	320,133	318,064	1,219,631	EV, ESS, 소형 Application용 배터리 생산능력 확대를 위한 중국 남경(Nanjing) 공장 증설 목적의 중국 현지법인(LG Energy Solution Battery (Nanjing) Co., Ltd.) 투자
소계	581,434	320,133	318,064	1,219,631	-
합계	2,986,025	2,427,542	2,461,518	7,875,085	-

자료: LG에너지솔루션 투자설명서

필요가 있습니다. 전기차 현지 수요에 대응하기 위한 현지 생산 거점 투자에 전부 사용되고 있습니다. 자세한 내용은 세부 사용계획을 통해 공개하고 있습니다. 북미 투자에 4.8조 원, 유럽 투자에 1.8조 원, 중국 투자에 1.2조 원이 배분되어 있어 2024년까지 북미 중심의 투자가 활발하게 진행될 것으로 예견됩니다.

알다시피 LG에너지솔루션은 미국의 친환경 정책인 IRA에 가장 큰 수혜를 확보한 업체 중 하나입니다. 미국 현지에서 전기차 관련 공급망의 생산이 강제되고, 중국 자본이 배제되면서 중국 외 2차전지 업체 중 최대 규모인 LG에너지솔루션은 수많은 OEM에게 러브콜을 받았습니다. 이후 공격적인 JV 정책을 통해 주요 고객사와 북미 현지에 합작사를 설립합니다. 북미 투자 4.8조 원은 이러한 전략을 진행하기 위한 마중물과 같은 역할을 합니다.

상장 직후인 2022년 3월 23일 공시된 '타법인주식및출자증권취득결정'을 통해 상기한 투자계획의 진행을 확인할 수 있습니다. 북미, 유럽 OEM인 스텔란티스와 캐나다에 넥스트스타에너지라는 합작사를 설립한다는 내용입니다. 북미 시장에 전기차를 대응하기 위한 2차전지 생산 거점으로 LG에너지솔루션은 약 15억 달러를 투자해 합작사 지분 51%를 갖게 됩니다. 이처럼 대규모 투자가 예정되어 있었기 때문에 IPO를 통한 자금 조달이 필요했습니다. 만약 적정한 시점에 자금 모집을 하지 못했다면 다양한 고객사와 계약을 확보하기 어려웠겠죠. 이 공시를 통해 투자설명서에서 공개했던 계획들이 무탈하게 진행되고 있음을 알 수 있습니다.

2022년 6월 13일 공시된 '신규시설투자등'을 통해서도 비슷한 맥락을 파악할 수 있습니다. 오창 2공장 신규 시설을 증설하기 위해 5,818억 원의 투자를 진행한다는 내용입니다. 관련 시설은 원통형 '4680' 배터리 공급 및 설비 완성도 향상을 위한 양산라인 운영에 사용될 계획입니다. 기존에 보유한 오창 공장을 활용하기 때문인지 투자기간은 짧습니다. 1년 남짓 진행되어 2023년 10월 31일에는 신규 공장이 완성되는 일정입니다. 앞서 캐나다에 지어지는 넥스트스타에너지는 2025년 3월까지 분할 출자가 진행되는 일정이었는데 상대적으로 오창 2공장 신규 시설 증설이 빠르게 진행된다는 사실을 확인할 수 있습니다.

IPO 당시 투자 유인이었던 해외 JV 진출이 이후에도 순조롭게 진행되고 있음을 공시를 통해 추적할 수 있습니다. 2022년 8월 29일 처음으로 공시되고 2023년 1월 13일 정정된 '타법인주식및출자증권취득결정'은 미국 시장에 대응하기 위해 혼다와 합작사를 설립하는 내용을 담고 있습니다. 향후 2027년 6월까지 18억 달러를 JV에 출자해 지분율 51%를 확보하는 계획입니다. 2023년 3월 24일에는 '풍문또는보도에대한해명'을 통해 미주 지역 전기차 수요 대응을 위해 미국 애리조나 지역 투자 이행을 최종 결정한 점을 밝혔습니다. 동일한 날 '타법인주식및출자증권취득결정'에서 애리조나주에 설립한 법인(LG Energy Solution Arizona ESS)에 1.5조 원 규모의 현금 출자가

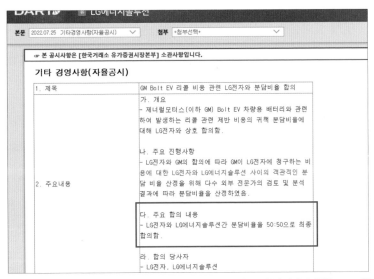

LG에너지솔루션 2022년 7월 25일 '기타경영사항(자율공시)'

진행되면서 북미 투자가 변함없이 확장되고 있음을 알 수 있습니다.

투자 외에도 중요한 공시 내용이 다수 존재합니다. 대표적인 사례가 2022년 7월 25일 공시된 '기타경영사항(자율공시)'입니다. 상장 직전인 2021년 10월경 GM의 전기차 '볼트 EV'에서 화재 위험이 확인되면서 14만여 대에 대한 리콜이 확정되었습니다. 관련된 비용 중 약 1.4조 원 규모의 충당금을 LG전자와 LG에너지솔루션이 나눠서 부담했는데요. 정확한 원인 규명이 이뤄지지 않아 분담 비율에 대한 노이즈가 존재했습니다. 2022년 7월에 공시된 '기타경영사항(자율공시)'에는 객관적인 분석을 통해 양사 간 합의를 통해 분담금을 50:50으로 나눠서 확정했다는 내용이 담겨 있습니다.

앞서 살펴본 투자설명서에서도 관련 내용을 상세하게 확인할 수 있습니다. 'EV, ESS의 화재 위험성을 이유로 한 리콜 및 충당금 설정 위험'이라는 항목에서 화재 리콜 관련 비용 처리 문제를 정리했습니다. 당시 리콜 비용을 약 1.4조 원으로 추정했고, LG전자와의 분담 비율을 고려해 선제적으로 7,147억 원을 충당부채에 반영했습니다. 상장 과정에서 관련된 재무적 리스크를 최대한 해결한 모습입니다.

2023년 1월 27일 공시된 '장래사업·경영계획(공정공시)'도 주주에게 중요한 정보를 담고 있습니다. 주주와의 소통을 강화하는 기업의 경우 사업계획 또는 목표를 가이던스의 형태로 공개합니다. 주주에게 가장 중요한 것은 회사의 미래입니다. 미래에 대한 자세한 계획을 공유함으로써 사업이 주주가 기대했던 방향과 수준으로 나아가고 있는지 확인할 수 있는 기준선을 제공합니다.

연초 공개된 LG에너지솔루션의 가이던스에는 2023년 목표가 담겨 있습니다. 매출은 전년 대비 25~30% 성장하고, 투자는 전년 대비 50% 이상 집행하는 것이 목표입니다. 다수의 주주가 2차전지 시장의 성장성을 기대하고 공격적인 투자를 통한 확대 전략을 원하고 있기 때문에 매출 규모와 투자에 대한 가이던스는 바람직해 보입니다.

참고로 가이던스가 발표되었던 당시 시장의 기대치를 확인해보는 것도 중요합니다. 현시점에서 결과를 확인해보면 2023년 매출은 34조 원으로 전년 대비 32% 성장했습니다. 성장에 대한 기대치는 무난하게 달성한 것으로 볼 수 있습니다. 2024년에도 같은 방식

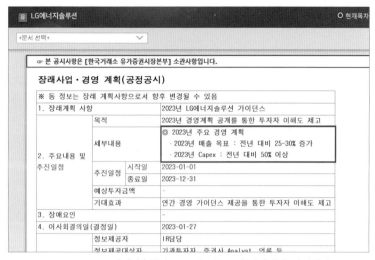

+문서 선택+

☞ 본 공시사항은 [한국거래소 유가증권시장본부] 소관사항입니다.

장래사업·경영 계획(공정공시)

※ 동 정보는 장래 계획사항으로서 향후 변경될 수 있음		
1. 장래계획 사항		2023년 LG에너지솔루션 가이던스
2. 주요내용 및 추진일정	목적	2023년 경영계획 공개를 통한 투자자 이해도 제고
	세부내용	◎ 2023년 주요 경영 계획 · 2023년 매출 목표 : 전년 대비 25-30% 증가 · 2023년 Capex : 전년 대비 50% 이상
	추진일정 / 시작일	2023-01-01
	추진일정 / 종료일	2023-12-31
	예상투자금액	-
	기대효과	연간 경영 가이던스 제공을 통한 투자자 이해도 제고
3. 장애요인		-
4. 이사회결의일(결정일)		2023-01-27
	정보제공자	IR담당
	정보제공대상자	기관투자자, 증권사 Analyst, 언론 등

LG에너지솔루션 2023년 1월 27일 '장래사업·경영계획(공정공시)'

으로 올해 사업에 대한 계획을 공유했는데요. 2024년 제시한 매출 목표는 전년 대비 미드싱글(Mid-single)% 성장, 즉 한 자릿수 성장입니다. 어려워진 전기차 수요 환경을 대변하고 있습니다. 네이버페이 증권에서 확인 가능한 2024년 LG에너지솔루션의 컨센서스(증권가의 눈높이)는 31조 원으로 작년보다 매출이 -9% 하락할 것으로 점쳐져 있습니다. 올해 사업환경이 어려운 만큼 회사의 계획보다 보수적으로 보는 시각이 많다는 것을 알 수 있습니다.

LG에너지솔루션 공시 매트릭스

	2022년	2023년	2024년
수주		FEPS 수주 19GWh	한화큐셀 수주 4.8GWH 르노 수주 39GWh
투자	북미 출자 1.8조 원 국내 오창 투자 0.6조 원 북미 유상증자 3.6조 원	북미 혼다 JV 출자 2.4조 원	
발행	IPO 12.8조 원		
기타	GM 화재 리콜 50%		

기업 공시 ②
삼성SDI

안타깝게도 삼성SDI의 경우 공시나 IR과 같은 채널을 통한 정보 공개가 경쟁 업체보다 미진해 분석이 어려웠습니다. 보수적이고 조심스러운 경영철학으로 사업을 영위하고 있어 주식 시장에 영향을 줄 만한 이벤트도 적은 편입니다. 안정적인 실적을 지속하고 있고, 나쁜 이벤트에 대한 노출도 없기 때문에 가치주와 방어주로 잘 알려져 있습니다. 다만 일반적인 주주 입장에서는 주가 부양에 대한 의지와 강도가 약하다는 느낌은 부정하기 힘듭니다. 이러한 차이점이 발생한 중요한 이유를 재무 정보에서 확인할 수 있습니다. 삼성SDI는 2차전지 산업 내에서 가장 우량한 재무를 자랑하는 기업입니다.

우량한 재무가 왜 문제일까요? 경영자 입장에서 고객사와의 계약이나 투자계획 등은 경쟁사에게 숨기고 싶은 정보입니다. 그럼에도 상장사가 내밀한 정보를 제공하는 이유는 그래야 할 이유가 있거나 그럴 수밖에 없기 때문입니다. 전자는 주가 부양 및 조달을 위해서고, 후자는 정책에 의한 정보 공유로 정리할 수 있습니다. 후자부터 이야기해볼까요? 금융당국은 건전한 투자 시장을 형성하고자 기업에게 다양한 정보를 제공할 것을 정책으로 명시하고 있습니다. 대표적인 사례가 '공시'입니다. 강력한 의무사항인 만큼 공시를 보는 것만으로도 많은 도움을 얻을 수 있습니다. 하지만 투자자 입장에서는 보다 깊은 정보를 보고 싶은 것이 사실입니다. 우리는 의무적으로 제공되는 정보 이상의 것을 원합니다. 자발적인 정보 제공을 위해서는 기업 입장에서 정보를 제공하고, 알리고, 소통할 이유가 있어야 합니다. 쉽게 말해 주가가 상승해야 할 이유가 필요합니다. 주주와 기업이 함께 동행할 수 있는 가장 강력한 트리거가 바로 주가 부양입니다.

기업은 언제 주가에 신경 쓸까요? 최근에는 주주행동주의가 확대되고 정부도 밸류업 강화 행보에 나서면서 주주총회나 이사회에서 주주를 위한 다양한 활동이 전개되는 경우가 많습니다. 기업 경영 방식이 선진화되고 있다는 좋은 신호지만, 본질적인 부분으로 들어가면 결국 주가 상승이 기업에게 도움이 되는지가 가장 중요합니다. 기업은 자금 조달을 목적으로 주가가 높아지길 기대하는 경우가 대부분입니다.

테슬라를 예로 들어볼까요? 이제는 세계에서 가장 돈을 잘 버는 자동차 회사 중 하나가 되었지만 2019년까지만 하더라도 매분기 파산설이 뒤따르곤 했습니다. 실적 부진이 지속되면서 회사의 미래에 대한 갑론을박이 펼쳐졌지만 주가는 고공행진을 이어갔습니다. 단기적으로는 사업이 불투명해 보였지만 전기차 시대를 앞당기는 회사였기에 미래가치가 충분하다는 시장 의견이 반영된 결과입니다. 기업 가치는 미래 역량을 현재가치로 환산한 결과치입니다.

다만 이 과정에서 한 가지 문제가 발생합니다. 테슬라가 말하는 미래가 달성되기 위해서는 대규모 투자가 선행되어야 합니다. 전기차 시대에서 규모의 경제는 갈수록 중요해지고 있습니다. 대규모 투자를 위해서는 당연히 대규모 자금이 필요합니다. 하지만 테슬라는 내부적으로 모아둔 돈이 말라가고 있었습니다. 2020년에는 3차례 (2월 20억 달러, 9월 50억 달러, 12월 50억 달러) 연속으로 유상증자를 단행합니다. 1년도 안 되는 기간에 총 120억 달러라는 어마어마한 규모의 돈을 확보하면서 향후 수년간의 투자 재원에 대한 걱정을 덜어냈습니다.

기업 입장에서 주가 부양이 중요해지면 기업의 경영진과 주주가 힘을 모으는 선순환이 가능합니다. 반면 기업 입장에서 주가를 부양해야 할 목적성이 희미해지면, 고객사와의 계약이나 투자계획 등을 경쟁사에게 숨기기 위해 정보를 제한하는 등 보수적이고 조심스러운 행보를 이어나갈 수 있습니다. 주가 부양에 대한 의지와 강도가

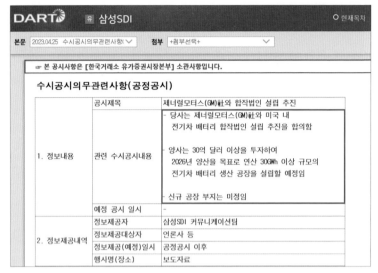

본문 2023.04.25 수시공시의무관련사항! ∨   첨부 +첨부선택+   ∨

☞ 본 공시사항은 [한국거래소 유가증권시장본부] 소관사항입니다.

수시공시의무관련사항(공정공시)

1. 정보내용	공시제목	제너럴모터스(GM)社와 합작법인 설립 추진
	관련 수시공시내용	- 당사는 제너럴모터스(GM)社와 미국 내 전기차 배터리 합작법인 설립 추진을 합의함 - 양사는 30억 달러 이상을 투자하여 2026년 양산을 목표로 연산 30GWh 이상 규모의 전기차 배터리 생산 공장을 설립할 예정임 - 신규 공장 부지는 미정임
	예정 공시 일시	-
2. 정보제공내역	정보제공자	삼성SDI 커뮤니케이션팀
	정보제공대상자	언론사 등
	정보제공 (예정)일시	공정공시 이후
	행사명(장소)	보도자료

삼성SDI 2023년 4월 25일 '수시공시의무관련사항(공정공시)'

상대적으로 소극적이었던 삼성SDI의 행보가 달라지기 시작한 것은 2023년부터입니다. 미국 IRA 정책 대응에 착수하면서 신규 고객군을 빠르게 확보하고 합작사 설립을 가속화했기 때문입니다. 2023년 4월부터 10월까지 6개월간 3개의 OEM과 4개의 합작사 설립을 공시하며 기존과 완전히 달라진 모습을 보였습니다.

시발점은 2023년 4월 25일 공시된 '수시공시의무관련사항(공정공시)'입니다. 미국 GM과 미국 내 전기차용 2차전지 합작사를 설립한다는 내용입니다. 2026년 양산 목표로 규모는 30GWh를 상회할 것으로 예상됩니다. 언론 보도에 따르면 위치는 인디애나주 뉴칼라일로 기존의 생산 거점인 미시간에서 인디애나로 영역을 확장한다는 계획입니다. GM은 LG에너지솔루션과 진행하고 있는 3개의 합작사에 이어 삼성SDI와 4번째 합작사를 확정해 북미 대응 체제를 완비하게 됩니다. 이 공시는 삼성SDI와 GM 모두에게 의미 있는 변화입니다. GM-LG, 삼성-스텔란티스라는 기존의 거래선에서 벗어난 첫 번째 협력이기 때문입니다. 해당 공장에서는 각형과 원통형 폼팩터를 모두 생산할 것으로 알려져 GM의 폼팩터 다각화 전략을 엿볼 수 있는 지점이기도 합니다.

GM 합작 공시 이후 7월과 9월에는 스텔란티스와 합작 2공장 관련 내용을 공시했습니다. 스텔란티스와 진행하는 미국 JV는 이미 2021년 10월 MOU 체결을 통해 알려진 사실입니다. 관련된 1공장 투자는 2022년 5월 25일 '투자판단관련주요경영사항'을 통해 확인할 수 있습니다. 2025년 8월까지 13억 달러를 투자해 미국 내 전기차용 합작 공장을 설립한다는 내용입니다. 미국 내 두 번째 공장으로 인디애나주 코코모에 위치해 있습니다. 삼성SDI의 인디애나 확장 전략의 시발점이었습니다. 2023년 공시된 사항은 추가된 2공장에 관련된 내용입니다.

2023년 7월 24일 공시된 '수시공시의무관련사항(공정공시)'을 보면 합작사인 스타플러스에너지를 통해 2공장까지 확장하는 내용의 MOU가 공개되어 있습니다. 2공장 규모는 34GWh로 1공장 33GWh와 합쳐 코코모에 총 67GWh의 생산능력을 확보하게 됩니다. 가동 시점은 2027년으로 계획되어 있습니다. 자세한 투자 규모

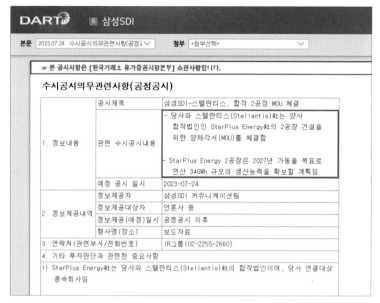

삼성SDI 2023년 7월 24일 '수시공시의무관련사항(공정공시)'

와 일정은 이후 공시에서 확인할 수 있습니다. 2023년 9월 27일 공시된 '투자판단관련주요경영사항'을 보면 2027년 11월까지 20억 달러를 투자할 계획이 공개됩니다. 공시 내용을 종합해보면 2025년 인디애나주 코코모에 스텔란티스 1공장이 완성되고, 2026년 인디애나주 뉴칼라일에 GM 1공장이 올라가고, 2027년 다시 코코모에 스텔란티스 2공장이 들어섭니다. IRA 정책이 타이트해지는 시점에 본격적으로 미국 생산설비가 완성됨을 알 수 있습니다.

관련된 투자활동은 2023년 10월 26일 공시된 '타법인주식및출자증권취득결정'으로 이어집니다. 4억 달러를 투자해 스타플러스에

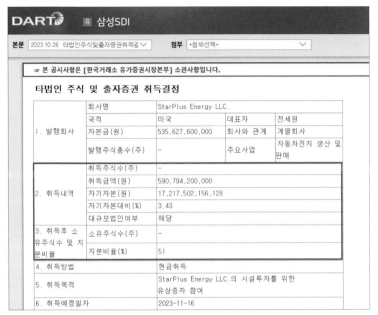

☞ 본 공시사항은 [한국거래소 유가증권시장본부] 소관사항입니다.

타법인 주식 및 출자증권 취득결정

1. 발행회사	회사명	StarPlus Energy LLC.		
	국적	미국	대표자	전세원
	자본금(원)	535,627,600,000	회사와 관계	계열회사
	발행주식총수(주)	-	주요사업	자동차전지 생산 및 판매
2. 취득내역	취득주식수(주)	-		
	취득금액(원)	590,794,200,000		
	자기자본(원)	17,217,502,156,128		
	자기자본대비(%)	3.43		
	대규모법인여부	해당		
3. 취득후 소유주식수 및 지분비율	소유주식수(주)	-		
	지분비율(%)	51		
4. 취득방법		현금취득		
5. 취득목적		StarPlus Energy LLC.의 시설투자를 위한 유상증자 참여		
6. 취득예정일자		2023-11-16		

삼성SDI 2023년 10월 26일 '타법인주식및출자증권취득결정'

너지 지분 51%를 확보한다는 내용입니다. 스타플러스에너지는 향후 삼성SDI와 스텔란티스의 미국 투자를 담당하게 될 법인으로 양사로부터 출자한 자금을 바탕으로 미국 내 부지를 확보하고 건물을 올릴 전망입니다. 전체 투자 규모에 대비해 출자 규모가 작은 이유는 향후 스타플러스에너지가 직접 대출을 받거나 추가적인 증자를 통해 자금을 확보할 수 있기 때문입니다. 그러한 행보를 시작할 수 있도록 마중물을 부어주는 모습이죠.

사업 확장 랠리는 2023년 10월 23일 '수시공시의무관련사항(공정공시)'에서도 이어집니다. 오랜 기간 정체하고 있었던 유럽 시장에

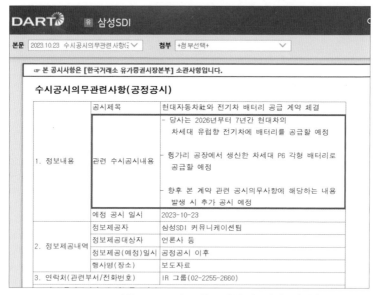

삼성SDI 2023년 10월 23일 '수시공시의무관련사항(공정공시)'

서 사업의 변화가 시작되었습니다. 신규 고객인 현대차와 함께 유럽에 차세대 전기차용 2차전지 생산 거점을 확보한다는 계약 내용입니다. 기존에 존재하는 헝가리 공장을 활용해 차세대 각형 배터리인 'P6' 제품을 2026년부터 현대차 유럽향 전기차에 납품합니다. GM 계약과 마찬가지로 2가지 중요한 함의를 엿볼 수 있습니다. 완성차 업체들이 국내 각형 전지 채택을 늘리고 있다는 점, 그리고 그 수혜로 삼성SDI의 고객처가 확대될 것이라는 점입니다.

삼성SDI 공시 매트릭스

		2023년	2024년
수주		현대차 각형 수주	
투자		GM JV 추진 스텔란티스 JV 투자 2.7조 원 스텔란티스 JV 출자 0.6조 원 스텔란티스 JV 유상증자 1.1조 원	헝가리 법인 채무보증 0.6조 원 스텔란티스 JV 금전 대여 1.5조 원
발행			
기타			

산업 분석:
양극재

앞서 2차전지의 작동 원리에 대해 설명했습니다. 내용을 보면서 작동 과정에 있어 양극과 음극의 중요성이 절대적이라는 느낌을 받았을 것입니다. 2차전지는 전자를 담아두는 일종의 댐입니다. 댐의 용량과 출력을 결정하는 것이 양극과 음극입니다. 휴대폰의 AP, 자동차의 엔진과 같이 핵심 성능을 결정하는 부품에 해당하므로 중요성이 큰 것이죠.

양극에서도 흔히 활물질이라고 불리는 양극 소재에 대한 이야기를 좀 더 해보겠습니다. 양극이 전극 전체의 구성을 의미한다면 양극활물질은 전극에 도포된 금속 구조체를 말합니다. 편의점에서 판매하는 아이스크림 중 '돼지바'라는 제품으로 설명하겠습니다. 나무

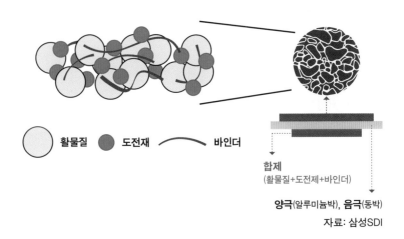

전극을 둘러싼 활물질

◯ 활물질　● 도전재　⌒ 바인더

합제
(활물질+도전제+바인더)

양극(알루미늄박), **음극**(동박)
자료: 삼성SDI

막대기를 바닐라 아이스크림과 딸기 시럽으로 감싸고 있고, 초콜릿 비스킷이 겉에 도포된 모습입니다. 이처럼 2차전지의 전극도 전기가 흐를 수 있는 금속 막대(양극의 경우 알루미늄박)를 금속으로 구성한 결정 구조(양극활물질)가 덮고 있습니다. 형태만 보면 돼지바의 초콜릿 비스킷에 해당하는 부분이 활물질입니다. 전자를 저장시켜주는 매체인 전하 이동체(리튬이온)가 양극활물질 사이사이에 파고들어 저장되기 때문입니다. 일종의 스펀지처럼 리튬이온을 흡수한다고 생각하면 이해가 쉽습니다.

전극의 활물질이 중요한 소재인 이유는 2차전지의 핵심 성능인 에너지 저장량을 결정하기 때문입니다. 최대한 많은 리튬이온을 좁은 공간에 욱여넣을 수 있어야 에너지 밀도가 높은 2차전지를 만들 수 있는데, 리튬이온을 저장하는 공간이 바로 두 전극이기 때문이죠. 양극재 회사의 신제품이 2차전지 셀의 성능에 상당부분 기여하고 있는 이유입니다.

리튬전지의 구성상 만드는 과정에서 양극활물질에는 리튬이온을 최대한 저장하고, 음극활물질은 비어둔 상태에서 전지를 조립합니다. 이후 화성공정이라고 불리는 충·방전 과정을 거치며 리튬이온이 분포됩니다. 2차전지의 용량을 결정 짓는 전자의 총저장량은 제조 과정에서 양극활물질에 들어 있는 리튬이온의 숫자로 결정됩니다. 음극활물질은 양극활물질에 저장된 리튬이온의 양에 맞춰서 대칭적으로 설정되기 마련입니다. 이를 가장 잘 보여주는 수치가 이론용량입니다. 이론용량이란 특정 금속으로 활물질을 구성했을 때 최대한 저장할 수 있는 전자의 양이라고 해석할 수 있습니다.

기존 리튬이온전지에서 활용하는 음극재는 다양한 이유로 흑연이 고정적으로 채택되었습니다. 흑연 음극의 이론용량은 372mAh/g입니다. 흑연 6개 안에 리튬이온 하나를 저장할 수 있다는 말을 화학적으로 풀이한 것입니다. 반면 양극활물질은 어떤 소재를 통해 구성했는지에 따라 이론용량의 변화가 큽니다. 주식 시장에서 흔히 거론되는 'LFP' 'NCM' '622' '811' 등의 제품명이 나온 이유입니다. 마치 암호와 같은 단어지만 작명 원리는 아주 간단합니다. 화학자들은 대체적으로 작명 감각이 뛰어나진 않습니다.

LFP는 리튬이온(Li)을 인산철($FePO_4$) 구조체에 저장하겠다는 의미입니다. NCM은 리튬이온이라는 단어가 누락된 용어로 니켈(Nickel), 코발트(Cobalt), 망간(Manganese)의 층상구조체에 리튬이온이 저장된다는 약어입니다. 어떤 금속을 사용하느냐에 따라 양극활물질 구조체의 형태가 결정됩니다. 마치 집을 짓는 것과 같습니다. 예를 들어 NCM의 층상구조는 벽과 기둥이 얇고 통창으로 넓게 지은 집입니다. 당연히 리튬이온이 저장될 공간도 넓습니다. 반면 LFP의 올리빈구조는 두껍고 튼튼하게 지은 옛날식 집입니다. 리튬이온이 저장될 공간이 상대적으로 좁습니다.

기능적인 요인 외에도 투자자들이 양극재 업체에게 관심이 많은 이유가 있습니다. 우선 상장된 회사가 많습니다. 과거 IT용 2차전지 시장에서부터 셀 업체와 발맞춰 소재를 개발한 전통의 회사들이 증시에 다수 존재합니다. 선택의 폭이 넓다는 것은 정말 중요한 부분입니다. 에코프로비엠, 엘앤에프, 포스코퓨처엠, 코스모신소재와 같은 다양한 회사에 투자가 가능합니다. 상장되었다는 의미는 정보를 접하기 쉽다는 말과 일맥상통합니다.

한국거래소는 기업공시채널 KIND(kind.krx.co.kr)를 운용하면서 상장 업체의 IR 자료를 제공하고 있습니다. 대기업은 개별 사이트에서 충분한 IR 자료와 관련 내용을 찾을 수 있지만 대다수 기업은 자체적으로 자료를 제공할 여건이 되지 않습니다. KIND는 이런 여러 업체의 전반적인 내용을 검토해 투자자에게 자료를 제공하는 플랫폼입니다. 자체적으로 자료를 제공하는 대기업은 KIND를 활용하는

KIND 'IR자료실'에서 에코프로비엠을 검색한 화면

경우가 드물지만 대다수의 중소기업 또는 신규 업체는 KIND에서 자료를 찾아볼 수 있습니다. 다양한 정보가 있지만 IR 자료가 있는 'IR자료실'은 '상장법인상세정보' 메뉴에서 확인할 수 있습니다.

'에코프로비엠'으로 검색해보면 가장 최근 기업설명회가 2024년 5월에 진행되었음을 알 수 있습니다. 자세한 내용을 찾아보기 위해 우리는 2022년 12월 기업설명회 자료를 살펴보겠습니다. 에코프로 그룹 전반의 전략에 대한 내용을 '에코 프렌들리 데이'라는 행사를 통해 제공하고 있습니다. 첨부한 자료에는 현재 성과에 대한 내용이 담겨 있습니다. 에코프로비엠은 2021년 매출 1.5조 원을 기록했고 2022년에는 5.3조 원 이상을 기록할 것으로 추정했습니다. 실제 매출은 2022년에는 5.4조 원, 2023년에는 6.9조 원을 달성해 엄청난

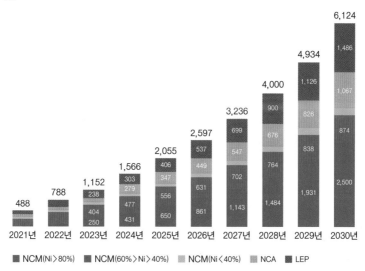

글로벌 양극재 수요 증가 전망

(kt)

- NCM(Ni〉80%)
- NCM(60%〉Ni〉40%)
- NCM(Ni〈40%)
- NCA
- LEP

자료: 에코프로비엠, SNE Research

성장세를 기록했습니다. 하지만 2024년은 역성장이 예상됩니다.

양극활물질 시장 전반에 대한 전망도 담겨 있습니다. 글로벌 수요는 2021년 48.8만 톤에서 2022년에 78.8만 톤으로 성장했습니다. 향후 2030년까지는 612.4만 톤으로 급성장을 이어갈 전망입니다. 커지는 시장에서 가장 큰 파이를 가져갈 제품은 국내 양극재 업체가 주력으로 삼고 있는 NCM(Ni)80%) 제품으로 전망됩니다. 보통 하이니켈이라고 부르는 고품질 제품군입니다. 중국 업체가 주력으로 하는 양극활물질인 LFP는 하이니켈에 이어 두 번째 비중을 차지할 것으로 보고 있습니다.

가장 중요한 에코프로비엠의 성장 전략은 기업설명회 자료 33쪽에서 확인 가능합니다. 2027년까지 전 세계에 71만 톤 규모의 양극활물질 생산능력을 확보할 계획입니다. 앞서 글로벌 양극활물질 수요를 2027년에 323.6만 톤으로 추정했으니 대략 모든 수요의 20% 이상을 차지할 것이라는 목표를 확인할 수 있습니다.

앞서 셀 업체를 설명할 때 투자계획과 미래 생산능력도 중요하지만 고객과 지역별 믹스 전략이 최근 더 중요해지고 있다고 이야기한 바 있습니다. 양극재 업체의 경우 아직까지는 다른 업체와의 JV 비중이 셀 업체 대비 낮습니다. 고객사와의 동조화 현상은 셀보다는 적을 것으로 예상됩니다.

에코프로비엠의 지역별 진출 전략을 보면 2027년에 총 60만 톤을 생산해 판매할 예정인데 비중은 유럽 49%, 북미 31%, 아시아 20%입니다. 국내 셀 업체보다 유럽에 대한 비중이 상당히 높음을 알 수 있습니다.

정리하면 에코프로비엠은 글로벌 양극활물질 시장의 20%를 차지하려는 회사이고, 지역으로는 유럽에 대한 의존도가 높은 회사입니다. 저라면 동종 기업과 비교해 에코프로비엠의 가치(시가총액)가 비슷한 목표를 세운 경쟁사보다 낮아지거나, 유럽 전기차 시장에 대한 관심도가 높아질 때를 투자의 적기로 삼을 것 같습니다.

한 가지 팁이 더 있습니다. 양극의 핵심 소재인 양극활물질은 어떤 금속으로 집을 짓는지가 중요합니다. 주요 업체별로 내세우는 기술력의 차이를 비교해보면 어떤 금속을 얼마나 넣어서 집을 짓는가로 귀결됩니다. 흥미로운 부분은 양극활물질을 만들 때 필요한 금속이 희소하다는 점입니다. 보통 희유금속이라고 불리는 금속들은 존재 자체가 희귀하고 특정 지역에만 집중되어 매장되어 있습니다. 결과적으로 양극활물질 업체는 단순히 집을 잘 만들 수 있는가라는 기술적 요소뿐만 아니라, 집 짓는 원료를 잘 구해올 수 있는가라는 고민도 필요합니다.

국내 업체의 주력 제품인 NCM 양극활물질의 경우 리튬, 니켈, 코발트, 망간이라는 주요 원료가 모두 희유금속에 속해 있어 단순히 기술력만 있다고 양산할 수가 없습니다. 제가 최근 투자자들에게 양극활물질 업체에 대해 강의할 때 '주유소'라는 비유를 자주 사용하는 이유입니다. 주유소의 사업 모델은 휘발유, 등유 등의 기름을 사서 보관하고 있다가 시세에 맞춰서 판매하는 것이죠. 보통 사오는 유가에 일정 부분의 보수(fee)가 붙어 판매가가 책정됩니다. 금융권에서 '피 비즈니스'라고 불리는 모델입니다. 양극활물질 업체의 사업 구조도 필요한 희유금속을 소싱한 후 고객사(셀, 완성차)가 원하는 소재로 완성한 후 납품하는 것입니다. 원료인 희유금속의 가격은 유가처럼 변동성이 크기 때문에 양극활물질의 가격도 일정하지 않습니다. 일종의 가공 보수를 수취하는 구조에 가깝습니다.

좀 더 자세히 확인하기 위해서는 업체별로 어떤 금속을 많이 활용하는지 알 필요가 있습니다. 이를테면 주유소도 시내에 있으면 가솔린을 많이 팔 확률이 높고, 외각이나 고속도로에 있으면 디젤을 많이 팔 확률이 높습니다. 양극활물질도 어떤 제품을 만드느냐에 따라 금속의 비중이 다릅니다. 물론 국내 업체들은 대부분 NCM 제품을 주력으로 합니다. 다른 점은 비율입니다. 니켈 50%, 코발트 20%, 망간 30%를 사용했다면 'NCM523', 니켈 80%, 코발트 10%, 망간 10%를 사용했다면 'NCM811'이라 불립니다.

간략히 설명하면 니켈의 비중이 높을수록 리튬이온을 저장하는 능력이 좋다고 기억하면 됩니다. 앞서 설명한 이론용량이 크다고 볼 수 있습니다. 전기화학적인 방식으로 설명하면 니켈은 NCM 구조체에서 직접 산화·환원 반응에 참여해 리튬이온 저장에 기여하는 반면, 망간은 산화·환원 반응에 참여하지 않고 NCM 구조체의 층상구조를 유지하는 데 기여합니다. 따라서 하이니켈 제품의 경우 이론용량이 커질 수 있습니다.

양극활물질의 판가를 확인할 수 있는 방법은 공식적으로 없습니다. 제조업체가 더러 그렇듯이 일종의 영업 비밀이죠. 하지만 간접적으로 이 가격을 확인할 수 있는 방법이 있습니다. 2차전지 산업 중 양극재의 수출 비중이 높기 때문에 활용 가능한 방법입니다. 바로 관세청의 '수출입무역통계(tradedata.go.kr)'를 활용해 특정 제품과 특정 지역의 통계 자료를 활용하는 것입니다. 수출입무역통계는 수집과 공표까지 시간이 매우 빠르고 HS코드를 중심으로 정보가 세세하다는 강점이 있습니다. 타국의 자료와 비교해도 업데이트 속도가 월등하기 때문에 한국 행정능력의 우수성을 알 수 있습니다.

관세청이 제공하는 수출입무역통계에서 '수출입통계' 메뉴를 누르고 '수출입실적'으로 이동합니다. 무역 거래의 표준적인 분류 방식인 HS코드만 입력하면 개별 품목에 대한 월별 수출입 지표를 추적할 수 있습니다. 관세청의 '이차전지 HS 표준해석 지침'에 따르면 NCM 양극활물질의 HS코드는 '2841.90-9020'입니다. 이를 품목코드에 기입한 후 조회하면 월별 수출입 중량과 수출입금액 등을 확인할 수 있습니다. 수출입금액도 충분히 중요한 지표입니다. 국내 양극활물질 업체가 국내 공장에서 생산한 물량이 국내 셀 공장으로 납품되기도 하지만 해외에 수출되는 규모가 더 크기 때문입니다. 전체적인 매출의 방향성을 보여준다고 할 수 있습니다. 2차전지 셀과 다른 소재들의 경우 정책 문제로 대부분 해외 공장 투자가 진행되고 있어 점점 수출입 물량의 비중이 감소하는 추세입니다. 주요 소재 중 양극재와 전구체는 집중적인 국내 투자가 확정된 상황이므로 향후에도 수출입무역통계를 유용하게 사용할 수 있습니다.

더불어 최근 중요성이 커진 지표는 수출 가격입니다. 수출금액을 수출 중량으로 나누면 평균적인 단가를 계산할 수 있습니다. 수출입무역통계에 따르면 2024년 1월의 평균적인 수출 가격은 32달러/kg을 기록했고, 이후 매달 소폭 하락해 2024년 5월에는 26달러/kg을 기록했습니다. 2023년 내내 진행된 리튬 등 원료 금속의 가격 하락

수출입무역통계에서 확인한 양극활물질의 수출입 실적

세가 반영되면서 양극재 판매가가 약세를 기록하고 있음을 알 수 있습니다.

추가적으로 수출 가격을 지켜보는 이유는 해외 증설을 진행하고 있는 소재들 때문입니다. 셀이나 동박 등 주요 2차전지 제품은 향후 해외 공장에서 직접 납품되는 비중이 보다 커질 예정입니다. 대신 국내 설비는 신제품이나 차세대 기술에 집중하는 '마더 팩터리'로 개선되고 있습니다. 따라서 국내 수출 실적에서 양적인 측면은 큰 변화가 없겠으나 기술적 이슈와 업황의 변화가 가격에 반영될 가능성이 높습니다.

기업 공시 ③
에코프로비엠

    에코프로비엠은 2019년 1월 17일 모회사 에코프로의 유상증자를 기점으로 주식 시장에 등장했습니다. 정확히는 2016년 2월 3일 에코프로가 에코프로비엠이라는 100% 자회사를 만든 물적분할이 기업의 시작입니다. LG에너지솔루션 자료에서 확인했다시피 상장을 위해 준비하는 투자설명서에는 가장 내밀한 정보가 담겨 있습니다. 에코프로비엠도 2019년 1월 17일 공개 후 2월 20일 정정한 투자설명서를 기점으로 해석해보겠습니다.

    에코프로비엠은 공모를 통해 주식 시장에 입장하게 됩니다. 상장 전까지는 총 주식 수 1,625만 주 중 1,115만 주(지분율 68.62%)를 모회사인 에코프로가 보유하고 있었습니다. 기업공개 과정에서 새로

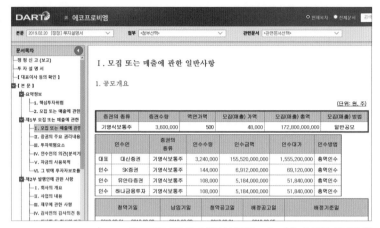

DART 🔷 콘 에코프로비엠

본문 2019.02.20 [정정] 투자설명서 ∨   첨부 +첨부선택+ ∨   관련문서 +관련문서선택+ ∨

문서목차
- 정정신고(보고)
- 투자설명서
- 【대표이사 등의 확인】
- ■【본문】
- ■요약정보
  - 1. 핵심투자위험
  - 2. 모집 또는 매출에 관한
- ■제1부 모집 또는 매출에 관한
  - I. 모집 또는 매출에 관한
  - II. 증권의 주요 권리내용
  - III. 투자위험요소
  - IV. 인수인의 의견(분석기관
  - V. 자금의 사용목적
  - VI. 그 밖에 투자자보호를
- ■제2부 발행인에 관한 사항
  - I. 회사의 개요
  - II. 사업의 내용
  - III. 재무에 관한 사항
  - IV. 감사인의 감사의견 등

I. 모집 또는 매출에 관한 일반사항

1. 공모개요

(단위: 원, 주)

증권의 종류	증권수량	액면가액	모집(매출) 가액	모집(매출) 총액	모집(매출) 방법
기명식보통주	3,600,000	500	48,000	172,800,000,000	일반공모

	인수인	증권의 종류	인수수량	인수금액	인수대가	인수방법
대표	대신증권	기명식보통주	3,240,000	155,520,000,000	1,555,200,000	총액인수
인수	SK증권	기명식보통주	144,000	6,912,000,000	69,120,000	총액인수
인수	유안타증권	기명식보통주	108,000	5,184,000,000	51,840,000	총액인수
인수	하나금융투자	기명식보통주	108,000	5,184,000,000	51,840,000	총액인수

청약기일	납입기일	청약공고일	배정공고일	배정기준일

에코프로비엠 투자설명서 '모집 또는 매출에 관한 일반사항'

운 주식 360만 주를 발행하는데 주당 가격은 4만 8천 원입니다. 총 1,728억 원 규모의 새로운 주식에 대한 공모가 진행됨을 알 수 있습니다. 상장 후에는 총 주식 수가 1,985만 주로 증가하고 에코프로의 지분율은 56.17%로 하락합니다. 대신 새로운 투자자가 주주로 참여할 수 있게 되었습니다. 공모주식의 배정내역을 보면 기관 투자자에게 228만 주, 일반 투자자에게 72만 주, 우리사주조합에 60만 주가 배정됩니다.

공모 청약의 경우 기관 투자자를 대상으로 '수요예측'이라는 과정을 진행한 후 일반 투자자를 대상으로 일정이 진행됩니다. 공모가격이 적정한지에 대한 시장의 평가가 선행되고 그 결과를 본 다음에 일반 투자자도 투자를 결정할 수 있습니다. 일종의 안전장치입니다. 이 과정에서 기관 투자자의 반응이 뜨겁고 수요가 좋았다면 공모가

격은 기대치를 상회하기도 하고, 반응이 냉랭했다면 아예 공모 과정
을 철회하는 경우도 생기죠.

에코프로비엠의 경우 기관의 수요예측 과정이 뜨거웠던 것으로
보입니다. 기존에 제시했던 공모가격인 3만 7,500~4만 2,900원을
넘어 4만 8천 원에 공모가액이 결정되었으니까요. 수요예측 결과를
보면 총 1,164곳의 기관이 참여했고 '밴드상단초과'로 가격을 제시
한 기관은 865곳에 이릅니다. 대부분이 기존 공모에서 제시한 가격
보다 비싸게라도 사고 싶다는 의견을 낸 것이죠. 회사 측에서는 이
번 공모를 통해 기존에 예상했던 것보다 많은 돈을 받게 됩니다.

투자설명서 '인수인의 의견(분석기관의 평가의견)'을 살펴보면 공모
가격이 올라간 이유를 알 수 있습니다. 향후 NCM을 기반으로 한
하이니켈 양극재 시장이 커질 것으로 전망되는 가운데 경쟁사와 에
코프로비엠의 시장점유율 현황을 분석합니다. 2017년 글로벌 하이
니켈 양극재 시장 규모는 3.5만 톤으로 추정되는 가운데 에코프로
비엠의 점유율은 약 20%를 차지하고 있습니다. 일본의 SMM, 한국
의 엘앤에프 등 경쟁사가 공격적으로 생산설비를 늘리고 있어 점유
율을 유지하기 위해서는 대규모 투자가 진행되어야 할 시점입니다.
다행히 중국 경쟁사의 경우 기술력 부족으로 하이니켈향 확장이 더
디게 진행되고 있는 상황입니다. 경쟁 제품 중 LFP의 경우 낮은 가
격, 높은 안전성을 무기로 성장해왔으나 향후 고용량 트렌드에 밀려
수요가 감소할 것으로 예측됩니다. 전체적인 분석의 기반은 일본 글

하이니켈계 양극활물질 실적

(단위: 톤)

업체	2015년		2016년		2017년	
	수량	점유율	수량	점유율	수량	점유율
ECOPROBM	1,900	13.3%	3,750	13.6%	7,000	19.8%
SMM	8,800	61.5%	18,500	67.2%	20,000	56.5%
BTBM	550	3.8%	500	1.8%	1,200	3.4%
Others	3,050	21.3%	4,790	17.4%	7,200	20.3%
TOTAL	14,300	100.0%	27,540	100.0%	35,400	100.0%

자료: 후지경제

로벌 시장조사기관(Techno Systems Research)의 자료를 인용하고 있어 일본 엔지니어들의 전망이 반영된 경향이 강합니다.

해당 시장 전망을 바탕으로 공모가격 산정에는 경쟁 기업과의 EV/EBITDA 비교를 사용했습니다. 역시나 투자가 대규모로 진행되고 있어 감가상각비의 변동성이 높은 점을 반영했습니다. 비교 기업 후보군으로는 국내 축전지 제조업으로 등록된 상장사 7곳과 양극재·음극재를 생산하는 기업 2곳을 포함한 9곳입니다. 이후 사업의 유사성과 사업 비중, 최근 이벤트 발생 여부 등을 감안해 최종 비교군은 엘앤에프, 코스모신소재로 선정되었습니다. 두 회사 모두 잘 알려진 양극활물질 생산자들이고, 에코프로비엠과 경쟁사로 시장에서 자주 언급되는 업체들입니다. 비교군 설정은 합리적으로 진행된

2018년 3분기 실적을 적용한 EV/EBITDA 산출

구분	엘앤에프	코스모신소재
발행주식 수(주)	24,757,675	19,747,965
기준 주가(원)	34,286	16,380
기준 시가총액(100만 원)	848,844	323,472
순차입금(100만 원)	135,951	80,561
EV(100만 원)	984,795	404,032
2017년 4분기~2018년 3분기 EBITDA(100만 원)	42,512	19,557
EV/EBITDA	23.16	20.66
평균 EV/EBITDA	21.91	

자료: 에코프로비엠 투자설명서

것으로 판단됩니다.

비교군을 적용한 밸류에이션을 계산해보겠습니다. 과거 1년간 엘앤에프는 EBITDA 425억 원, 코스모신소재는 196억 원을 기록했습니다. 역산하면 두 회사의 평균적인 EV/EBITDA는 21.91배로 나옵니다. 같은 방식을 적용해 과거 1년간 에코프로비엠이 기록한 EBITDA 625억 원에 EV/EBITDA 21.91배를 적용하면 적정한 시가총액은 1조 3,770억 원으로 계산됩니다. 상장 후 주식 수로 나누면 주당 평가가액(적정주가)은 6만 40원으로 나옵니다. 이를 20% 할인한 액수가 공모가격인 4만 8천 원입니다. 경쟁사와 비교했을 때 적정하게 받을 수 있는 가치는 6만 40원으로 예상되나 공모 과정에서는 20% 할인한 4만 8천 원에 살 수 있다는 의미입니다.

투자설명서 '자금의 사용목적'으로 가보면 공모를 통해 확보한 자금을 어떻게 사용할지 확인할 수 있습니다. 공모자금 중 대부분이 토지 매입(140억 원), 기계장치 설치(1,313억 원)에 사용될 예정입니다. 2019년에 착공된 포항 영일만 'CAM6' 공장에 대규모 투자가 진행됨에 따라 확보한 현금을 대부분 관련 예산으로 집행할 계획입니다.

투자설명서에 있는 주요한 내용을 살펴봤습니다. 하지만 에코프로비엠을 포함한 양극활물질 업체의 경우 이러한 정보를 통해 전체 사업 규모를 조망하기 어려운 측면이 존재합니다. 생산능력이나 계약 규모에 디테일이 숨어 있기 때문입니다. 따라서 향후 여러 공시 내용을 '투자' '조달' '수주'라는 카테고리로 묶어서 전체 그림을 조망할 필요가 있습니다. 관련 내용을 정리하다 보면 투자설명서에 기술된 규모와 액수가 어떤 의미를 갖고 있는지 해석할 수 있는 틀을 만들 수 있습니다.

처음 기업의 공시를 검색해보면 막막한 느낌이 듭니다. 어떤 기업은 공시한 내용이 너무 없어서 정기적인 사업보고서만 있는가 하면, 어떤 기업은 내용을 파악하기도 힘들 정도로 다양한 내용이 올라옵니다. 에코프로비엠은 공시가 잦고 내용이 많아서 해석이 어려운 기업에 해당합니다.

2020년 2월 10일 자료부터 살펴볼까요. '타법인주식및출자증권취득결정'을 통해 에코프로이엠 투자를 개시했습니다. 당시 언론에서 'CAM6'이라고 불리던 공장입니다. 720억 원으로 주식 720만 주를 취득하니 주당 가격은 1만 원입니다. 지분율 60%에 해당합니다. 역산해보면 총 주식 수는 1,200만 주입니다. 에코프로비엠이 확보하지 못한 주식 480만 주, 지분율 40%에 해당하는 물량은 삼성SDI가 갖습니다. 즉 에코프로이엠은 에코프로비엠과 삼성SDI가 양극활물질 물량에 대응하기 위한 합작회사입니다. 양사는 총 1,200억 원을 초기 출자해 관련 투자를 진행합니다. 2021년 12월 31일까지 관련된 돈의 흐름이 진행되니 착공부터 완공까지는 2022~2023년 내외로 계획되었을 가능성이 높습니다.

관련 내용은 2021년 8월 20일 '기타경영사항(자율공시)(종속회사의주요경영사항)'이라는 복잡한 제목의 공시를 통해 업데이트됩니다. 시설 부지가 어느 정도 확보된 에코프로이엠은 2,520억 원 내외의 자금을 유상증자 및 차입을 통해 확보하고 시설 투자를 속행합니다. 기간은 2023년 6월까지 예정되어 있고, 생산능력의 경우 양극활물질 5.4만 톤 규모입니다. 착공 후 완공까지 1.5년가량이 필요하고, 단위 투자비는 1만 톤당 467억 원 내외임을 알 수 있습니다.

에코프로웹진에서 공개한 내용에 따르면 에코프로이엠의

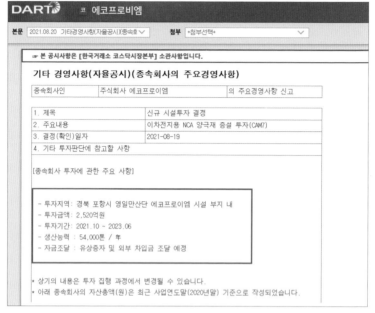

에코프로비엠 2021년 8월 20일 '기타경영사항(자율공시)(종속회사의주요경영사항)'

'CAM6(3.6만 톤 규모)' 공장은 2022년 준공이 끝나고, 이후 추가적인 자금을 통해 'CAM7(5.4만 톤 규모)' 공장을 신규로 증축함을 알 수 있습니다. 포항캠퍼스 부지에 총 9만 톤 규모의 세계 최대급 양극활물질 생산설비를 준비하고 있는 것입니다.

2022년 2월 22일 공시된 '유상증자결정(종속회사의주요경영사항)'을 통해 상기 언급한 계획이 예정대로 진행되고 있음을 알 수 있습니다. 에코프로이엠은 필요한 투자금을 충당하기 위해 추가적인 유상증자를 결정했고, 규모는 1천만 주(1천억 원)입니다. 1,200만 주였던 주식 수는 증자 후 2,200만 주로 늘어납니다. 지분율에 비례해서

본문 2022.02.22 유상증자결정(종속회사의주요 ∨   **첨부** +첨부선택+ ∨

☞ 본 공시사항은 [한국거래소 코스닥시장본부] 소관사항입니다.

유상증자결정(종속회사의 주요경영사항)

종속회사인	에코프로이엠		의 주요경영사항 신고
1. 신주의 종류와 수	보통주식(주)	10,000,000	
	종류주식(주)	–	
2. 1주당 액면가액(원)		500	
3. 증자전 발행주식	보통주식(주)	12,000,000	
총수(주)	종류주식(주)	–	
4. 자금조달의 목적	시설자금(원)	100,000,000,000	
	영업양수자금(원)	–	
	운영자금(원)	–	
	채무상환자금(원)	–	
	타법인 증권 취득자금(원)	–	
	기타자금(원)	–	
5. 증자방식		주주배정증자	

[주주배정증자의 경우]

	확정발행가	보통주식(원)	10,000
		종류주식(원)	

에코프로비엠 2022년 2월 22일 '유상증자결정(종속회사의주요경영사항)'

에코프로비엠과 삼성SDI가 각자 600억 원, 400억 원씩 증자에 참여합니다. 주식도 각각 600만 주, 400만 주씩 늘어납니다. 2,520억 원의 투자자금 중 1천억 원을 수혈했으니 본격적인 설비 투자가 시작된 셈입니다. 이후 2023년 완공까지 차입 등의 조달을 집행할 예정이었습니다. 그런데 2022년 10월 21일 공개된 보도자료를 보면 에코배터리 포항캠퍼스 'CAM7' 공장 준공식 소식을 확인할 수 있습니다. 에코프로이엠은 예상보다 빠른 시공으로 2023년 초부터 삼성SDI 양극활물질 생산 대응에 나섰습니다. 전기차 시장의 성장 속도가 예상보다 빨랐기 때문입니다 에코프로비엠의 투자는 동시다발적으로 진행되고 있습니다. 삼성 SDI와 합작한 에코프로이엠뿐만 아니라 포항과 해외에도 생산 거점 구축을 추진합니다. 2020년 6월 10일 공시 '신규시설투자등'에 따르면 865억 원 내외의 투자를 진행해 2022년 5월까지 NCM 양극 소재 시설 투자를 진행합니다. 'CAM5' 및 'CAM5N'으로 불리는 포항 공장의 설비 전환 관련 내용입니다. 후속 내용은 2021년 5월 25일 공시된 '신규시설투자등'에서 이어집니다. 1,340억 원을 추가로 투자해 2023년 1월까지 'CAM5N'의 증설을 마무리한다는 내용입니다. 종합하면 관련 증설 투자비용으로 토지비를 제외하고 1,782억 원이 투입됩니다.

앞서 계산했던 단위 투자비를 떠올려볼까요. 에코프로이엠의 경우 2,520억 원을 투자해 5.6만 톤 규모의 설비를 구상했습니다. 1,782억 원의 투자는 비례해서 계산해보면 4만 톤 내외의 설비를 갖출 수 있는 규모입니다. 'CAM5N'의 생산능력은 2만 8,800톤으로 나와 있습니다. 약간의 차이는 존재하지만 단위 투자비가 어느 정도 비슷한 수준에서 유지됨을 알 수 있습니다.

마지막으로 국내 자체 설비 투자 공시는 2023년 5월 23일로 이어집니다. '신규시설투자등'에서 4,732억 원이라는 최대 규모의 투자를 통해 하이니켈 NCM, 차세대 NCMX, 단결정 양산라인 등을 확보할 계획임을 공유했습니다. 투자기간은 2024년 말까지고 포항 캠퍼스 부지 내에 'CAM8' 'CAM9'라는 공장이 새롭게 건설됩니다.

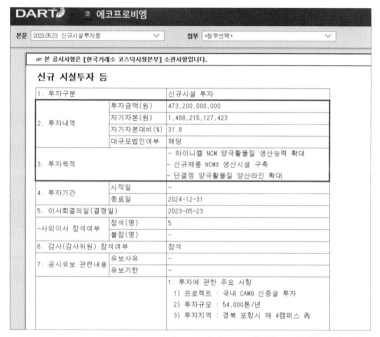

| 본문 | 2023.05.23 신규시설투자등 | | ∨ | 첨부 | +첨부선택+ | ∨ |

☞ 본 공시사항은 [한국거래소 코스닥시장본부] 소관사항입니다.

신규 시설투자 등

1. 투자구분		신규시설 투자
2. 투자내역	투자금액(원)	473,200,000,000
	자기자본(원)	1,488,215,127,423
	자기자본대비(%)	31.8
	대규모법인여부	해당
3. 투자목적		- 하이니켈 NCM 양극활물질 생산능력 확대 - 신규제품 NCMX 생산시설 구축 - 단결정 양극활물질 양산라인 확대
4. 투자기간	시작일	-
	종료일	2024-12-31
5. 이사회결의일(결정일)		2023-05-23
-사외이사 참석여부	참석(명)	5
	불참(명)	-
6. 감사(감사위원) 참석여부		참석
7. 공시유보 관련내용	유보사유	-
	유보기한	-
		1. 투자에 관한 주요 사항 1) 프로젝트 : 국내 CAM9 신증설 투자 2) 투자규모 : 54,000톤/년 3) 투자지역 : 경북 포항시 제 4캠퍼스 內

에코프로비엠 2023년 5월 23일 '신규시설투자등'

다른 단위 투자비와 비교해보면 'CAM5' 수준의 자금이 필요하다면 약 7.6만 톤 내외, 'CAM7' 수준의 자금이 필요하다면 10.5만 톤 내외의 설비를 확보할 수 있습니다. 실제로 이번 투자는 'CAM8(3.6만 톤)' 'CAM9(5.4만 톤)'를 통틀어 합산 9만 톤 규모의 설비를 갖출 것으로 알려졌습니다.

종합해보면 에코프로비엠의 국내 생산능력은 기존 'CAM1'부터 'CAM5N'까지의 공장이 약 9만 톤 규모로 완성되었고, 이후 삼성 SDI와 합작한 에코프로이엠 공장이 9만 톤, 'CAM8' 'CAM9' 신규 공장으로 9만 톤을 확보해 국내에만 27만 톤의 생산능력을 기대할 수 있습니다. 국내 설비는 공시가 자주 진행되어 내용을 파악하는 것은 어렵지 않습니다.

이번에는 해외 투자 공시 내용을 정리해보겠습니다. 지배구조와 함께 살펴봐야 정확한 내용을 알 수 있습니다. 앞서 정책에 관한 내용을 다룰 때 설명했듯이 전기차와 2차전지 산업은 향후 해외 사업의 성과가 향방을 결정할 가능성이 높습니다. 전기차라는 초대형 산업의 패권을 확보하기 위한 정치·정책적인 변수가 중첩되어 있습니다. 해외 대응 없이는 글로벌 경쟁이 불가능한 수준입니다. IRA 등 정책의 변경에 따라 해외 투자의 규모가 계속 바뀌고 있지만 기본적인 해외 진출의 골자는 유지되고 있습니다.

에코프로비엠의 해외 대응 전략은 2021년 9월 7일 공시된 '타법인주식및출자증권취득결정'에서 시작됩니다. 양극 소재 관련 해외 투자를 총괄할 에코프로글로벌이라는 회사를 설립하고 관련 지분을 확보한다는 내용입니다. 300억 원을 투자해 주식 300만 주를 확보해 지분율은 100%입니다. 또 주당 1만 원이네요.

2022년 말 기준으로 에코프로그룹의 지배구조에 대해 잠시 정리해보겠습니다. 에코프로이엠과 에코프로글로벌이라는 양대 축이 시작된 시점입니다. 상장사가 반드시 공시해야 하는 정기공시 중 분기보고서, 사업보고서의 내용을 보면 주석에 주요 종속업체를 개별로 확인할 수 있는 항목이 있습니다. 2022년 사업보고서에서 해당 내

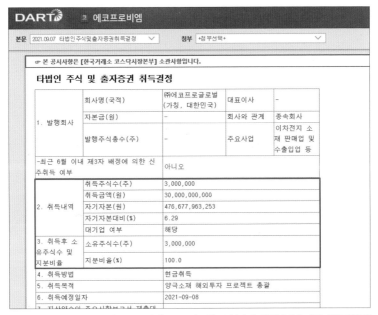

caption:

에코프로비엠 2021년 9월 7일 '타법인주식및출자증권취득결정'

용을 찾아보면 에코프로이엠과 에코프로글로벌을 찾을 수 있습니다. 에코프로이엠은 3천억 원이 넘는 자본을 갖추고 있고 8천억 원이상의 부채를 빌려 투자를 지속 중입니다. 총자산이 1조 원을 넘는 초대형 자회사로 성장했습니다. 반면 이제 막 탄생한 에코프로글로벌은 2천억 원이 안 되는 자금을 갖추고 있습니다. 에코프로가 보유한 지분은 각각 60%, 100%로 기존 출자 공시에서 확인했던 상황과 일치합니다. 에코프로글로벌도 에코프로이엠처럼 추가적인 출자와 차입을 통해 규모를 키우고 해외 증설에 발맞춰야 할 것 같습니다. 관련 내용은 향후 연달아 공시됩니다.

2022년 말 기준 에코프로그룹 지배구조

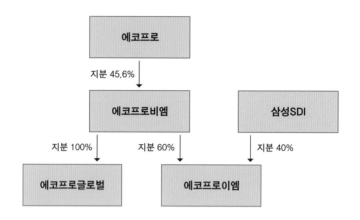

총 5건의 '타법인주식및출자증권취득결정' 공시가 이어집니다. 전부 에코프로글로벌과 관련된 내용입니다. 우선 2022년 4월 26일 400억 원을 유상증자하는 방식으로 시작됩니다. 400만 주의 주식을 신규로 취득한 이유는 향후 에코프로글로벌을 통해 인도네시아 니켈 제련기업 QMB가 진행 중인 니켈 프로젝트에 참여하기 위함입니다. 얼마 후 2022년 6월 23일에 비슷한 내용이 재현됩니다. 같은 방식으로 370억 원의 유상증자가 진행되어 주식 370만 주가 늘어납니다. 자금 사용 목적도 동일합니다. 니켈에 대한 투자입니다. 에코프로비엠은 누적 1,070억 원을 투자해 에코프로글로벌의 지분 1,070만 주를 확보했고, 해당 자금은 해외 광산에 투자하는 목적으로 사용될 계획입니다.

에코프로는 최근 약 1,100만 달러(약 148억 원)를 투자해 중국의 전구체 생산기업 거린메이(GEM)가 인도네시아에서 운영 중인 니켈 제련소 '그린 에코 니켈' 지분 9%를 취득했다고 25일 밝혔다. 인도네시아 술라웨시섬에 위치한 그린 에코 니켈은 연간 약 2만 톤의 니켈을 생산하는 제련소다. 인도네시아는 전 세계에서 니켈 매장량과 생산량이 가장 많은 나라로 꼽힌다.

〈서울경제〉 2024년 3월 25일 기사입니다. 언론을 참조하면 관련해서 좀 더 자세한 사항을 확인할 수 있습니다. 에코프로그룹은 중국 GEM(거린메이)이 보유한 인도네시아 니켈 프로젝트인 QMB의 지분을 9% 양도받고, 향후 프로젝트에서 채굴되는 니켈을 공급받게 됩니다. QMB 프로젝트의 니켈 생산량은 연간 5만 톤이고, 지분 9%를 보유한 에코프로글로벌은 매년 6천 톤을 안정적으로 확보할 수 있습니다. 중국 GEM은 이전부터 에코프로그룹과 강력한 파트너십을 구축한 바 있습니다. 대표적으로 계열사 중 2차전지용 전구체를 전문적으로 생산하는 에코프로머티리얼즈의 경우 상장 전에는 사명이 에코프로GEM이었죠. 2차전지와 관련된 후방 산업 전반에서 협력하는 관계였습니다. IRA 발표 이후 소재 탈중국의 움직임이 강해졌지만 여전히 다양한 협력 구조는 남아 있습니다.

에코프로글로벌의 역할은 단순히 공급망 확보에 그치지 않습니다. 2022년 11월 17일 공시된 내용을 보면 에코프로글로벌에 다시 800억 원 규모의 대규모 출자가 이어짐을 알 수 있습니다. 다만 목적

1. 발행회사	회사명 (국적)	주식회사 에코프로글로벌	대표이사	김장우	
	자본금 (원)	5,350,000,000	회사와 관계	종속회사	
	발행주식총수 (주)	10,700,000	주요사업	이차전지 소재 판매업 및 수출입업 등	
-최근 6월 이내 제3자 배정에 의한 신주취득 여부		아니오			
2. 취득내역	취득주식수 (주)	8,000,000			
	취득금액 (원)	80,000,000,000			
	자기자본 (원)	1,218,255,889,943			
	자기자본대비 (%)	6.6			
	대기업 여부	해당			
3. 취득후 소유주식수 및 지분비율	소유주식수 (주)	18,700,000			
	지분비율 (%)	100			
4. 취득방법		현금출자			
5. 취득목적		종속회사인 주식회사 에코프로글로벌의 헝가리 지역 투자재원 마련			
6. 취득예정일자		2023-03-31			
7. 자산양수의 주요사항보고서 제출대					

에코프로비엠 2022년 11월 17일 '타법인주식및출자증권취득결정'

이 바뀌었습니다. 에코프로글로벌은 향후 헝가리 지역에 양극활물질 공장 건설을 위해 투자 재원이 필요해졌고, 이를 위해 800억 원 규모의 자금을 수혈합니다. 이어서 2023년 3월 29일 유상증자 1,500억 원, 2023년 7월 25일 유상증자 800억 원까지 총 3,100억 원 규모의 거대한 자금이 에코프로글로벌로 흘러갑니다. 에코프로비엠이 보유한 주식 수는 5,360만 주로 지분율 100%를 유지합니다. 대규모 자금 이 확보된 에코프로글로벌은 헝가리 자회사를 신규 출자해 현지 공장 착공을 가속화했습니다. 2023년 4월에는 데브레첸 지역에 현지 생산 거점을 착공했고, 향후 약 4천억 원을 투자해 10.8만 톤 규모로 완성될 계획입니다.

여기서 끝이 아닙니다. 이야기가 마치 공중파 프로그램에 나올 법한 신뢰성 없는 맛집 소개처럼 흘러가지만 아직 주요하게 추적해야 할 흐름은 남아 있습니다. 가장 중요한 화두인 북미가 남아 있기 때문입니다. 물론 양극재의 경우 IRA 규정상 핵심광물로 인정되어 북미 현지 투자가 강제되지는 않습니다. 하지만 보조금과 별개로 현지 공급망에 대한 완성차의 요구가 많습니다.

2023년 5월 23일 공시되고 2023년 8월 22일 정정된 '타법인주식및출자증권취득결정' 내용을 보면 북미 현지 생산을 책임질 '에코캠 캐나다(EcoCAM Canada)'가 처음으로 언급됩니다. 2023년 1분기 무자본으로 설립된 후 향후 2023년 말까지 분할 출자가 예정되어 있습니다. 출자 규모는 약 1,563억 원으로 에코프로비엠이 100% 자회사로 지배하게 됩니다. 이 자금을 바탕으로 향후 북미 지역에 신규 양극활물질 생산 거점을 만들 계획입니다. 국내 거점과 헝가리가 모두 9만~10만 톤 이상의 규모로 3천억~5천억 원씩 사용된 점을 감안하면 향후 추가 자금이 필요해 보이지만, 일단 1,563억 원의 자본금이면 초기 투자로는 충분해 보입니다.

복잡한 일련의 작업이 4년간 진행되었습니다. 결과적으로 현 상황을 보면 에코프로비엠은 에코프로라는 지주사의 지배를 받고, 에코프로글로벌과 에코캠 캐나다 법인을 통해 해외 진출을 통솔하는 모습입니다. 최근 에코프로글로벌 합병을 결정해 지배구조에 변화가 생겼지만 100% 지분 대상이기 때문에 큰 변화는 아닙니다. 국내에는 자체 설비와 에코프로이엠이라는 합작사가 위치해 있습니다. 해외 투자의 경우 목적과 지역에 따라 복잡하게 분화되어 있지만 합작사를 제외하면 100% 지분을 확보해 완벽하게 지배하고 있어 사실상 에코프로비엠 본체와 연결되어 있다고 봐도 무방합니다. 현시점에 확보된 자금과 투자계획만 봐도 국내 27만 톤 이상, 유럽 10만 톤 이상, 북미 9만 톤 이상의 생산능력을 갖출 것으로 예상됩니다. 완공 시점은 2025년 전후입니다. 최근 수요 이슈로 중장기적으로 일부 계획이 순연되거나 국내 투자로 전환되고 있지만 공시로 투자가 확정된 계획들은 기존 일정대로 진행될 가능성이 높습니다.

지금까지 복잡한 공시 내용을 토대로 에코프로비엠의 확장 정책을 쫓았습니다. 전 세계에 대규모 생산 거점을 확보하고 전기차용 양극활물질 납품에 대응하는 전략입니다. 맥락상 사업의 확장에는 대응되는 수요의 성장이 선행되어야 합니다. 수요의 성장에 대한 부분은 2020년 2월 3일 공시된 '단일판매·공급계약체결'에서 확인할 수 있습니다. 사실상 향후 주식 시장에서 2차전지 투자의 가장 중요한 변수가 된 장기 계약이 확인된 시점입니다.

내용은 SK이노베이션(정확히는 배터리 사업부인 SK온)에게 전기차용 하이니켈 NCM 양극 소재를 공급한다는 것입니다. 2020년부터 2023년까지 4년간 진행되는 중기 계약입니다. 가장 중요한 부분은

단일판매·공급계약 체결

1. 판매·공급계약 내용		전기차 배터리용 하이니켈계 NCM 양극 소재 중장기 공급계약 체결
2. 계약내역	조건부 계약 여부	미해당
	확정 계약금액	2,741,283,000,000
	조건부 계약금액	-
	계약금액 총액(원)	2,741,283,000,000
	최근 매출액(원)	589,185,697,593
	매출액 대비(%)	465.27
3. 계약상대방		에스케이이노베이션
최근 매출액(원)		54,510,898,000,000
주요 사업		석유화학, 에너지, 2차전지 제조 등
회사와의 관계		없음
회사와 최근 3년간 동종계약 이행 여부		미해당
4. 판매·공급 지역		에스케이이노베이션 국내 및 해외 공장
5. 계약기간	시작일	2020-01-01
	종료일	2023-12-31

자료: 에코프로비엠

규모였습니다. 확정 계약금액만 2.7조 원에 달합니다. 2018년 매출인 5,892억 원 대비 약 5배에 해당하는 규모입니다. 참고로 에코프로비엠의 매출은 2019년 6,161억 원, 2020년 8,547억 원이었습니다. 당시 사업 규모 대비 신규로 공시된 수주 규모가 굉장히 컸다는 점을 재확인할 수 있습니다.

계약 규모는 고객사(SK온)가 요청한 양극 소재의 규모에 당시 평균적인 가격을 곱해서 추정합니다. 양극재의 경우 가격의 결정 방식이 복잡하기 때문에 규모는 확정적인 반면 단가는 가변적입니다. 양극재의 특성상 원재료에 금속의 비중이 높은데 특히 가격이 비싼 희유금속을 활용하기 때문에 고정된 가격으로 사업을 영위하기가 어렵습니다. 결국 원가 비중이 높은 주요 원재료(리튬, 니켈, 코발트 등)는 구매하는 시점의 가격을 판매가격에 반영할 수밖에 없습니다. 주유소의 예시가 다시 등장하는 대목입니다. 핵심 원재료인 유가의 변동성에 따라서 가솔린, 디젤의 가격이 바뀌는 것과 같습니다.

간단히 계산해보겠습니다. 해당 공시가 나왔던 시점(2020년 1월) 평균 환율은 서울외국환중개소 기준 원달러 1,164.28원이었습니다. 수출입무역통계에 따르면 양극활물질의 수출 판가는 24.6달러/kg입니다. SK온에게 받은 수주 2.7조 원을 환율과 가격으로 나누면 약 9.5만 톤 규모의 물량임을 알 수 있습니다. 계약기간은 4년이므로 단순하게 나누면 매년 2만 톤이 조금 넘는 물량을 납품하는 계약입니다.

이와 관련해 2021년 9월 9일 공정공시가 올라옵니다. 앞선 계약과 연계된 것으로 공급하는 제품도 기존과 동일한 하이니켈 NCM

양극재입니다. 기간과 규모가 중요합니다. 2024년부터 2026년까지 3년간 진행되는 계약이며 기존 공시된 계약의 종료 시점과 정확하게 이어지는 연장 계약입니다. 규모는 자그마치 10조 원으로 단위 자체가 바뀌었습니다. 물론 환율과 단가의 변화도 있겠으나 절대적인 규모가 성장했을 가능성이 큽니다. 역산해볼까요.

2020년 3월 공시된 계약 규모를 당시 평균적인 수출 판가인 24.1 달러/kg을 평균 환율인 원달러 1,129.52원으로 나누면 구해지는 물량은 37만 톤에 달합니다. 기존 공시에서 단지 1.5년이 지났을 뿐인데 전체 규모는 4배 가까이 늘었습니다. 계약기간이 기존에는 4년, 이번에는 3년인 점을 감안하면 연평균 물량 차이만 자그마치 5배가 넘습니다.

이러한 대규모 계약 공시는 모두 SK온에 납품하는 물량을 반영하고 있습니다. 그런데 에코프로비엠의 대규모 투자 공시는 상당 비중이 삼성SDI에 대응하기 위한 에코프로이엠에 집행되고 있습니다. 이러한 미스매치가 존재했기에 삼성SDI향 대규모 수주가 곧 공시될 것이라는 기대감이 시장에 팽배했습니다. 반면 JV 투자를 에코프로비엠과 삼성SDI가 동시에 진행 중이기 때문에 굳이 따로 계약을 맺지는 않을 것이라는 반론도 존재했습니다. 계약 없이 당연히 합작사인 에코프로이엠 물량은 삼성SDI에 납품될 것이라는 의견입니다. JV 계약 자체가 공신력을 갖추고 있어서 수주 공시는 중복된 내용이라는 것이죠.

투자 판단 관련 주요 경영사항

1. 제목	하이니켈계 NCA 양극 소재 중장기 공급계약
2. 주요 내용	1. 계약내용 -계약일: 2023-12-01 -공급제품: 하이니켈계 NCA 양극 소재 -계약금액 총액(원): 43,867,615,524,480 -상기 계약금액은 계약기간 (2024-01-01~2028-12-31) 　내 총 계약물량을 계약상대방과의 최근 판매단가 　(환율 1USD = 1,306.32원) 기준으로 산정하였습니다. 2. 계약상대방: 삼성SDI -최근 매출액(원): 20,124,069,515,854 -주요 사업: 에너지솔루션, 전자재료 사업 -회사와의 관계: 없음 3. 판매·공급 지역: 삼성SDI 국내 및 해외 공장 4. 계약기간: 2024-01-01~2028-12-31
3. 사실발생(확인)일	2023-12-01
4. 결정일	2023-12-01

자료: 에코프로비엠

　결과적으로 2023년 12월 1일 '투자판단관련주요경영사항'을 통해 의문은 해소됩니다. 공시 내용을 볼까요. 2024년부터 2028년까지 5년간 삼성SDI에 하이니켈계 NCA 양극 소재를 납품한다는 내용입니다. 가장 중요한 규모를 보면 43조 8,676억 원에 달합니다. 기존에 있었던 계약 규모를 아득히 뛰어넘는 수준입니다. 물론

2023년 양극 소재의 평균적인 단가가 과거보다 높고, 환율도 높다는 점을 감안해야 합니다. 하지만 그런 부분을 대입하더라도 절대적인 규모의 성장을 확인할 수 있습니다. 평균 원달러 환율(1,306.32원)과 평균 수출 판가(39.2달러/kg)로 계산하면 계약물량이 5년간 86만 톤에 달한다는 것을 역산할 수 있습니다.

마지막으로 에코프로비엠의 공시 중 특징적인 재해 및 화재에 대한 부분을 보도록 하겠습니다. 이러한 리스크는 예상하기가 힘든 변수입니다. 따라서 확인되는 상황과 시장 환경에 맞춰서 대응하는 것이 금융 시장에서 할 수 있는 최선입니다. 과거 발생한 이슈를 공부하고 미리 전략을 세운다는 의미에서 추적할 필요가 있습니다. 개요는 2022년 1월 21일 발생한 에코프로비엠 오창 공장의 화재입니다. 기존 양극 소재 생산 거점에서 화재가 확대되면서 인명 피해 등이 발생했고 생산 차질로 이어진 사고입니다.

관련된 첫 공시는 2022년 1월 21일 '재해발생' 공시를 통해 확인할 수 있습니다. 오창 공장에서 화재가 발생했지만 원인 규명 및 진압이 진행 중인 시점입니다. 사측에서도 명확한 정보를 제공할 수 없어 손실 규모나 향후 대응에 대한 부분은 기술되지 않았습니다. 다만 이러한 상황에 대한 대처능력을 확인하기 위해 보험 가입에 대한 부분만 단순하게 나타냈습니다. 좀 더 자세한 사항은 같은 해 1월 24일 공시되었고, 2월 8일 정정된 '생산중단'에서 확인할 수 있습니다.

생산 중단 사유와 관련해 공시는 '오창 CAM4N 공장의 화재에

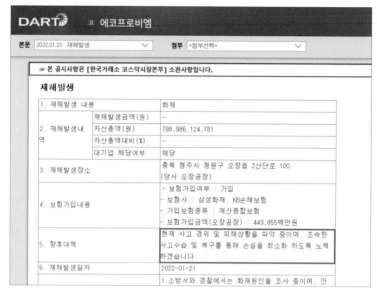

DART	코 에코프로비엠		
본문	2022.01.21 재해발생 ▽	첨부	+첨부선택+ ▽

☞ 본 공시사항은 [한국거래소 코스닥시장본부] 소관사항입니다.

재해발생

1. 재해발생 내용		화재
2. 재해발생내역	재해발생금액 (원)	-
	자산총액 (원)	798,986,124,781
	자산총액대비 (%)	-
	대기업 해당여부	해당
3. 재해발생장소		충북 청주시 청원구 오창읍 2산단로 100 (당사 오창공장)
4. 보험가입내용		- 보험가입여부 : 가입 - 보험사 : 삼성화재, KB손해보험 - 가입보험종류 : 재산종합보험 - 보험가입금액(오창공장) : 443,855백만원
5. 향후대책		현재 사고 경위 및 피해상황을 파악 중이며, 조속한 사고수습 및 복구를 통해 손실을 최소화 하도록 노력 하겠습니다.
6. 재해발생일자		2022-01-21
		1.소방서와 경찰에서는 화재원인을 조사 중이며, 안

에코프로비엠 2022년 1월 21일 '재해발생'

따른 건축물 및 기계장치 일부 소실. 화재 조사에 따른 CAM4 공장의 일시적 생산 중단'이라고 밝혔습니다. 에코프로비엠은 다양한 지역에 사업을 확장하면서 생산 거점을 늘렸는데요. 기존 오창 공장을 'CAM4'와 'CAM4N'으로 부르고 있음을 알 수 있습니다. 이번 화재는 오창 'CAM4N'에서 발생했고, 화재 결과 일부 생산라인이 소실된 것으로 보입니다. 추가적으로 화재에 대한 원인 조사 및 안전 평가를 위해서 'CAM4' 공장까지도 생산 중단에 들어갔습니다.

오창 공장은 규모가 상당히 큰 거점입니다. 최근 건설에 들어간 포항이나 해외 공장의 규모가 워낙 크다 보니 기존 공장이 상대적으로 작아 보이지만 아직 대규모 공장이 완성되기 전임을 감안해야 합니다. 매출에서 차지하는 비중도 작지 않습니다. 공시는 이렇게 설명합니다.

> 산정된 CAM4N 및 CAM4의 2020년 매출액은 382,733,728,641원이며, 매출 대비는 44.78%입니다. 이 중 CAM4N의 매출 비중은 6.03%이며 CAM4의 경우 38.75%에 해당됩니다.

확장이 진행 중인 시점이므로 생산과 매출 규모는 기존 공장에 의존할 수밖에 없고 그중에서도 오창 공장은 큰 축을 차지하고 있습니다. 2020년 매출 비중은 44.78%로 3,827억 원에 달합니다. 매우 중요한 공장임을 확인할 수 있습니다. 다만 화재가 직접 발생한 'CAM4N'의 매출 비중은 6.03%로 상대적으로 작습니다. 계산해보면 약 515억 원 규모의 매출이 'CAM4N'에서 발생합니다. 오창 공장의 매출은 대부분 'CAM4'가 책임지고 있습니다. 다만 화재 조사 과정에서 두 라인이 모두 중단되었기 때문에 매출에 큰 영향을 미칠 것으로 보입니다.

이와 관련해 사측에서는 2가지 대응 전략을 꺼냈는데요. 포항 신공장인 'CAM5'와 'CAM6'의 생산 규모를 늘리고, 'CAM5N'은 기존 계획보다 빠르게 생산 체제를 갖춰 오산 공장의 생산 감소에 대응한다는 전략입니다. 중단된 공장 중 'CAM4'의 경우 화재 조사를 조속하게 진행해 재가동을 목표로 대응하고 있습니다.

다행히 대응 전략은 유효하게 진행되었습니다. 2022년 4월 12일 공시된 '생산재개(자율공시)'를 통해 화재 조사가 빠르게 진행되어 'CAM4' 재가동이 시작되었음을 확인할 수 있습니다. 직접적인 화재 피해가 없음을 관계 부처의 조사로 확인받고 4월 11일을 기점으로 전면 작업 중지 명령이 해제된 것입니다. 사실상 화재에 따른 생산량 차질 문제는 대부분 해소된 셈입니다. 화재 진원지였던 'CAM4N'의 가동에는 시간이 필요했습니다. 2023년 3월 8일 '생산재개(자율공시)' 공시를 보면 드디어 오창 전 공장에 대한 전면 작업 중지 명령이 해제되었음을 알 수 있습니다.

에코프로비엠 공시 매트릭스

	2019년	2020년	2021년	2022년	2023년	2024년
수주		SK온 수주 2.7조 원	SK온 수주 10조 원		삼성SDI 수주 44조 원	
투자		JV 출자 720억 원 CAPEX 865억 원	JV 투자 2,520억 원 CAPEX 1,340억 원 해외 자회사 출자 300억 원	JV 출자·증자 1,600억 원 해외 자회사 출자·증자 2,370억 원	CAPEX 4,732억 원 해외 자회사 출자·증자 4,013억 원	해외 자회사 출자 2,077억 원
발행	IPO 1,728억 원				CB 발행 4,400억 원	CB 발행 1,530억 원
기타				오창 화재 생산 중단	오창 화재 생산 재개	

기업 공시 ④
엘앤에프

엘앤에프는 LCD용 백라이트 유닛을 만들기 위해 2000년에 창업한 회사입니다. 관련 시장에서 중국의 후발주자들이 두각을 드러내자 창업 5년차에 2차전지용 양극활물질이라는 신사업으로 방향을 전환했습니다. 그 결과 국내 굴지의 2차전지 전문 소재업체로 변신에 성공했습니다.

앞서 여러 기업을 소개하며 핵심적인 공시의 기본적인 틀을 확인했습니다. 반복되는 내용도 있으니 축약하고 넘어가겠습니다. 2차전지 시장은 명확한 확장성에 대한 신뢰를 기반으로 움직이고 있습니다. 전기차 시대가 가속화됨에 따라 관련 업체는 빠르게 몸집을 키우고 산업 변화에 대응해야 합니다. 이 속도를 가늠하기 가장 좋은 방법은 기업의 투자와 증설을 추적하는 것입니다.

각설하고 엘앤에프는 2019년부터 2023년까지 5년간 6건의 투자 사항을 공시했습니다. 2018년 5월 25일 공시하고 2019년 1월 25일 정정한 '신규시설투자등'의 경우 대구 달성군 구지면에 2차전지용 양극활물질 생산 거점을 신규로 투자한다는 내용이 담겨 있습니다. 2018년 5월 시작된 투자는 2019년 10월 말에 끝나 총 849억 원이 1단계 투자에 투입됩니다.

엘앤에프는 대구 달서구와 경북 칠곡군 왜관읍에 2개의 공장을 보유하고 있었습니다. 그러나 전기차 시장이 가속화되면서 추가로 대규모 생산 거점을 확보할 필요가 생겼고, 대구광역시와 협력해 달성군 구지면 국가산업단지에 새로운 생산 거점을 착공합니다. 2020년 11월 13일에는 한층 규모가 커진 시설 투자 사항을 공시합니다. 2022년 말까지 2,100억 원을 투자해 신규 시설을 갖출 계획입니다. 앞서 진행된 투자가 구지1공장(대구 국가산업단지 내 1283번지)에 대한 투자라면, 3단계 투자 공시는 구지2공장(대구 국가산업단지 내 1279번지)에 대한 투자를 의미합니다. 내용을 뜯어보면 Ni90%(니켈 비중 90%)에 해당하는 NCMA 제품을 주력으로 하고 있음을 확인할 수 있습니다.

상기 2개의 투자 건은 모두 추가 공시를 통해서 내용이 업데이트 됩니다. 2021년 3월 31일 공시는 구지1공장에 대한 2단계 투자를 다루고 있습니다. 700억 원을 투자해 2021년 4월 30일까지 생산능력을 확대하고, 제품은 하이니켈계에 집중합니다. 구지1공장은 2건의 투자를 합쳐 총 1,549억 원이 투자된 셈입니다. 구지1공장의 생산능력은 최종적으로 4만 톤 내외입니다.

2021년 5월 14일 공시에는 구지2공장인 3단계 투자에 대한 내용을 다루고 있습니다. 880억 원을 투자해 2022년 말까지 NCMA 수주에 긴급 대응할 계획입니다. 예상보다 양호한 수요가 향후 전기차 성장 속도에 대한 기대감을 높이면서 고객사의 주문이 늘어난 것으로 파악됩니다. 구지2공장도 총 2,980억 원의 대규모 자금이 투입되며 물량 확대에 힘쓰고 있습니다. 참고로 구지2공장을 기준으로 보면 1단계 투자 2,100억 원으로 4만 톤 설비를 짓고, 880억 원을 더해 3만 톤을 추가하게 됩니다. 최종적으로 구지2공장의 규모는 총 7만 톤에 달합니다. 역산해보면 1만 톤 규모를 확보하기 위해 약 400억 원 내외의 투자비용이 사용됨을 알 수 있습니다.

마지막 방점은 2022년 8월 22일 공시된 '신규시설투자등'의 내용입니다. 기존 공장 위치에서 조금 벗어난 국가산단대로19길(구지면 응암리 332번지)에 구지3공장 신설 투자가 확정되었습니다. 규모는 자그마치 6,500억 원으로 2024년 8월 31일 완공을 목표로 하고 있습니다. 15만~20만 톤 규모의 생산 거점을 마련할 수 있는 어마어마한 투자입니다. 대외적으로 알려진 수치는 총 3만 평 규모이며, 구지3공장 거점을 통해 10만 톤 내외의 생산능력을 갖출 것으로 보입니다. 투자 규모를 감안하면 향후 증산될 가능성이 높아 보입니다.

2023년에는 투자의 방향성도 확대됩니다. 〈전북도민일보〉 2023년 6월 18일 기사입니다.

LS와 엘앤에프는 지난 16일 양극재 중간재인 전구체 사업을 위한 합작사(JV) '엘에스-엘앤에프배터리솔루션(가칭)'을 설립한다고 발표했다. 합작회사는 LS가 55%, 엘앤에프가 45%의 지분을 갖고 공동 경영 체계로 출범할 예정이다. 전구체 제조와 판매는 물론 황산니켈과 리사이클링 분야까지 2차전지 양극재 사업에 대한 포괄적인 사업을 협력해나갈 것으로 알려졌다.

2023년 6월 20일 공시된 '타법인주식및출자증권취득결정'을 보면 '엘에스엘앤에프배터리솔루션(LLBS)'의 지분 45%를 1,373억 원에 취득하는 계획이 담겨 있습니다. 시점은 2025년 3월 31일까지로 향후 설립될 합작사에 대한 전략입니다. 내용을 이해하기 위해서는 IRA에 대한 내용을 복기해볼 필요가 있습니다. 합작사의 이름에서 알 수 있는 것은 LS그룹과 엘앤에프가 함께 IRA에 대응하기 위한 전구체 생산 법인을 설립한다는 것입니다. 지금까지 국내 양극소재 업체는 대부분 핵심 금속 원료(니켈, 코발트, 망간, 알루미늄 등)가 배합된 전구체를 사와서 리튬과 섞어 양극활물질로 만들었습니다. 양극활물질을 생산하는 최종 과정은 국산화가 빠르게 이뤄졌지만 원료인 전구체 시장은 중국이 장악하고 있어 국내 전구체 생산 비중은 13%에 불과했습니다. 한국무역협회에 따르면 2023년 전구체 수입은 25만 톤으로 41억 달러에 이릅니다. 문제는 수입량 중 중국의 비중이 절대적이라는 점입니다. 95%를 상회합니다.

제조 과정에서 중국산 소재 비중이 높다면 IRA 혜택을 받을 수 없습니다. 기존 생산 공정보다 앞단계 전구체까지 포함해 밸류체인 전반의 탈중국화와 국산화 압력이 강해질 수밖에 없습니다. 엘앤에프는 전구체 생산 내재화가 필요했습니다. LS그룹은 광물 제련 기술력을 바탕으로 신사업인 2차전지 산업에 진출할 필요성이 있었습니다. 양사의 결합을 통해 국내에서 최초로 중국 자본과 기술력을 배제한 중간소재 국산화에 도전하게 됩니다. 기업 경영 측면에서 보면 범LG그룹의 계열 분리에서 탄생한 GS그룹(엘앤에프)과 LS그룹의 협력이라는 점도 주목할 부분입니다. 그룹사 간 긴밀한 협력관계를 바탕으로 신사업에서 시너지 효과가 기대됩니다.

엘앤에프도 사업 확장의 근거가 되는 장기 공급계약을 공시하고 있습니다. 가장 중요한 고객인 LG에너지솔루션과 관련된 사업은 2020년 12월 16일에 처음으로 공시됩니다. 규모는 1.5조 원으로 엘앤에프의 2019년 매출액 대비 5배 가까운 대규모 계약입니다. 경쟁사와 다른 점은 계약기간이 상대적으로 짧다는 것입니다. 2021년 초에 시작해 2022년 말에 끝나는 2년 계약으로 단기간에 대규모 증설이 필요함을 알 수 있습니다. 계약 당시 환율은 원달러 1093.2원, 평균 판매가격은 21.6달러/kg으로 가정했습니다. 역산하면 2년간 6만 톤의 양극재 공급이 진행됨을 알 수 있습니다. 2020년 기준 엘앤에프의 생산능력 대비 확고부동한 성장성을 확보한 것입니다.

2021년 4월 22일에는 또 다른 중요한 파트너사인 SK온과의 계약이 공시됩니다. 단기간 내 주요 고객사와 모두 장기 계약을 확보한 것입니다. 규모는 1.2조 원이고, 기간은 2021년 5월부터 2023년 12월까지 2년 8개월입니다. 기존 LG에너지솔루션과 맺은 계약보다 규모는 작고 기간은 깁니다. 역산하면 LG에너지솔루션에 24개월간 6만 톤을 납품하고, SK온에 32개월간 5만 톤을 납품합니다. 규모는 작지만 중요한 건 당시만 해도 엘앤에프에게 SK온은 후순위 고객이었다는 점입니다. SK온의 양극재 핵심 공급사는 에코프로비엠이었기에 엘앤에프와의 계약 규모는 소규모 범용 제품에 한정되었습니다. 그런 SK온에게서 단일 최대 고객인 LG에너지솔루션에 비견될 규모의 발주가 나왔다는 점이 중요합니다. SK온이 급속히 성장해 예상보다 많은 소재 확보가 필요하거나 주요 공급처가 바뀌고 있다는 신호일 수 있습니다. SK온은 현대차, 기아, 포드라는 고객과 함께 전기차 대응에 힘을 쓰면서 엘앤에프에게 요구하는 물량을 늘린 것으로 보입니다.

세계 1위 전기차용 2차전지 업체 자리를 노리고 있는 LG에너지솔루션도 당연히 걸음을 같이 할 수밖에 없습니다. 물밑에서 다양한 고객사를 확보하고 해외 진출에 힘썼던 만큼 핵심 소재인 양극재의 필요량이 늘어난 것으로 보입니다. 2022년 5월 19일 '수시공시의무관련사항(공정공시)'을 통해 LG에너지솔루션과 관련된 계약이 갱신됩니다. 계약 규모는 7.2조 원으로 엘앤에프의 2021년 매출인 9,708억 원 대비 741%에 달합니다. 같은 방식으로 환율과 단가를 추정해 규모를 구해보면 24개월간 16만 톤에 달하는 양극재가 필요한 계약입니다. 이번 계약을 통해 물량 단위가 크게 상승했습니다. 참고로 계약 당시 엘앤에프의 생산능력은 연간 7만 톤 내외이고, 구지2공장 증설이 끝나면 12만~14만 톤을 대응할 수 있는 상황이었습니다. 구지3공장 투자는 앞서 확인했듯이 8월에 공시되었기 때문에 당시에는 12만~14만 톤을 기대할 수 있었습니다.

2022년 5월 LG에너지솔루션의 계약 갱신 공시를 자세히 봤다면 2022년 8월 공시된 엘앤에프의 구지3공장 투자를 예측할 수 있었겠죠. 계약 규모 대비 아직 엘앤에프의 생산능력이 부족했기 때문입니다. 이처럼 기업의 공시 내용은 영업환경에 가장 큰 줄기를 제공하는 지표입니다. 우리는 그 줄기를 따라서 기업의 향후 방향성을 예측할 수 있습니다.

고객사와 관련된 계약 중 제가 가장 중요하다고 생각하는 공시는 2023년 2월 28일에 나온 '단일판매·공급계약체결'입니다. 내용을 보면 기존에는 보지 못했던 사항이 포함되어 있습니다. 내용은 기존과 비슷하게 하이니켈 양극재를 공급한다고 기술되어 있습니다. 액수는 3.8조 원으로 대규모 장기 계약이지만 LG에너지솔루션과 맺은 계약과 비교하면 작은 규모입니다. 기간도 2024년 1월부터 2025년 12월까지 24개월입니다. 다른 점은 단 하나입니다. 계약 대

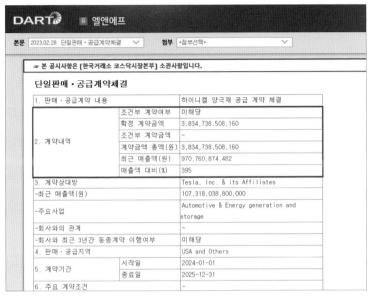

1. 판매 · 공급계약 내용		하이니켈 양극재 공급 계약 체결
2. 계약내역	조건부 계약여부	미해당
	확정 계약금액	3,834,738,508,160
	조건부 계약금액	-
	계약금액 총액(원)	3,834,738,508,160
	최근 매출액(원)	970,760,874,482
	매출액 대비(%)	395
3. 계약상대방		Tesla, Inc. & its Affiliates
-최근 매출액(원)		107,318,038,800,000
-주요사업		Automotive & Energy generation and storage
-회사와의 관계		-
-회사와 최근 3년간 동종계약 이행여부		미해당
4. 판매 · 공급지역		USA and Others
5. 계약기간	시작일	2024-01-01
	종료일	2025-12-31
6. 주요 계약조건		

엘앤에프 2023년 2월 28일 '단일판매·공급계약체결'

상이 테슬라라는 점이죠.

이번 계약이 중요한 이유는 2가지일 텐데요. 그동안 양극재 업체는 셀 업체에게 소재를 납품하는 형식으로 계약을 맺었습니다. 완성차는 셀 업체와 계약해 배터리를 비축할 뿐 배터리에 사용되는 소재나 원료에 직접적으로 관여하지 않았죠. 이번 계약을 통해 완성차 업체가 직접 소재의 선택에까지 참여하고 있다는 점을 확인할 수 있습니다. 이 부분은 테슬라라는 회사의 전략과도 연관 지어 생각할 필요가 있습니다. 테슬라는 수차례 행사(배터리 데이)와 IR을 통해 직접 배터리를 개발하고 양산하는 투자를 진행하고 있다고 밝혔습니다. 따라서 테슬라가 직접 소재사와 맺은 해당 계약은 본인이 개발하는 차세대 배터리(4680)에 대응하는 것일 수 있습니다. 아니면 파나소닉, LG에너지솔루션, CATL 등에서 원통형 배터리를 납품받던 테슬라가 직접 원료·소재까지 구해서 셀 업체들의 공급망에 관여하는 것일 수도 있습니다. 이번 계약을 통해 엘앤에프의 성장성이나 기술력에 대한 부분을 점검할 수도 있지만, 완성차 업체와 셀 업체 간의 관계를 추정해볼 수도 있습니다.

지금까지 주요 회사의 공시를 통해 어떤 내용에 주목해야 하는지 정리해봤습니다. 2차전지 산업의 경우 성장의 초입 국면에서 한국 업체들이 주도권을 쥐고 있기 때문에 공시를 통해 협상력을 읽어내고 투자의 규모를 파악하고 향후 성장성을 가늠할 수 있습니다. 엘앤에프의 공시도 향후 성장의 잠재력을 읽어낼 수 있는 내용에 집중했습니다. 이제는 이러한 성장을 지탱하는 중요한 축인 자금 조달에 대한 부분을 다룰 예정입니다. 자금 조달은 우리가 회사를 분석하고 주식을 거래하는 구조의 근간입니다. 다양한 회사가 돈을 구하기 위해 주식을 팔았고 그 과정에서 증권 시장이 형성되었기 때문입니다. 따라서 보다 심도 있게 금융 시장의 현황을 읽을 수 있습니다. 단순한 사채 발행, 지급 보증 등은 다루지 않을 것입니다. 돈을 빌리는 것을 넘어서 주식을 팔거나 발행하는 과정이 필요한 상황에 주목하고자 합니다. 기존 주주와 새로운 주주에게 주어지는 혜택을 비교하고 주가에 미치는 영향을 분석할 필요가 있습니다.

엘앤에프는 2차전지 대형 상장사 중에서 지배구조가 약한 축에 속합니다. 대주주가 지배하는 비중이 낮기 때문에 증권 시장을 통한 조달이 어렵습니다. 만약 새로운 주식을 발행해서 판매하는 방식으로 돈을 구하려고 한다면 기존 주주가 갖고 있는 영향력이 축소될 것입니다.

100개의 주식만 발행한 '알파'사가 있다고 가정해볼까요. '가가'는 30개의 주식을 갖고 있고 지분율 30%를 확보한 대주주입니다. 알파사가 돈이 필요해 새로운 주식을 팔아 돈을 구한다면, 즉 유상증자를 통해 10개의 주식을 새롭게 발행하면 어떻게 될까요? 이 주식을 사고 싶은 '너너'에게 매각해 자금을 구하면 이제 알파사의 지분구조도 바뀌겠죠. 총 110개의 주식 중 30개를 보유한 가가의 지분율은 27%, 10개를 보유한 너너의 지분율 9%, 나머지 70개를 보유한 기타 주주의 지분율은 64%입니다. 기존 주주인 가가와 기타 주주의 지분율이 낮아졌습니다. 당연한 이야기죠. 친구들끼리 모여서 피자를 먹을 때 새로운 친구가 오면 우리가 먹을 몫은 줄어들 수밖에 없습니다. 새로운 피자를 시키기 전까지는요.

엘앤에프는 2019년부터 총 8건의 조달과 발행을 공시했습니다. 전환사채, 신주인수권부사채, 교환사채, 유상증자가 모두 포함된 복잡한 조달 흐름이 이어졌습니다. 최대한 단순하게 해석하고 어떤 방식으로 돈을 구해왔는지 알아보겠습니다. 최종적으로 이러한 조달 끝에 기존 주주의 지배력이 어떻게 변했는지 알 수 있다면 향후 다

전환사채와 신주인수권부사채

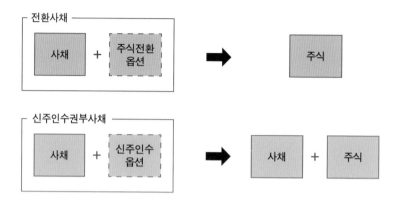

른 기업의 구조를 살필 때도 이해가 쉬울 것입니다.

2019년 7월 31일 '증권발행결과(자율공시)'를 통해 엘앤에프는 제 2회 무기명식 무보증 사모전환사채 발행을 공시했습니다. 규모는 50억 원에 불과합니다. 사모전환사채란 사모 방식으로 발행된 전환 사채를 의미입니다. 공개적으로 시장에 조건을 공개하고 구매할 사 람을 찾는 방식이 공모라면, 사모는 정해진 고객사에게 조건을 외부 에 공개하지 않고 판매가 가능합니다. 전환사채는 일반적인 회사채 처럼 돈을 빌려서 나중에 이자를 포함해 갚는 방식인데요. 다만 돈 을 빌려준 당사자에게는 한 가지 옵션이 주어집니다. 정해진 조건하 에 원한다면 돈을 돌려받지 않고 주식으로 받는다는 옵션입니다.

좀 더 자세한 사항은 엘앤에프의 사업보고서에서 찾을 수 있습니다. 2020년 3월 26일 공시된 사업보고서 내 '주석'에서 '기타유동부채' 항목을 찾으면 전환사채의 발행 조건을 알 수 있습니다. 발행후 3년 뒤인 2022년 7월 31일이 만기인 회사채입니다. 만기 이자율은 2.12%로 낮은 편이지만 대신 발행 1년 뒤인 2020년 7월 31일부터 전환권 행사가 가능합니다. 전환사채를 구매한 당사자는 어떤 이유에서 전환권을 행사할까요? 가장 마지막에 기술된 전환가격을 통해 판단할 수 있습니다. 전환가격은 빌려준 돈을 받는 것을 포기하고 주식으로 받는 것을 선택할 경우 정해진 가격입니다. 이를테면 50억원을 빌려준 사람이 회사채를 포기하고 전환가격 2만 원에 주식을 받는다면 현금 50억 원을 갚는 것이 아닌 주식 25만 주(50억 원÷2만원)로 갚아야 한다는 의미입니다.

상기 전환사채가 발행된 시점에 엘앤에프의 주가는 2만~3만 원 사이를 움직이고 있었습니다. 돈을 빌려준 대주는 엘앤에프의 주가가 하락할 경우 2.12%의 낮은 금리로 돈을 빌려준 셈이지만, 주가가 올라서 전환가격보다 높아질 경우 적절한 시점에 주식을 받은 후 매도하면 시세차익을 노릴 수 있습니다. 실제로 엘앤에프의 주가는 2020년 7월에 3만 원대를 바닥으로 2022년 7월까지 25만 원에 육박합니다. 적당한 시점에 주식을 팔기만 했다면 어마어마한 시세차익이 가능했을 것입니다. 금융 시장에서는 이렇게 증권과 채권의 성격을 모두 갖는 금융상품을 '메자닌'이라고 부릅니다. 일반적으로 회사채보다 확정된 수익성은 낮지만 기회에 따라서는 증권처럼 큰

전환사채 발행 조건

〈제2회 전환사채〉	내 용
(1)종류	제2회 무기명식 무보증 사모 전환사채
(2)사채 발행가액	5,000,000,000원
(3)사채 발행일	2019년 07월 31일
(4)사채 만기일	2022년 07월 31일
(5)표면이자율	0.01%
(6)만기이자율	2.12%
(7)만기 상환방법	전환권을 행사하지 않은 사채액면금액에 대하여 그 사채의 만기일이 도래한 경우에는 보장수익률과 표면이율과의 차이를 사채 발행일 다음날로부터 만기일까지의 기간 동안 이자납입주기 단위 복리로 계산한 금액을 원금에 가산하여 상환하기로 한다. 또한, 한국산업은행의 은행여신거래기본약관(기업용) 제7조에 의하여 기한의 이익을 상실한 경우에는 보장수익률로 사채발행일 다음날로부터 기한의 이익상실일까지의 기간 동안 이자납입주기 단위 복리로 계산한 금액에서 기수취 이자를 차감한 금액을 원금에 가산하여 상환하기로 한다. 다만, 만기일이 은행 휴업일인 때에는 그다음 영업일을 만기일로 한다.
(8)전환권 행사기간	2020년 7월 31일로부터 사채의 만기일 직전일까지
(9)교부할 주식의 종류	(주)엘앤에프 기명식 보통주
(10)전환가격	22,563원

자료: 엘앤에프

수익을 낼 수 있는 상품입니다.

여기서 한 가지 생각해야 할 이슈는 이러한 복잡한 금융상품을 발행해 자금을 조달한 이유입니다. 2019년 발행된 전환사채의 경우 규모가 50억 원에 불과하기 때문에 전량 주식으로 전환되더라도 약 22만 주에 불과합니다. 당시 엘앤에프가 발행한 주식 수가 2,476만 주였기 때문에 전환사채의 영향으로 새로운 주식을 발행하더라도 영향은 0.9% 수준입니다. 하지만 만약 같은 방식으로 500억 원을 조달했고, 관련 물량을 전부 주식으로 전환했다면 9%라는 대규모 지분이 신규로 발행되었겠죠. 그러면 기존 주주의 지분 희석도 불가피합니다.

엘앤에프는 2020년 6월 17일에 추가로 유상증자를 결정했습니다. 당시 구지1공장과 구지2공장이 동시에 착공되고 있는 상황이었습니다. 대규모 자금이 투자에 활용되는 만큼 지속적인 현금 확보가 필요했습니다. 2019년 발행한 전환사채의 규모는 매우 작았기 때문에 추가적인 조달 방식으로 유상증자를 선택했습니다.

규모는 기존 규모에서 크게 늘어난 827억 원입니다. 시설 투자에 690억 원, 기업의 운영비용에 137억 원을 사용할 계획입니다. 주식의 발행가액은 2만 5,050원입니다. 즉 이번 유상증자를 통해 주식을 사고 싶다면 2만 5,050원에 사라는 의미입니다. 계산하면 총 330만 주가 신규로 발행됨을 알 수 있습니다. 총 주식 수의 13.3%에 달하는 대규모 조달입니다. 한 가지 더 확인할 점은 증자의 방식입니다. '주주배정후 실권주 일반공모'라는 방식을 취하고 있습니다.

투자설명서를 통해 좀 더 자세히 살펴보면 엘앤에프는 330만 주의 새로운 주식을 발행하고 2만 5,050원에 판매해서 자금을 구하고 있습니다. 앞서 설명한 사례와 다른 점은 새로운 주식을 매수하는 주체가 명확하게 정해져 있다는 것입니다. 신주의 90%인 297만 주를 구주주 청약으로 배정하고 있습니다. 방식은 단순합니다. 원래부터 엘앤에프의 지분을 보유하고 있던 구주주는 본인의 지분율과 비례해서 이번 유상증자에 참여할 수 있습니다. 즉 원한다면 신주를 구매할 수 있습니다. 만약 구주주 중 유상증자에 참여하지 않거나 수량을 적게 가져갈 경우 남는 신규 주식은 공개모집을 통해 제3자에게 판매됩니다.

만일 구주주가 유상증자에 참여한다면 어떻게 될까요? 구주주는 신주 매수를 통해 더 많은 주식을 확보하게 됩니다. 하지만 지분율에는 변화가 없습니다. 반대로 유상증자에 참여하지 않는다면 자연스럽게 새로운 매수자가 신주를 가져갈 테니 주식 수는 유지되고 지분율은 하락합니다. 이런 경우 해석에 한 가지 변수가 추가됩니다. 구주주가 얼마나 많이 유상증자에 참여하는지 살펴야 합니다.

여기서 꼭 짚어야 할 사실은 '구주주가 왜 유상증자에 참여해야 하는가?'입니다. 간단한 가정을 통해서 당위성을 검토해보겠습니다. 만약 유상증자 전후로 해당 회사의 주가가 오른다면 참여하는 것이 이득이라는 사실은 직관적으로 와 닿습니다. 주식을 추가로 매수한 후 주가가 오른 상황과 동일하기 때문입니다. 문제는 유상증자 후 주가가 하락하는 경우입니다. 일반적으로 유상증자가 진행되면 회사의 본질적 가치는 변하지 않고 주식 수가 늘어났기 때문에 주가가 하락하는 경우가 많습니다. 그럼 유상증자에 참여한 주주는 2가지 손실을 안게 됩니다. 첫 번째는 기존에 보유한 주식의 가치 하락입니다. 두 번째는 신규로 매수한 주식의 가치 하락입니다. 따라서 '주주배정후 실권주 일반공모' 방식의 유상증자는 구주주의 유상증자 참여 여부가 가장 중요합니다. 구주주가 많이 참여한다는 것은 유상증자로 주식 수가 늘어남에도 향후 유상증자 자금으로 기업이 성장한다는 믿음, 즉 주가가 오히려 상승할 수 있다는 믿음이 있다는 뜻이기 때문입니다.

2020년 8월 14일에 공시된 '증권발행실적보고서'를 보면 청약 및 배정 상황을 확인할 수 있습니다. 구주주에게 배정된 물량이 사실상 전량 배정된 것을 알 수 있습니다. 흥행 성공이라고 불러도 될 것 같습니다. 비슷한 상황이 1년 뒤에도 반복됩니다. 2021년 7월 15일 정정된 투자설명서를 보면 다시 '주주배정후 실권주 일반공모' 방식으로 유상증자를 진행하고 있습니다. 1년 전과 바뀐 점은 조달 규모가 훨씬 커졌다는 것입니다. 이번에 신규로 발행하는 주식 수는 650만 주에 이르고 주가 상승으로 모집가액도 7만 6,400원으로 3배 이상 올랐습니다. 계산하면 조달할 자금 규모는 4,966억 원에 이릅니다. 1년 전 유상증자 때보다 6배 가까운 자금을 구하는 구조입니다. 같은 달 27일에 공시된 '증권발행실적보고서'를 보면 구주주에게 할당된 전량이 최종적으로 배정되었음을 알 수 있습니다.

　마지막으로 2023년 4월에 있었던 교환사채 발행 건을 보겠습니다. 중간에 소소한 조달 과정이 있었지만 지분구조에 대한 영향이 크지 않아 넘어가겠습니다. 해당 교환사채 발행을 중요하게 본 이유는 2가지입니다. 첫 번째는 절대적인 규모가 큽니다. 이번 발행의 규모는 6,629억 원으로 엘앤에프 역사상 가장 큰 자금 조달입니다. 두 번째는 해외 교환사채라는 생소한 방식입니다. 교환사채의 개념은 단순합니다. 기존 전환사채나 신주인수권부사채와 마찬가지로 돈을 빌릴 때 주식으로 갚을 수 있는 옵션이 달려 있다는 점은 같습니다. 다만 새로운 주식을 발행해서 갚는 방식이 아닌 기존에 갖고 있던 주식으로 갚는다는 부분이 다릅니다. 대표적인 예로 AK홀딩스의 제주항공 지분 대상 교환사채 발행이 있습니다.

　AK홀딩스는 2일 이사회를 열어 교환사채(EB) 발행의 건에 대한 의안을 상정하고 이사회 이사들의 심의를 거쳐 전원 찬성을 통해 무기명식 무보증 사모 교환사채 발행을 승인했다고 밝혔다. 이번 교환사채 발행은 자회사인 제주항공의 유상증자에 참여하기 위함이다.

　〈뉴스핌〉 2022년 9월 2일 기사입니다. AK홀딩스는 제주항공의 지분을 50% 이상 보유하고 있는 지주사입니다. AK홀딩스는 자금을 조달하기 위해 제주항공의 지분 일부를 담보 삼아 교환사채를 발행했습니다. 교환사채에 투자한 투자자는 교환사채의 이율만큼 이자를 받거나, 전환 가능한 시점에 제주항공의 주가가 만족스러운 수준이라면 빌려준 자금 대신 주식을 받을 수 있습니다. 구조는 전환사채와 동일하나 자금 조달 주체의 주식을 발행한 것이 아닌 기존에 보유하고 있던 타 기업의 주식을 활용했다는 점이 다릅니다.

하지만 엘앤에프는 AK홀딩스와 달리 담보 삼을 다른 주식이 별로 없습니다. 지분을 보유하고 있는 종속회사가 무석광미래신재료유한공사의 지분 66%, 제이에이치화학공업 지분 65%를 보유하고 있지만 수천억 원을 빌릴 담보로는 부족합니다. 엘앤에프가 교환사채를 발행하기 위해 사용한 담보는 바로 자사주입니다. 엘앤에프가 보유하고 있는 엘앤에프 자신의 주식을 담보로 삼아 교환사채를 발행한 것입니다.

당시 지분구조를 보면 엘앤에프는 발행주식 수 3,624만 주 중 274만 주를 자사주로 보유하고 있음을 알 수 있습니다. 해당 시점에 주가가 33만 7천 원이었으므로 자사주의 가치는 9천억 원을 상회합니다. 따라서 자사주의 일부를 활용해 6,629억 원이라는 대규모 자금 조달을 시도할 수 있습니다. 관련 내용을 좀 더 자세히 볼까요.

2023년 4월 19일 공시된 '주요사항보고서(교환사채권발행결정)'를 보겠습니다. 이번 교환사채는 독특하게도 해외인 싱가포르에서 진행됩니다. 규모는 5억 달러로 원화로 환산하면 6,629억 원입니다.

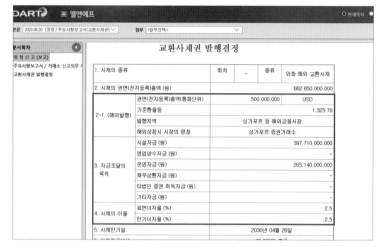

	교환사채권 발행결정					
1. 사채의 종류			회차	–	종류	외화 해외 교환사채
2. 사채의 권면(전자등록)총액 (원)						662,850,000,000
2-1. (해외발행)	권면(전자등록)총액(통화단위)			500,000,000		USD
	기준환율등					1,325.70
	발행지역					싱가포르 등 해외금융시장
	해외상장시 시장의 명칭					싱가포르 증권거래소
3. 자금조달의 목적	시설자금 (원)					397,710,000,000
	영업양수자금 (원)					–
	운영자금 (원)					265,140,000,000
	채무상환자금 (원)					–
	타법인 증권 취득자금 (원)					–
	기타자금 (원)					–
4. 사채의 이율	표면이자율 (%)					2.5
	만기이자율 (%)					2.5
5. 사채만기일						2030년 04월 26일

엘앤에프 2023년 4월 19일 '주요사항보고서(교환사채권발행결정)'

자금은 당연히 기존과 동일하게 시설 투자와 운영자금으로 사용됩니다. 투자를 지속적으로 확충하기 위해 다양한 방식으로 자금을 구하고 있음을 알 수 있습니다. 교환사채의 이율은 2.5%입니다. 당시의 고금리 환경을 감안하면 상당히 낮은 이율입니다. 엘앤에프는 낮은 금리에도 돈을 빌릴 수 있으니 이득입니다. 그렇다면 돈을 빌려준 투자자에게 주어질 혜택이 중요하겠죠.

'교환에 대한 사항'을 보면 교환 대상으로 '당사 발행 기명주 보통주식'이라고 적혀 있습니다. 엘앤에프가 보유한 자사주를 의미합니다. 수량은 151만 주입니다. 주당 가격을 43만 8,100원이라고 보면 5억 달러를 갚는 데 151만 주가 필요합니다. 당시 엘앤에프의 주가가 33만 7천 원이었다는 점을 상기해보면 이 계약의 특이점을 알 수 있습니다.

　돈을 빌려주는 투자자는 이자를 받거나 주식을 받는 선택형 옵션을 위해 투자를 결정합니다. 그렇다면 투자자가 원하는 것은 무엇일까요? 이자가 충분히 만족스럽거나 주식을 교환하는 선택지가 매력적이어야 합니다. 일반적으로 전환사채 등 메자닌을 발행할 경우 당시 주가보다 싸게 주식의 가격이 결정되는 이유입니다. 쉽게 보면 돈을 빌려주는 사람과 돈을 빌리는 사람 중 '갑'은 투자자입니다. 투자자는 항상 본인에게 유리한 구조를 요구합니다. 따라서 주식 시장에서 살 수 있는 주식을 같은 가격에 살 수 있는 옵션이라면 매력적으로 느끼지 못하고 할인을 바라겠죠.

　이번 교환사채 건을 다시 볼까요? 이자가 상당히 낮습니다. 그렇다면 주식 교환이라는 선택지가 매력적이어야만 교환사채에 투자할 것입니다. 당시 엘앤에프라는 주식을 장내에서 매입하면 33만 7천 원에 매수가 가능했습니다. 당연히 교환하는 가격은 33만 7천 원보다 낮아야 일반적으로 거래가 성립됩니다. 그런데 이번 건은 할증발행이라는 구조를 갖고 있습니다. 나중에 돈 대신 엘앤에프 자사주로 받으면 주당 43만 8,100원이라는, 당시 거래되는 가격보다 30% 비싸게 산정해서 바꿔준다는 것입니다. 이는 돈을 빌리는 사람에게 유리한 구조입니다. 갑과 을이 바뀐 셈이죠.

　가장 쉬운 해석은 다음과 같습니다. 돈을 빌려주는 투자자는 주식으로 교환 가능한 2023년 6월 6일부터 2030년 4월 16일 사이에 엘앤에프의 주가가 43만 8,100원 이상이 될 확률이 매우 높다고 판단한 것입니다. 낮은 이자에도 불구하고 투자를 결정한 이유를 설명할 수 있습니다.

마지막으로 한 가지 항목만 더 챙겨보겠습니다. 엘앤에프는 낮은 지분율로 인해 다양한 방식으로 조달을 진행했고 그에 따른 재무적 영향도 다양하기에 분석할 항목이 많은 편입니다. 마지막으로 살펴볼 내용은 파생 손실입니다. 다양한 조달 과정에서 발생한 전환사채, 신주인수권부사채, 상황전환우선주 등이 회계적으로는 파생상품 금융부채로 인식되기 때문에 생긴 이슈입니다. 깊게 파고들면 지나치게 회계적인 내용이 되기에 아주 간단한 메커니즘만 살펴보겠습니다.

2022년 2월 8일 공시된 '파생상품거래손실발생'을 보면 파생상품의 전환가액과 실제 주가의 차이로 인해 파생상품의 평가 손실이 1,464억 원 발생했다고 적혀 있습니다. 부채로 잡혀 있는 전환사채를 보면 전환가액 7만 9,501원으로 설정된 부채입니다. 기본적으로 돈을 빌린 후 이자를 내고 향후 원금으로 상환할 부채지만 특정 조건이 만족되면 돈이 아닌 신주 발행을 통해 갚아야 하는 구조인데요. 이 부채의 전환가액이 7만 9,501원인데 현 주가가 전환가액을 상회하고 있다면 어떻게 될까요? 당연히 돈을 빌려준 투자자는 빌려준 원금을 돌려받지 않고 주식으로 받습니다. 빌려준 돈을 7만 9,501원으로 나눈 수치만큼 주식을 받을 텐데 실제 주가는 더 높을

파생상품 거래 손실 내역

1. 파생상품 거래계약의 종류 및 내용		파생상품금융부채 평가손실 발생 (전환사채, 신주인수권부사채, 상환전환우선주)
2. 손실 발생 내역	손실누계잔액(원) (기신고분 제외)	146,413,436,663
	자기자본(원)	634,970,417,321
	자기자본대비(%)	23.06
	대기업 해당 여부	해당

자료: 엘앤에프

테니까요. 주가가 높아지면 높아질수록 전환할 수 있는 권리의 가치도 높아집니다. 주가와 전환가액의 차이만큼 이득이 담보되기 때문이죠.

그렇다면 이런 전환권이 부채로 잡혀 있는 발행사 입장에서는 이상한 회계적 변화가 발생합니다. 주가는 오르는데 부채로 인식한 전환권의 가치도 동시에 상승하기 때문입니다. 이 부분은 부채의 공정가치 상승이므로 파생상품 손실로 인식됩니다. 실제로 동반되는 현금 유출이나 비용적 문제가 아닌 오직 회계적으로만 인식되는 손실입니다.

엘앤에프 공시 매트릭스

	2019년	2020년	2021년	2022년	2023년	2024년
수주		LG엔솔 수주 1.5조 원	SK온 수주 1.2조 원	LG엔솔 수주 7.2조 원	테슬라 수주 3.8조 원	SK온 수주 13조 원 / 유럽 셀 수주 9조 원
투자	구지 투자 849억 원	구지 투자 2,100억 원	구지 1공장 투자 700억 원 / 구지 2공장 투자 880억 원	구지 3공장 투자 6,500억 원	전구체 JV 출자 1,373억 원	
발행	CB 발행 50억 원	유상증자 827억 원	유상증자·CB·BW 발행 6,816억 원		EB 발행 6,629억 원	
기타						

기업 공시 ⑤
포스코퓨처엠

포스코퓨처엠이라는 사명은 아직 저에게 익숙하지는 않습니다. 2023년 3월까지 쓰던 포스코케미칼이라는 이름이 더 익숙합니다. 어떤 분에게는 포스코케미칼이라는 이름도 낯설 수 있습니다. 포스코그룹의 포스코켐텍이 2차전지용 양극재를 담당하던 포스코ESM과 합병하면서 2019년 2월부터 사용한 이름이기 때문이죠. 대기업 산하의 회사 중 단기간에 이렇게 자주 사명이 바뀐 경우는 흔하지 않습니다. 보통 그룹사 내에서 특정 사업에 집중하기 때문에 회사의 DNA에 걸맞는 사명을 갖고 있습니다. 삼성전기, 한화솔루션 등이 대표적이죠.

포스코퓨처엠의 사명의 변천사는 이 회사가 갖는 독특한 성격을

포스코켐텍, 포스코ESM 합병에 관한 기본사항

회사명		(주)포스코켐텍	(주)포스코ESM
구분		존속회사	소멸회사
발행주식 수	보통주	59,070,000	9,999,630
	-	-	-
총자산		924,342,496,268	248,647,813,467
자본금		29,535,000,000	49,998,150,000

자료: 포스코퓨처엠

보여주고 있습니다. 다양한 사업에 진출해 역동적으로 기업의 핵심 가치가 변했다는 점입니다. 따라서 포스코퓨처엠이라는 회사를 단순히 요약해서 설명하기는 어렵습니다. 가장 큰 변화의 시작이었던 포스코ESM 합병에서부터 시작해보겠습니다.

2018년 12월 공시된 '증권신고서(합병)'를 보면 전반적인 구조를 확인할 수 있습니다. 방식은 포스코켐텍이 포스코ESM을 흡수하는 합병입니다. 포스코켐텍은 내화물, 생석회, 화성품 등 철강산업의 전후방에서 연계된 화학제품을 주력으로 하는 업체입니다. 국내 유일한 2차전지 음극재 생산을 신성장 사업으로 육성하고 있습니다. 포스코ESM은 포스코와 휘닉스소재가 합작해서 만든 2차전지 양극재 업체입니다. 포스코 중심으로 유상증자를 지속해 지분율은 포스코 90%, 휘닉스소재 10%로 포스코그룹의 자회사로 편입되었습니다.

양극재 산업에서는 후발주자지만 포스코그룹의 전폭적인 지원으로 하이니켈 양극재 개발에 성공하는 등 성과를 거두고 있습니다.

'증권신고서(합병)'에는 이번 합병을 통해 '공정 및 설비 개선 역량 공유, 설비 통합 운영 및 관리를 통한 투자비 절감, 양사 구매선 통합 및 자재 공동구매를 통한 원가 절감 등 사업의 효율성 향상에 기여할 것으로 예상'된다는 기대요인이 적혀 있습니다. 요약하자면 본격적으로 성장하고 있는 2차전지 산업에서 입지를 강화하기 위한 합병이란 뜻입니다.

주식 투자자 입장에서 흡수합병의 관건은 합병비율일 것입니다. 일반적인 흡수합병의 경우 소멸회사 A의 주식은 존속회사 B의 주식으로 교환됩니다. 이번 합병은 포스코켐텍이 존속회사로 포스코ESM을 흡수하는 방식입니다. 포스코ESM의 주식은 적정한 비율로 포스코켐텍의 주식으로 교환되고 포스코ESM이라는 회사는 사라집니다. 비율을 보면 포스코ESM 1주당 포스코켐텍 0.2131444주가 교부된다는 내용이 적혀 있습니다. 포스코ESM의 주식 1주의 가치를 1만 4,245원으로 산정했기 때문입니다. 포스코켐텍 1주의 가치가 6만 6,831원이니 비례식을 세워보면 포스코ESM 1주로 포스코켐텍 주식 0.2131444주를 받을 수 있는 격이죠. 포스코ESM이라는 회사의 전체 가치를 구해보겠습니다. 당시 발행된 주식 수는 약 1천만 주로 1만 4,245원을 곱하면 1,424억 원이라는 계산이 나옵니다.

포스코켐텍의 시가총액은 3.9조 원입니다. 흡수합병 과정은 존속

합병가액과 비율

구 분	포스코켐텍 (합병법인)	포스코ESM (피합병법인)
가. 기준시가	66,831	해당사항 없음
나. 본질가치 [(Ax1+Bx1.5)÷2.5]	해당사항 없음	14,245
A. 자산가치	10,446	18,455
B. 수익가치	해당사항 없음	11,438
다. 상대가치	해당사항 없음	해당사항 없음
라. 합병가액	66,831	14,245
마. 합병비율	1	0.2131444

자료: 삼일회계법인

회사의 신주를 발행해 소멸회사의 주식을 교환하는 형태이므로 포스코켐텍은 당시 시가총액의 3.6%에 해당하는 신주 213만 주를 발행해 포스코ESM의 주주에게 교부합니다. 포스코ESM의 주주는 포스코와 휘닉스소재뿐이므로 두 회사에게 포스코켐텍 주식이 교부되는 것이죠.

사실 포스코ESM의 정보는 이전에는 구하기 어려웠습니다. 포스코의 수많은 자회사 중 하나로 비상장 상태였기 때문입니다. 이번 합병을 통해 세밀한 내용을 처음으로 확인할 수 있었습니다. 2017년

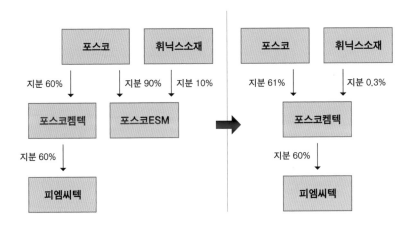

합병에 따른 지배구조 변화

까지는 매출 300억 원 내외를 기록했습니다. 전동공구 등에 사용되는 2차전지용 양극재 LMO 제품을 꾸준하게 양산하고 있습니다. 이후 2018년 실적에서 큰 폭의 변화가 시작됩니다. 1~3분기 누적 매출이 612억 원으로 전년 연간 실적의 2배에 가깝습니다. 대규모 적자를 기록하던 손익도 흑자 전환에 성공합니다. 정체에서 벗어나 성장 궤도에 오르는 모습이 확인되면서 합병이 진행된 셈입니다. 실제로 회계법인이 기업 가치를 산정하기 위해 제시한 미래 실적 추정치역시 긍정적입니다.

2022년의 매출 추정치가 자그마치 4,425억 원으로 2017년 매출대비 13배나 높게 잡혀 있습니다. 매출 성장에 따라 손익도 크게 개선되어 적자를 넘나들던 사업에서 수백억 원의 흑자가 가능할 것으

매출액 추정

(단위: 백만 원)

구 분	추 정				
	2018년	2019년	2020년	2021년	2022년
LMO	9,753	10,016	10,295	9,335	8,962
LTO	4,167	5,851	8,170	11,475	17,366
LNO	12,939	18,168	25,367	33,799	34,712
NCM	57,408	176,646	362,396	371,456	381,485
ESS용 NCM	-	-	-	-	-
합계	84,267	210,680	406,228	426,065	442,526

자료: 포스코ESM, 삼일회계법인

로 예측됩니다. 물론 회계법인의 추정치는 단순 참고용일 뿐 절대적인 수치는 아닙니다. 하지만 추정하게 된 이유와 맥락이 존재할 것이고 투자설명서에는 그러한 배경이 잘 기술되어 있습니다.

매출액 추정 부분을 자세히 보면 2017년부터 매출이 본격적으로 시작된 NCM 제품군이 향후 성장을 이끌어간다는 것을 예상할 수 있습니다. 기존 사업부의 경우 전동공구 등 소형 전지에 주로 채택되어 향후에도 시장의 변동성이 크지 않고 당시 수준을 유지할 확률이 높습니다. 반면 동사가 미래의 성장 동력으로 선택한 NCM 제품의 경우 전기차 개발에 특화되어 다양한 OEM이 채택을 앞다투던 상황이었습니다.

전제조건은 이렇습니다. 먼저 전기차 시장이 성장해야 합니다. 그러면 NCM 양극재의 수요가 자연적으로 늘어날 수밖에 없고, 회계법인이 예측한 성장 동력도 현실화되겠죠. 미리 정답지를 보자면 실제로 포스코퓨처엠의 양극재 사업은 예상을 뛰어넘는 성과를 기록했습니다. 2022년 양극재 사업부 매출은 1.7조 원으로 추정치를 무려 4배 뛰어넘습니다. 전기차 수요의 폭발적인 성장으로 NCM 수요가 확대되었고, 원가 상승으로 판매 단가도 기대치 이상이었습니다. 결과적으로 포스코ESM을 1,424억 원에 흡수합병한 전략은 현명했습니다.

이번에는 당시에 투자자들이 어떤 걱정을 하고 있었는지 살펴보겠습니다. 과거에 걱정했던 요인이 최근까지 지속되고 있는지, 아니면 해소되었는지 비교하는 것도 중요한 가치 판단의 근거가 되겠죠. 앞서 LG에너지솔루션에서 설명했지만 증권신고서는 가장 강력한 자료 중 하나입니다. 투자에 필요한 대부분의 정보가 정리되어 있습니다. 투자자가 갖는 우려를 모두 해소한다는 목적이 존재하기 때문입니다.

'Ⅰ. 핵심투자위험' 항목을 보면 우려하는 부분이 잘 정리되어 있습니다. 전기차의 수요 둔화 가능성, 공급망 내 중국의 경쟁력 확대, 국내 경쟁사 간 증설 경쟁 위협, 원재료 가격 변동의 위험 등이 주요 요인으로 적혀 있습니다. 모든 내용이 최근까지도 이어지는 이슈입니다. 해당 항목만 봐도 2차전지 양극재 투자에 가장 핵심이 되는 내용이 모두 담겼다고 봐도 무방합니다.

산업이 아닌 회사에 대한 우려가 정리된 부분도 살펴보겠습니다. 우리가 주목해야 할 포스코ESM의 우려 요인에는 어떤 것이 있을까요? 첫 번째는 매출과 손익에 대한 불안정성입니다. 당시만 하더라도 2018년에 대폭적으로 매출이 개선되었지만 손익의 개선은 상대적으로 미미했습니다. 안정적인 이익 창출 기조가 보이지 않고 있다는 점이 사업 초기의 불안함이었습니다. 두 번째 요인은 재무 안정성에 대한 부분입니다. 당시 포스코켐텍과 포스코ESM은 모두 견실한 재무구조를 갖고 있었습니다. 부채비율을 보면 포스코켐텍 22%, 포스코ESM 35%로 제조업체 중에서도 훌륭한 수치입니다. 다만 향후 대규모 자금을 활용한 투자가 지속될 것이라는 계획을 감안하면 재무 상황이 악화될 가능성이 존재했습니다.

세 번째 요인은 재무 안정성과 연계된 투자 규모에 대한 부분입니다. 2018년 5월에는 양극재 설비 증설에만 1,350억 원을 추가 투자하겠다고 공시했는데 당시 포스코ESM의 규모(매출 300억 원 내외)를 감안하면 어마어마한 투자입니다. 기업의 규모보다 공격적인 투자를 집행하고 있기 때문에 업황이 예상보다 안 좋을 경우 반작용도 클 수 있습니다. 네 번째는 포스코 기업집단에 소속되어 있다는 점입니다. 이 부분은 마이너한 사항이라 넘어가겠습니다. 마지막으로 다섯 번째, 특정 거래처에 대한 높은 노출도입니다. 당시 매출 중

92%가 LG화학 단일 거래처에 의존하고 있어 리스크가 있다고 판단했습니다.

포스코퓨처엠 합병 당시의 상황을 알아봤습니다. 이후의 공시를 보면 기업이 내재된 리스크에 대응하기 위해 어떠한 선택을 했고 투자를 진행했는지 알 수 있습니다. 합병 배경을 알면 당시 예상했던 성장 궤도를 상회하는지 하회하는지, 우려한 사항을 해결하는 공시인지 아닌지 가늠하기 쉬워집니다. 다만 한 가지 문제가 있습니다. 포스코퓨처엠은 공시된 사항이 많아도 너무 많습니다. 포스코퓨처엠은 흡수합병한 포스코ESM 외에도 자체 사업부인 음극재 사업부, 외부와 협력한 전구체 사업부, 음극재용 밸류체인 투자 등 다양한 사업을 동시에 진행하고 있습니다. 그만큼 공시도 많습니다.

개별 사항을 모두 펼쳐보기보다는 중요한 순서대로 재배치해야 파악이 쉬울 것 같습니다. 2019년부터 현재까지 공시된 투자내역은 총 18건입니다. 이 중 양극재가 11건, 음극재가 4건, 전구체가 3건을 차지하고 있습니다. 우선 사업 규모가 크고 주가에 영향력이 있는 양극재 사업부터 살펴보겠습니다.

2020년에 2건의 신규 투자가 연달아 공시됩니다. 광양시 광양읍 율촌산단8로에 위치한 산업단지 내 2.9만 톤 설비 투자가 두 차례에 걸쳐 진행됩니다. 2020년부터 투자가 시작되어 2022년 하반기에 총 5.8만 톤이 추가되는 구조입니다. 내용을 보면 2022년까지 양극재 생산능력을 5.7만 톤 확보하겠다는 계획이 포함되어 있습니다.

2020년에 공시된 내용으로 이미 당시 목표는 모두 초과 달성한 셈입니다. 이후 발표되는 내용은 전부 새롭게 업데이트되는 사항이라고 판단해도 무방해 보입니다.

2021년에는 1건의 양극재 투자가 있습니다. 경북 포항시 북구 흥해읍 용한리 영일만에 2,991억 원을 투자해 2.9만 톤 규모의 양극재 공장을 신설한다는 내용입니다. 완공 시점은 2023년 8월입니다. 기존의 양극재 생산이 구미와 광양을 거점으로 진행되었다면 이후에는 포항을 중심으로 국내 거점을 확장할 계획입니다.

시장의 관심도가 가장 높았던 공시는 2022년에 있었습니다. 2022년 5월 27일 공시된 '타법인주식및출자증권취득결정'입니다. 2021년 하반기 미국에서 IRA 법안이 하원을 통과한 이후 모두가 고대했던 북미 사업의 첫걸음이 시작된 공시입니다. 약 3,520억 원을 투자해 캐나다에 양극재 JV를 설립한다는 공시입니다. 북미 전기차 시장에 대응하기 위한 거점으로 투자비 6.3억 달러 중 2.8억 달러를 포스코퓨처엠이 납입해 3만 톤 규모의 양극재 설비를 짓는 구조입니다. 완공 시점은 2024년 9월로 IRA 관련 보조금에 기민하게 대응하기 위해 현지 거점을 선점하려는 의도가 녹아 있습니다. 상기한 JV는 이후 얼티엄캠즈라는 명칭으로 불리고 캐나다 퀘벡주 산업단지에 위치하게 됩니다.

투자의 중요한 분기점이 2021년 포항으로의 확장과 2022년 캐나다 진출이었다면, 2023년은 투자의 광폭 행보가 진행된 해입니

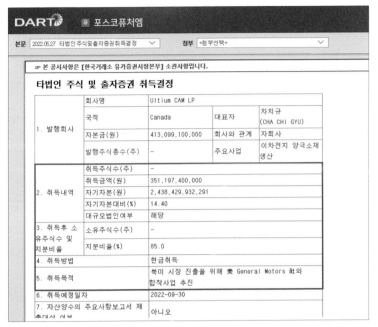

포스코퓨처엠 2022년 5월 27일 '타법인주식및출자증권취득결정'

다. 국내 양극재 설비 투자 3건, 캐나다 추가 자본금 투자 2건을 포함해 총 3.3조 원의 대규모 투자가 공시됩니다. 앞서 소개한 투자와는 규모와 단위 면에서 큰 차이가 있죠. 국내에는 포항에 2건, 광양에 1건이 진행됩니다. 투자금을 합치면 1.7조 원에 달하고 완공되면 생산능력이 12.8만 톤 증가할 예정입니다. 2025년 중반부터 완공되기 때문에 본격적인 성장의 두 번째 장은 2025~2026년 국내에서 진행됨을 알 수 있습니다.

추가로 중요한 사실은 포항 2-1공장과 광양 5공장의 경우 기존

NCM 제품이 아닌 NCA 제품을 대응한다는 점입니다. 앞서 합병 당시 단일 고객에 대한 높은 의존도에 대해 걱정한 바 있습니다. 이번 투자는 신규 고객 확보를 통한 외형 확장이라는 점에 주목할 필요가 있습니다.

캐나다 투자도 과거와 투자의 단위가 바뀌는 광폭 행보를 보입니다. 2건의 공시를 살펴볼 필요가 있습니다. 2023년 6월과 11월에 공시된 '타법인주식및출자증권취득결정'에 따르면 총 1.6조 원의 자금을 100% 자회사인 '포스코퓨처엠 캐나다'에 출자하게 됩니다. GM과 설립한 얼티엄캠즈를 확장하기 위한 후속 투자로 2022년에는 양극재 3만 톤 투자만 확정되어 있었으나 2026년까지 양극재 6.3만 톤, 전구체 4.5만 톤으로 확장해 IRA에 완벽하게 대응하겠다는 목표를 세웠습니다.

합병 당시 목표로 한 양극재 생산능력은 5.7만 톤이었으나 어느새 구미·광양 14만 톤, 포항 10만 톤, 캐나다 6만 톤을 합해 30만 톤까지 계획을 확장한 모습입니다. 2023년 7월 공시한 IR 자료를 보면 글로벌 양극재 생산능력을 2025년까지 39.5만 톤 확보하고, 이후에는 100만 톤을 목표로 한다는 내용이 담겨 있습니다. 공시를 통해 확정된 내용만 보더라도 계획대로 순항 중임을 알 수 있습니다.

음극재 사업과 관련된 투자 공시는 총 4건입니다. 상대적으로 투자의 규모가 작기 때문에 쉽게 정리할 수 있습니다. 2021년 11월에 있었던 출자 공시는 중국계 인조흑연 업체인 '내몽고시누오신재료

과기유한회사'의 지분 인수입니다. 261억 원을 출자해 지분 15%와 독점 판매권을 확보했습니다.

본격적인 투자는 2022년 2월 공시된 2건의 신규 투자에서 엿볼 수 있습니다. 세종시에 위치한 천연흑연 음극재 공장을 2.8만 톤 증설하기 위해 2,711억 원의 투자가 진행됩니다. 추가로 음극재용 피치사업을 위해 계열사인 피앤오케미칼에 480억 원의 출자를 진행합니다. 2022년 11월에는 인조흑연 투자 내용도 파악할 수 있습니다. 포항에 신규로 설치되는 인조흑연 공장은 1.8만 톤 규모로 투자액만 3,458억 원입니다. 완공은 2025년 예정입니다. 천연흑연, 피치, 인조흑연 등 음극재 사업에 필요한 필수적인 포트폴리오를 갖추기 위해 광범위한 투자를 지속하고 있습니다.

반면 조달 관련 내용은 단 1건 공시되어 있습니다. 다년간 다양한 사업 확장에 대규모로 투자를 진행했음을 고려하면 조달의 최소화는 포스코퓨처엠의 가장 큰 특징이자 장점입니다. 모기업의 강력한 자본력과 포스코퓨처엠이 보유한 본업(내화물과 라임케미칼)의 현금흐름으로 많은 부분을 충당했기 때문입니다. 2021년 1월 진행한 유상증자는 회사의 중요한 변곡점이라고 할 수 있습니다. 기존보다 투자 전략을 공격적으로 전개할 것이라는 신호탄으로 해석됩니다. 실제로 유상증자의 규모도 대단히 큽니다. 주당 가격은 7만 7,300원으로 총 1,648만 주를 발행합니다. 계산하면 1.3조 원이라는 액수가 나옵니다. 발행 방식은 '주주배정후 실권주 일반공모' 방식입니다.

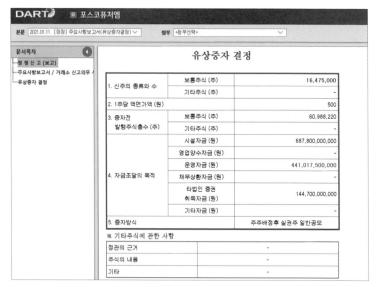

1. 신주의 종류와 수	보통주식 (주)	16,475,000
	기타주식 (주)	-
2. 1주당 액면가액 (원)		500
3. 증자전 발행주식총수 (주)	보통주식 (주)	60,988,220
	기타주식 (주)	-
4. 자금조달의 목적	시설자금 (원)	687,800,000,000
	영업양수자금 (원)	-
	운영자금 (원)	441,017,500,000
	채무상환자금 (원)	-
	타법인 증권 취득자금 (원)	144,700,000,000
	기타자금 (원)	-
5. 증자방식		주주배정후 실권주 일반공모

※ 기타주식에 관한 사항

정관의 근거	-
주식의 내용	-
기타	-

포스코퓨처엠 2021년 1월 11일 '주요사항보고서(유상증자결정)'

앞서 '주주배정후 실권주 일반공모'는 대주주의 동향이 중요하다고 언급했습니다. 이번 대규모 유상증자에서 포스코퓨처엠의 최대주주인 포스코는 배정된 신주를 100% 청약할 것으로 결정했습니다. 포스코는 포스코퓨처엠의 전체 주식 수 6,099만 주 중 3,736만 주를 보유하고 있는 대주주입니다. 지분율 61%로 매우 견고한 지배구조를 갖추고 있습니다. 이번 유상증자에서 발생한 새로운 주식 1,648만 주 중 절반이 넘는 890만 주를 포스코가 인수한 것입니다. 대주주가 유상증자 부담의 대부분을 직접 소화한다는 점은 다른 소액 투자자에게도 긍정적인 신호를 줍니다. 남의 돈으로 경영하는 것보다 자기 돈으로 경영하는 회사가 믿음직스러운 것은 당연하겠죠.

포스코퓨처엠 공시 매트릭스

	2019년	2020년	2021년	2022년	2023년	2024년
수주		LG화학 수주 1.8조 원		얼티엄셀즈 수주 8조 원 GM 수주 14조 원	삼성SDI 수주 40조 원 LG엔솔 수주 30조 원 얼티엄셀즈 수주 13조 원	
투자	양극재 투자 2,190억 원	양극재 투자 5,653억 원	양극재 투자 2,991억 원 음극재 출자 261억 원	양극재 투자 3,512억 원 음극재 투자 6,168억 원 전구체 투자 3,262억 원	양극재 투자 1.7조 원 캐나다 투자 1.6조 원 중국 JV 투자 1,040억 원	전구체 JV 투자 1,014억 원 중국 JV 투자 1,769억 원
발행			유상증자 1조 원			

산업 분석:
음극재

　음극재는 양극재만큼 중요한 소재입니다. 양극과 음극의 균형이 전지의 성능 대부분을 결정하기 때문입니다. 2차전지에 대한 자료가 대중화되면서 음극활물질이 천연흑연, 인조흑연, 실리콘, 리튬메탈 등으로 구성된다는 점은 많이 알려져 있습니다. 현재 리튬전지에 사용하는 음극재는 대부분 천연흑연과 인조흑연을 활물질로 하고, 동박을 집전체로 사용해서 음극을 구성합니다.

　다만 그 중요성에 비해 음극재에 투자할 방법은 적습니다. 몇 가지 이유가 있습니다. 흑연은 전 세계 생산량 중 2/3 이상을 중국이 독점하고 있는 물질입니다. 천연흑연으로 음극활물질을 제조할 경우 공급망을 장악한 중국 업체가 우위를 점하는 구조입니다. 인조흑

양극재, 음극재 수출입 판가 추이

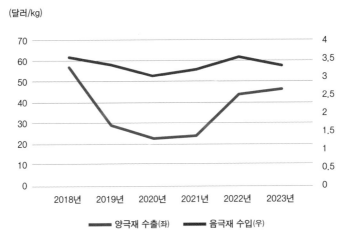

(달러/kg)

━━ 양극재 수출(좌)　　━━ 음극재 수입(우)

연의 경우 흑연을 바로 가공하는 방식이 아닌 콜타르라는 물질을 니들코크스로 가공한 다음 만들어지는 제품입니다. 따라서 원료인 콜타르의 수급이 중요한데 이 역시 석유·석탄 기초화학 업체를 다수 보유한 중국이 과점하는 산업입니다. 구조적으로 핵심 원료의 소싱을 중국에 의존할 수밖에 없다 보니 국내 업체의 음극활물질 시장 진출은 제한적입니다.

공급망 문제는 양극재도 비슷하게 겪고 있지만 음극재 시장에서는 더 치명적입니다. 금속 가격과 유연하게 가격이 연동되는 양극재와 달리 음극재 시장은 고정된 가격에 가깝기 때문입니다. 수출입무역통계를 통해 비교해볼 수 있습니다(천연흑연 음극활물질의 HS코드는 '3824.99-9090'입니다). 양극재의 평균 수출가는 2022년 78% 상승했습니다. 반면 음극재의 수입 추이를 보면 2021년 수입액은 13억 달러, 수입량은 42만 톤이고 2023년 수입액은 13억 달러, 수입량은 40만 톤입니다. 가격을 보면 오랜 기간 3~3.5달러/kg 사이에서 큰 변동이 없음을 알 수 있습니다. 음극활물질의 가격이 고정적인 이유는 재료비의 비중이 낮기 때문입니다. 재료비의 변동성을 물량 효과로 대응할 수 있어 양극활물질과는 다른 가격 구조를 갖습니다.

음극재와 관련해 투자하기 어려운 두 번째 이유는 기술적 성숙도입니다. 양극활물질은 새로운 레시피의 개발과 기술적 도약으로 2차전지 전체의 에너지 밀도 상승에 기여하고 있습니다. 국내 업체의 다양한 기술적 성과에 따라 차별적인 성과를 인정받을 수 있는 제품군입니다. 반면 음극은 역할 측면에서는 중요하지만 실제 2차전지를 구성할 때는 특별하기 힘듭니다. 성능 특성 중 안정성이 가장 중요하기 때문에 흑연 단독으로 구성되어 있어 소재의 퀀텀점프가 없는 한 제품별 스펙 차이가 크지 않습니다.

양극활물질의 구성에 따라 배터리의 에너지 밀도가 결정되다 보니 양극활물질이 가장 우선순위에 있습니다. 음극활물질은 결정된 양극활물질의 스펙에 비례해서 결정됩니다. 이를테면 양극활물질 'NCM523'이나 'NCM811' 중 어떤 제품을 사용할지 여부에 따라 핵심 스펙이 정해지는데 음극활물질은 양극의 리튬을 충분히 받아줄 수 있는 양만 갖추면 됩니다. 소재적 변화가 없고, 핵심 스펙인 에너지 밀도가 이미 고정되어 있기 때문입니다. 기술적으로 성숙기이므로 가격을 낮추거나 수율을 높이는 다른 방향이 중요할 뿐 스펙을 비교하는 영역은 영향력이 낮습니다.

무엇보다 질적 측면보다 양적 측면에서의 접근이 중요한 소재이기 때문에 중국과의 경쟁을 피할 수가 없습니다. 다음은 〈중앙일보〉 2024년 1월 24일 기사입니다.

> 중국 정부는 지난해 12월 1일부터 수출 통제 대상이던 인조흑연에 더해 배터리 음극재용 고순도 천연흑연을 새롭게 수출 통제 대상에 올렸다. 중국 정부는 "흑연이 군사 용도로 전용되는 걸 막겠다"며 수출 신청 건마다 심사해 허가를 내주고 있다. 배터리 업계 관계자는 "지난해 8월 반도체 제조용 갈륨과 게르마늄에 이어 천연흑연까지 수출 통제 품목에 올린 건 중국이 배터리 산업에서 주도권을 놓치지 않겠다는 의도로 보인다"고 말했다.

천연·인조흑연 핵심 원료를 대부분 보유한 중국이기에 어려운 싸움입니다. 핵심은 안정적이고 저렴한 원료 수급과 원가 절감이 가능한 기술력의 보유 여부가 되겠습니다.

국내 유일한 음극활물질 제조업체는 포스코케미칼입니다. 인조흑연 음극활물질의 제조 과정을 보면 1차 원료로 콜타르를 사용합니다. 철강 업체의 제철 과정에서 부산물로 생성되는 콜타르를 사용하는 경우가 많습니다. 콜타르를 증류 후 열처리를 하면 가느다란 바늘 모양의 탄소 소재 결정체로 가공할 수 있는데 이를 침상코크스

양극재와 음극재 생산 밸류체인 구조도

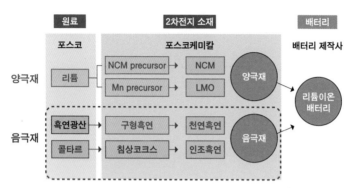

자료: 포스코퓨처엠

라고 부릅니다. 침상코크스를 분쇄하고, 조립하고, 흑연화하고, 코팅하는 과정을 거치면 다양한 방향에서 리튬이 침투할 수 있는 일종의 현무암과 같은 형태로 가공할 수 있습니다. 이렇게 인조흑연을 만들어냅니다.

포스코그룹의 본업인 철강 사업에서 대규모 콜타르가 발생하기 때문에 이를 침상코크스로 가공하는 계열사 피엠씨텍이 존재합니다. 포스코그룹이 음극활물질 사업에 진입할 수 있는 기반입니다. 이후 경쟁은 생산기술과 수율에서 결정될 전망입니다. 인조흑연의 경우 흑연화 공정에서 대규모로 전기를 사용합니다. 전기화로에 코크스를 넣어서 찌는 구조인데요. 전기료를 싸게 공급받거나 전기를 적게 쓰는 기술을 도입해야 원가 경쟁력을 갖출 수 있습니다. 최근 포스코케미칼은 연속화로공정이라는 신기술을 도입해 인조흑연 제조단가를 획기적으로 낮출 계획을 발표하기도 했습니다.

음극재 시장의 또 다른 화두는 소재의 변화입니다. 기존에는 상기한 이유로 성숙기에 접어든 천연·인조흑연 중심의 소재 채택이 일반적이었습니다. 최근 자동차 OEM들이 다양한 접근을 시도하면서 음극활물질 소재에도 변화가 시작되었습니다. 2차전지 충전 과정을 복습해보면 양극활물질의 층상구조 안에 저장되어 있는 리튬이온이 음극활물질로 이동해 안착하는 과정임을 기억하실 것입니다. 여기서 저장된 리튬이온을 빠르게 옮겨야 충전속도가 빨라질 수 있습니다. 동일한 시간에 빠르게 옮기거나 많이 옮기면 됩니다.

대중적인 방식은 충전 전압을 올리는 방법입니다. 일반적인 전기차 완속 충전기의 경우 220V 전압의 전기를 이용해 3~7kW의 전력으로 충전이 진행됩니다. 일반적인 전기차의 2차전지 용량이 70kWh라고 하면 10~23시간 동안 균일하게 충전해야 100% 도달이 가능합니다. 급속 충전기는 50kW, 100kW에 이어 최근 350kW급의 충전 성능도 등장했습니다. 급속 충전기는 대부분 400V 이상의 전압으로 공급됩니다. 전압이 높으니 리튬이온을 보다 빠르게 많이 이동시킨다고 볼 수 있습니다.

문제는 이렇게 '강하게' 이동하는 리튬이온을 음극활물질이 안전하게 받아줘야 한다는 점입니다. 흑연을 사용할 경우 급속충전 과정에서 음극 표면에 리튬이온이 금속으로 석출되는 문제가 발생합니다. 충전속도가 중요해지면 흑연에 코팅을 더해 부반응을 줄이거나

음극재 소재에 따른 배터리 특성

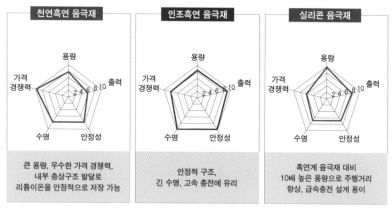

자료: 포스코뉴스룸

흑연 외의 소재를 택해야 하는 문제가 발생합니다.

이 과정에서 주목받은 소재가 실리콘입니다. 실리콘은 구조적으로 흑연보다 작은 부피에 더 많은 리튬이온 저장이 가능한 소재입니다. 리튬을 받아내는 능력도 뛰어나서 급속충전에도 대응이 가능합니다. 다만 일반적인 실리콘의 경우 안정성이 부족합니다. 흑연과 달리 리튬이온의 저장 과정에서 팽창하거나 찢어지는 등의 이슈가 발생합니다. 강점과 단점이 명확한데요. 현시점에서는 절충안으로 흑연 음극활물질에 실리콘 소재를 일부 섞는 방식으로 사용하고 있습니다. 향후 실리콘 코팅 기술을 발전시켜 흑연 소재를 최대한 실리콘으로 대체하는 방식이 대세가 될 것으로 보입니다.

산업 분석:
동박, 분리막

동박은 음극활물질과 함께 음극을 형성하는 물질입니다. 음극활물질이 리튬이온을 받아주는 항아리 역할을 한다면 동박은 리튬이온의 전자 이동을 돕는 통로죠. 분리막은 2차전지의 안전성을 위해 양극 사이에 끼우는 벽입니다. 양극과 음극이 접촉할 경우 폭발이 발생하기 때문에 필요한 소재입니다. 두 소재는 전혀 다른 업무를 수행하고 있습니다. 그럼에도 묶어서 설명하는 이유는 둘 다 얇게 펴서 만들어야 한다는 공통점이 있기 때문입니다. 물론 전해 방식을 사용하는 동박과 스트레칭 공정으로 제조하는 분리막의 제조공법은 전혀 다릅니다. 이번 장에서는 투자할 때 공통적으로 살펴봐야 할 지점에 대해 알아보겠습니다.

동박 생산 모습 (자료: SK넥실리스)

　동박은 동(구리)을 박(포장지)으로 만든 제품입니다. 일반적으로 6~10마이크로미터 두께까지 얇게 펴는 것이 중요합니다. 얇으면서 동시에 표면이 균일해야 합니다. 일반적으로 금속을 펴서 금속박으로 만들 경우 압연기로 눌러서 펴는 경우가 대다수입니다. 우리에게 익숙한 금박지나 알루미늄박 등이 압연 공정을 통해서 만들어집니다. 20~50마이크로미터 수준의 두께는 압연기로 제조하는 것이 가장 효율적입니다. 반면 동박은 압연을 통해서 만드는 것보다 얇은 두께로 균일한 성능을 구현해야 합니다. 그래서 전해 방식을 사용합니다.

　전해라는 용어가 낯설다면 도금을 떠올리면 이해가 쉽습니다. 도금은 물체 표면에 얇은 금속을 바르는 공법입니다. 붓으로 액체금속을 바르는 것도 도금의 영역이라고 할 수 있습니다. 전기를 사용해서 균일한 두께로 표면을 처리하는 도금 기법을 전해도금이라 합니다. 원통 위에 구리를 얇게 펴는 방식이 전해 동박의 제조 방식입니다.

동박 업체에게 가장 중요한 기술은 얇고 균일한 제품을 생산하는 능력입니다. 구리를 액상으로 만든 후 전기로 도금하는 과정을 거치기 때문에 전기의 사용량이 많습니다. 전극의 활물질 제조업체와 달리 동박 업체의 주요 비용은 원료인 구리 가격과 전기 사용료, 장비에 투자한 감가상각비 등입니다.

분리막은 플라스틱의 원료인 폴리올레핀 레진을 얇게 펴서 만듭니다. 우리가 쇼핑할 때 사용하는 비닐봉지의 큰 버전이라 생각하면 됩니다. 분리막은 안전을 위해서 꼭 필요한 소재이기 때문에 두께가 얇으면서도 충격에 강해야 합니다. 동시에 리튬이온이 통과할 수 있는 기공이 존재해야 한다는 점이 핵심입니다.

분리막의 제조 공정은 2차전지 소재 중에서 가장 상이합니다. 폴리올레핀 중 고분자 PE(폴리에틸렌)를 유성 성분과 섞어 중합합니다. 이후 사출 과정을 통해 얇은 막으로 뽑아낸 후 연신(스트레칭) 과정으로 얇고 균일한 성질을 갖게 합니다. 연신은 스트레칭이라는 표현 그대로 베이스 필름을 집게로 잡은 후 사방으로 펴는 물리적인 과정입니다. 균일하게 얇게 펴는 기술이 공정에서 중요합니다. 얇게 만드는 과정에서 균일성을 갖추기란 쉽지 않습니다.

분리막 제품 모습 (자료: 도레이첨단소재)

결과적으로 동막과 분리막은 고성능(얇음)을 추구할수록 못 쓰는 영역(비균일함)이 늘어납니다. 제조업에서는 수율이라는 방식으로 표현합니다. 수율은 투입한 재료의 양 대비 실제 생산된 제품의 양을 비율화한 것으로, 대부분의 업체에서 핵심 영업 기밀로 취급됩니다. 수율이라는 단어를 실생활에서 접할 수 있는 장소는 수산시장이 대표적입니다. 횟감을 싸게 구입하기 위해 수산시장에 가면 저렴한 가격에 일단 놀랍니다. g 단위로 비교했을 때 일반 횟집과 가격을 비교하면 어림잡아 몇 배의 차이가 있습니다.

이때 수율을 생각해봐야 합니다. 수산시장에서 판매하는 횟감은 손질 전의 생물이기 때문에 실제로 손질하면 남는 살코기가 훨씬 적습니다. 일반적으로 광어는 40~50% 정도의 수율을 보이는데요. 그래도 저렴한 건 맞지만 손질하고 나면 일반 횟집과의 가격 차이는 크게 줄어듭니다. 그만큼 수율은 가성비를 따질 때 중요한 역할을 합니다.

동박과 분리막도 마찬가지입니다. 똑같은 재료를 넣고 24시간 가동한 A업체의 수율이 80%이고 B업체의 수율이 60%라면 어떨까요? 비슷한 수준의 고정비와 재료비를 사용한다면 A업체는 훨씬 저렴한 가격에 제품을 공급해도 수익을 얻을 수 있습니다. 안정적인 납품도 가능하고요. 반면 B업체는 A업체와 같은 가격으로 공급하기 위해 다양한 노력이 필요합니다. 동박과 분리막은 모두 재료를 펴서 얇게 만드는 제조 공정을 거쳐야 합니다. 이 과정에서 쓸 수 없는 부분이 생기는데 이러한 비효율을 최소화해야 수익성을 확보할 수 있습니다.

문제는 대부분의 경우 일반 투자자가 수율을 확인하기 어렵다는 점입니다. 기업의 영업 비밀이기 때문이죠. 다만 자료를 역산해 수율과 가동률의 추이를 비교해볼 수는 있습니다. 대부분의 동박·분리막 업체는 생산능력을 공시하고 있습니다. 롯데에너지머티리얼즈의 최근 사업보고서를 보면 최근 설비 상황 및 실제 생산 현황을 확인할 수 있습니다. 2021년에는 글로벌 4만 톤 설비에서 3.2만 톤을 생산했고, 2023년에는 글로벌 6만 톤으로 확대된 설비에서 3.8만 톤을 생산했습니다. 2022년 하반기 실적은 말레이시아 공장에 2만 톤의 신규 설비가 완성되어 반영된 것입니다. 동박 생산량 증가와

생산 실적

(단위: 톤)

사업부문	품 목	사업소	제37기 (2023년)	제36기 (2022년)	제35기 (2021년)
소재부문	Elecfoil 등	익산 공장, 말레이시아 공장	37,886	35,001	31,978
		합계	37,886	35,001	31,978

자료: 롯데에너지머티리얼즈

가동률

(단위: hr, %)

사업부문	품 목	사업소	제37기 (2023년)		평균 가동률
			누적 가동 가능시간	누적 실제 가동시간	
소재부문	Elecfoil 등	익산 공장, 말레이시아 공장	8,760	7,209	82.3
		합계	8,760	7,209	82.3

자료: 롯데에너지머티리얼즈

매출은 동행했습니다. 2021년 연결 매출 6,889억 원에서 2023년에는 8,090억 원으로 증가했습니다. 건설 사업 등에서 발생한 일부 매출을 제외하면 동박 매출을 가늠할 수 있습니다. 동박 매출과 동박

국내 동박 수출 판가와 롯데에너지머티리얼즈의 평균 판가

(달러/kg)

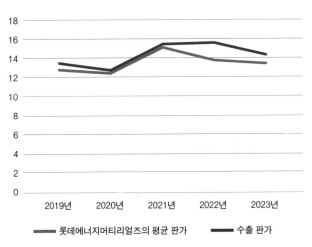

자료: 수출입무역통계, 롯데에너지머티리얼즈

생산량을 알 수 있기 때문에 동박의 평균 판가도 구할 수 있습니다.

롯데에너지머티리얼즈의 동박 평균 판가와 국내 동박 수출 판가를 비교한 자료를 보면 거의 유사함을 알 수 있습니다. 추정한 방식이 실제 가격과 유사한 흐름이니 자료에 대한 신뢰가 높다고 볼 수 있습니다.

마지막으로 롯데에너지머티리얼즈의 생산 실적을 생산능력으로 나눈 '가동률/수율' 지표를 살펴보겠습니다. 말레이시아 신규 설비가 추가된 2022년을 기점으로 수치가 하락한 것을 확인할 수 있습니다. 실제로 동사의 영업이익은 2021년 699억 원을 기록한 후

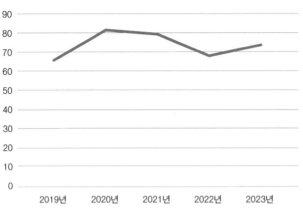

롯데에너지머티리얼즈 가동률/수율 지표

(%)

자료: 롯데에너지머티리얼즈

2023년에는 118억 원이라는 부진한 실적으로 하락했습니다. 신규 공장의 수율이 낮거나, 충분한 수요가 담보되지 못해 가동률이 낮았을 확률이 높습니다. 동박·분리막과 같은 고정비가 높은 사업 구조는 '가동률/수율' 지표의 부진이 직접적으로 실적에 영향을 주게 됩니다.

부록

[4장 참고문헌]

- 수출입무역통계(tradedata.go.kr): 품목·지역별 수출입 동향 제공

- 금융감독원 전자공시시스템(dart.fss.or.kr): 국내 상장 기업의 공시 확인

- 기업공시채널 KIND(kind.krx.co.kr): 상장 기업의 IR 일정 및 자료 공유

- 유럽자동차협회(www.acea.auto): 유럽의 자동차 및 친환경차 판매량과 정책 동향

- 관세청(www.customs.go.kr): '이차전지 HS 표준해석 지침' 제공

- CnEVPost(cnevpost.com): 중국 자동차 및 친환경차 판매량 자료 공유

- InsideEVs(insideevs.com): 미국 자동차 및 친환경차 판매량 자료 공유

에필로그

투자자로서
중심을 잡기를

수학·금융공학을 전공했던 대학생 시절에 처음으로 주식 투자를 시작했습니다. 학부 수업에서 재무제표를 읽는 방법 등을 배웠기 때문에 기업에 대한 이해도가 높다고 자만했던 시점입니다. 당시 제가 처음으로 투자했던 두 기업은 밀폐용기를 만드는 기업과 가전 업체였습니다. 나름의 이유가 있었지만 결국 저에게 가장 익숙한 제품을 만드는 기업을 선택한 것 같습니다. 기업이 만든 제품인 용기나 가전에 익숙했기 때문에 기업 자체를 잘 이해하고 있다고 착각하고 있었습니다. 그 착각의 대가로 형편없는 수익률을 경험했죠. 반토막 난 계좌를 대가로 기업이 복잡한 구조체임을 알 수 있었습니다.

이제 저는 기업과 산업을 분석하고 전망해서 투자 전략을 제시하는 직업을 갖고 있습니다. 다양한 산업을 분해해서 제 나름의 투자 방식으로 엮는 일을 하고 있습니다. 이 중 2차전지 산업은 기준을 만들기 가장 어려운 산업이었습니다. 전기차 수요가 중요하다는 점에서 자동차 산업과 맞닿아 있고, 작동 원리나 공급망은 화학 산업과 비슷하고, 실질적인 2차전지의 쓰임은 IT산업의 콘텐츠를 구동하는 데 있습니다. 과연 2차전지 산업은 어디에 중심을 두고 해석해야 할까요?

이 책은 독자들로 하여금 투자자 입장에서 중심을 찾을 수 있도록 도움을 주기 위해 만들어졌습니다. 첫 번째 장은 전기차와 2차전지의 가장 직관적인 쓰임새인 친환경 정책에 대해 다뤘습니다. 다만 기후위기를 극복해야 한다는 표어와 같은 당위성만 담지는 않았습니다. 친환경 정책이 불러오는 경제적 불편함을 대중이 감내해야 한다는 점과 신흥국의 반발 등 반작용에 대한 부분도 충분히 고민할 필요가 있습니다. 두 번째 장은 주요국의 정치 지형에 대한 이야기입니다. 전기차와 2차전지의 중요성이 확대되면서 관련 정책은 단지 환경을 위한 내용만으로 채워지지 않았습니다. 누가 주도권을 가져갈 것인지가 이제는 더 중요한 요인입니다. 특히 한국의 2차전지 산업이 중국과 경쟁하기 위해서는 반드시 정치의 맥락을 읽는 것이 중요합니다.

세 번째 장은 작동 원리와 기술에 대한 내용입니다. 저는 2차전지의 전기화학적 특징이 기업의 가치와 연결된다고 생각하고 있습니다. 본문에서 예시를 든 것처럼 반도체와 2차전지의 기술적 발전사는 큰 차이를 보이고 있습니다. 이는 작동하는 기본 원리가 다르기 때문입니다. 마지막 장에서는 기업 투자를 위한 핵심 요인을 공시를 통해 찾아보는 시간을 가졌습니다. 주가는 변화무쌍하고 다양한 요인에 영향을 받지만 가장 주요한 요인을 발굴하고, 지켜보는 것만으로 투자의 기본적인 틀을 구성할 수 있습니다.

하지만 이 책의 모든 내용을 마치 숙제나 문제를 풀듯이 얼굴을 찌푸리고 진지하게 읽을 필요는 없습니다. 그저 2차전지와 전기차 산업에 대해 아는 척하고 싶을 때 잠깐 꺼내서 읽어도 무방합니다. 그만큼 가볍게, 또 쉽게 풀어 썼습니다. 이 책이 투자자로서 중심을 잡는 데 도움이 되기를 바랍니다.

마지막으로 어설픈 내용이 되지 않도록 책의 감수를 도와준 전력 거래사 친구에게 고마움을 전합니다.

2차전지 인사이트

초판 1쇄 발행 2024년 7월 26일

지은이 | 정용진
펴낸곳 | 원앤원북스
펴낸이 | 오운영
경영총괄 | 박종명
편집 | 이광민 최윤정 김형욱
디자인 | 윤지예 이영재
마케팅 | 문준영 이지은 박미애
디지털콘텐츠 | 안태정
등록번호 | 제2018-000146호(2018년 1월 23일)
주소 | 04091 서울시 마포구 토정로 222 한국출판콘텐츠센터 319호(신수동)
전화 | (02)719-7735   팩스 | (02)719-7736
이메일 | onobooks2018@naver.com   블로그 | blog.naver.com/onobooks2018
값 | 22,000원
ISBN 979-11-7043-554-9 03320